F EDOUARD 1987

THÉATRE
MYSTÈRE, COMÉDIES ET BALLETS

OUVRAGES DU MÊME AUTEUR

PUBLIÉS DANS LA BIBLIOTHÈQUE CHARPENTIER

A 3 fr. 50 le volume

POÉSIES COMPLÈTES, 1830-1872................	2 vol.
ÉMAUX ET CAMÉES. Édition définitive, ornée d'un Portrait à l'eau-forte, par *J. Jacquemart*..................	1 vol.
MADEMOISELLE DE MAUPIN.........................	1 vol.
LE ROMAN DE LA MOMIE. Nouvelle édition............	1 vol.
LE CAPITAINE FRACASSE............................	2 vol.
SPIRITE. Nouvelle fantastique. 5e édition............	1 vol.
VOYAGE EN RUSSIE. Nouvelle édition................	1 vol.
VOYAGE EN ESPAGNE (Tras los montes)...............	1 vol.
VOYAGE EN ITALIE (Italia).........................	1 vol.
NOUVELLES. (La Morte amoureuse. — Fortunio, etc.)....	1 vol.
ROMANS ET CONTES. (Avatar. — Jettatura, etc.)........	1 vol.
TABLEAUX DE SIÈGE. — (Paris, 1870-1871). 2e édition....	1 vol.
THÉATRE. (Mystère, Comédies et Ballets).............	1 vol.
LES JEUNES-FRANCE. Romans goguenards.............	1 vol.
HISTOIRE DU ROMANTISME, suivie de NOTICES ROMANTIQUES et d'une Étude sur les PROGRÈS DE LA POÉSIE FRANÇAISE (1830-1868). 3e édition..........................	1 vol.
PORTRAITS CONTEMPORAINS (littérateurs, peintres, sculpteurs, artistes dramatiques), avec un portrait de Th. Gautier, d'après une gravure à l'eau-forte par lui-même, vers 1833. 3e édition...............................	1 vol.
L'ORIENT..	2 vol.
FUSAINS ET EAUX-FORTES.........................	1 vol.
TABLEAUX A LA PLUME............................	1 vol.
LES VACANCES DU LUNDI..........................	1 vol.
CONSTANTINOPLE.................................	1 vol.
LES GROTESQUES.................................	1 vol.
LOIN DE PARIS...................................	1 vol.
PORTRAITS ET SOUVENIRS LITTÉRAIRES...............	1 vol.
GUIDE DE L'AMATEUR AU MUSÉE DU LOUVRE..........	1 vol.

LE CAPITAINE FRACASSE. — Un magnifique volume grand in-8°, illustré de 60 dessins par *M. Gustave Doré*, gravés sur bois par les premiers artistes.	
Prix, broché................................	20 fr.
Relié demi-chagrin, tranches dorées............	26 fr.
— — tête dorée, coins, tranches ébarbées	28 fr.
LA NATURE CHEZ ELLE. — Un magnifique volume grand in-4° pittoresque, illustré par *Karl Bodmer*.	
Prix, broché................................	20 fr.
Relié.......................................	30 fr.

Angers, Imp. Burdin et Cie, rue Garnier, 4.

THÉOPHILE GAUTIER

THÉATRE

MYSTÈRE

COMÉDIES ET BALLETS

NOUVELLE ÉDITION

Revue, corrigée

ET AUGMENTÉE D'UN GRAND NOMBRE DE DOCUMENTS INÉDITS

PARIS

G. CHARPENTIER, ÉDITEUR

13, RUE DE GRENELLE-SAINT-GERMAIN, 13

1882

Tous droits réservés

AVERTISSEMENT

Lorsque parut, en 1872, la première édition du *Théâtre* de Théophile Gautier, nous avions à peine ébauché le long travail de recherches et le classement des études et des articles laissés épars dans les journaux et les Revues par l'illustre écrivain. Il se faisait une fête de publier ce volume, et nous ne voulions point, par des travaux qui devaient prendre beaucoup de temps, en retarder l'apparition; nous craignions que Théophile Gautier n'eût plus que peu de temps à vivre, et nous dûmes nous contenter des indications tout à fait insuffisantes qu'il pouvait nous donner. Le 20 octobre 1872 le volume était achevé; le 23, Théophile Gautier mourait. Depuis lors, nous avons découvert les nombreux documents qui donnent à la présente édition un attrait particulier.

C'est, tout d'abord, un fragment assez considérable du manuscrit de *l'Amour souffle où il veut*, qui mène, suivant toute probabilité, la pièce jusqu'à la fin du deuxième acte. Nous savons que la pièce n'a jamais été écrite tout entière; nous ignorons si elle l'a été au delà de ce que nous avons trouvé, et désespérons d'en rencontrer de nouveaux fragments.

Parmi les très-rares manuscrits laissés par l'auteur, nous avons découvert une longue lettre adressée au danseur Perrot, et qui n'est autre chose qu'un canevas très-développé, une sorte de première ébauche du ballet de *la Péri*, et enfin une première version de *Sacountala*, qui doit être la pièce originale telle qu'elle a été écrite avant les modifications exigées par les nécessités chorégraphiques.

Donc, voici la partie absolument inédite de cette nouvelle édition.

En outre, de même que, dans l'édition originale, Théophile Gautier avait adjoint à *Giselle* le feuilleton qu'il fit sur ce ballet, nous avons joint à *la Péri*, à *Pâquerette*, à *Gemma* et à *Sacountala* les comptes rendus que le poëte leur avait consacrés.

De cette façon, et grâce à ces feuilletons, après avoir *lu* ces ballets, le lecteur aura le plaisir de les *voir*. En même temps, il trouvera des détails intéressants sur les artistes qui furent chargés de les interpréter.

Enfin, nous avons recueilli, à propos du Prologue pour l'*Anniversaire de Corneille*, des documents qui forment une page curieuse d'histoire littéraire.

Telle qu'elle est, cette édition du *Théâtre* de Théophile Gautier nous semble aussi complète que possible.

M. D.

Paris, mars 1877.

UNE
LARME DU DIABLE

MYSTÈRE

SCÈNE PREMIÈRE

La chambre d'Alix et de Blancheflor.

ALIX.

J'ai beau travailler, ma sœur, je n'aurai jamais fini de broder cette chape pour le saint jour de Pâques.

BLANCHEFLOR.

Je t'aiderai, ma très-chère Alix, et avec la grâce de Dieu nous arriverons à temps. Voici que j'ai fini la couronne que je tresse à la sainte Vierge avec des grains de verre et de la moelle de roseau.

ALIX.

J'ai encore à faire tout ce grand pavot aux larges feuilles écarlates. J'ai bien sommeil, mes yeux sont pleins de sable, la trame du canevas s'embrouille, la lampe jette des lueurs douteuses, l'aiguille s'échappe de mes doigts, je m'endors...

L'ANGE GARDIEN.

Mon enfant, mon Alix, tâche de te réveiller ; tu n'as pas fait la prière ce soir...

ALIX.

Pater noster, qui es in cœlis...

BLANCHEFLOR.

Je m'en vais te délacer et te coucher ; tu rêves tout debout. Après, je me déshabillerai moi-même et dormirai à mon tour.

L'ANGE GARDIEN.

La voilà presque nue ; on dirait une des statues d'albâtre de la cathédrale, à la voir si blanche et si diaphane ; elle est si belle, que j'en deviendrais amoureux, tout ange que je suis, si je continuais à la regarder plus longtemps. Ce n'est pas la première fois que les fils du ciel se sont épris des filles des hommes. Voilons nos yeux avec le bout de nos ailes.

BLANCHEFLOR.

Bonne nuit, Alix !

ALIX.

Blancheflor, bonne nuit !

PREMIER ANGE GARDIEN.

Elles dorment dans leur petit lit virginal comme deux abeilles au cœur d'une rose. Soufflons la lampe et remontons là-haut faire notre rapport au Père éternel.

SECOND ANGE GARDIEN.

Frère, attends encore un peu ; n'as-tu pas remarqué comme la pauvre Alix avait ses beaux yeux tout rouges à force de travailler ? Je veux lui achever son pavot, afin qu'elle ne se fatigue plus la vue et que messire Yvon, le chapelain, puisse mettre sa chape neuve à la grand'messe du jour de Pâques.

PREMIER ANGE GARDIEN.

Je le veux bien mais prends garde à te piquer les doigts avec l'aiguille.

SCÈNE II

Le paradis du bon Dieu.

LE BON DIEU.

Le temps vient de faire encore un pas, c'est un jour de plus qui tombe dans mon éternité : la millième partie d'un grain de sable dans la mer !

VIRGO IMMACULATA.

Les petits enfants dorment dans leurs berceaux et les colombes dans leurs nids. Les jeunes filles récitent mes litanies et les cloches bourdonnent mon Angelus.

CHRISTUS.

Les moines sautent les versets du bréviaire pour arriver plus tôt à l'heure du souper. Tintinillus, dans cette seule journée, a rempli mille fois son sac des oraisons qu'ils écourtent, des syllabes qu'ils bredouillent et des antiennes qu'ils passent.

LE BON DIEU.

Azraël et son compagnon ne sont pas venus me rendre leurs comptes et faire signer leurs livres ; pourtant le souffle endormi des deux jeunes filles confiées à leur garde monte jusqu'au pied de mon trône comme un parfum et une harmonie. Ah ! mes beaux anges, vous êtes des paresseux, et, si vous ne vous corrigez, je vous priverai de musique pendant deux ou trois mille ans.

VIRGO IMMACULATA.

Azraël fait de la tapisserie ; il brode un grand pavot rouge comme le sang qui sortit de votre place le jour de la Passion, ô Jésus ! ô mon fils bien-aimé !

CHRISTUS.

C'est avec mon sang, avec mon pur sang, que cette soie a été teinte; quelle pourpre va mieux au dos du prêtre que le sang du Seigneur Dieu!

AZRAËL.

Père, nous voici.

LE BON DIEU.

Donne ton livre, Azraël. Mizaël, donnez le vôtre.

MIZAËL.

O maître! voulez-vous la plume pour signer, la plume de l'aigle mystique?

LE BON DIEU.

Tout à l'heure! Eh quoi! la feuille des péchés, même des péchés véniels, aussi blanche que la tunique de mon Fils lorsqu'il apparut sur le Thabor! Mes anges, vous êtes trop distraits et vous êtes de mauvais espions. Vous, Mizaël, quand vous étiez l'ange gardien de sainte Thérèse, qui ne voulait pas que l'on médît du diable et le plaignait de ne pouvoir aimer, vous m'apportiez une liste encore assez honnête de péchés, et pourtant sainte Thérèse est une grande sainte. Vous, Azraël, qui avez été l'ange gardien de la Vierge, vous aviez le soir sur votre rôlet une ou deux mauvaises pensées, n'est-il pas vrai?

MIZAËL.

Père, sainte Thérèse était espagnole.

AZRAËL.

Père, la Vierge avait eu un enfant.

LE BON DIEU.

Je vois jusqu'au fond de vos cœurs: vous êtes amoureux de ces deux jeunes filles; je m'en vais faire une enquête sur elles, et, si elles sont aussi pures que vous le dites, je vous accorde leur âme en mariage; vous les épouserez aussitôt qu'elles arriveront ici. Qu'avez-vous à dire, Christus?

CHRISTUS.

Rien qui ne leur soit favorable. Ce matin je me suis déguisé en mendiant, je leur ai demandé l'aumône ; elles ont déposé dans ma main lépreuse, chacune à leur tour, une grosse pièce de cuivre toute glacée de vert-de-gris. Saint Éloi, prenez-les, nettoyez-les, et forgez-en un beau calice pour la communion de mes Chérubins.

VIRGO IMMACULATA.

Elles ont fait brûler dans ma chapelle plus de dix livres de cire et m'ont donné plus de vingt couronnes de filigrane et de roses blanches.

TINTINILLUS.

Je n'ai pas dans mon sac une seule ligne de prière passée par elles, pas même un seul *amen*.

L'ÉTOILE DU MATIN.

En me levant, je les regarde toutes deux par le coin du carreau et je les vois qui travaillent ou qui prient.

LA FUMÉE DE LA CHEMINÉE.

Jamais je ne les ai entendues, comme les autres jeunes filles, parler de bals, de galants, sous le manteau de la cheminée en tisonnant le feu ; jamais je n'ai emporté, sur mes spirales bleues, des rires indécents et des paroles mondaines de leur maison vers votre ciel.

L'ÉTOILE DU SOIR.

Comme ma sœur matinale, je les ai toujours vues travailler ou prier.

SOL.

Je me souviens à peine de les avoir rencontrées ; elles ne sortent que le dimanche pour aller à la messe ou à vêpres.

LA BRISE.

J'ai passé à côté d'elles, l'une chantait ; j'ai pris sa chanson sur sa bouche, la voici.

LE BON DIEU.

Il n'y a rien à dire.

LUNA.

Moi, je ne les connais pas. Je ne les ai pas aperçues une seule fois parmi les couples qui s'en vont le soir sous les tonnelles, j'ai eu beau ouvrir mes cils d'argent et mes prunelles bleues, elles ne sont jamais sorties après leur mère couchée ; elles sont plus chastes que moi, que l'on appelle la chaste, je ne sais pas trop pourquoi, et qui ai prêté ma clarté à tant de scènes qui ne l'étaient guère.

LE BON DIEU.

Voilà qui est bien, vous les épouserez ; ce sont deux âmes charmantes. Allons, mes Trônes, mes Principautés, mes Dominations, entonnez le Cantique des cantiques et réjouissez-vous, puisque voici deux créatures aussi vierges que Maria ma bien-aimée.

UNE VOIX.

Ah ! ah ! ah !

LE BON DIEU.

Quel est le drôle qui ose ricaner dans mon paradis d'une manière aussi insolente ?

SCÈNE III

SATANAS.

C'est moi, vieille barbe grise, moi, Satanas, le diable, comme on dit ; ce qu'il y a de plus grand après toi, le gouffre après la montagne.

LE BON DIEU.

Que faisait mon portier saint Pierre, avec ses clefs ? Où avait-il la tête de te laisser entrer ici pour nous empester de ton odeur de soufre ?

SATANAS.

Saint Pierre n'était pas à sa loge ; il était à se promener.

Il vient, grâce à moi, si peu de monde ici, que sa charge est une vraie sinécure.

LE BON DIEU.

Beaucoup d'appelés et peu d'élus.

SATANAS.

Il n'y a dans ton paradis que des mendiants, des imbéciles et des enfants morts à la mamelle ; on y est en bien mauvaise compagnie ; chez moi, c'est bien différent : ce ne sont que papes, cardinaux, empereurs, rois, princes, dames de haut parage, poëtes, savants, courtisanes, saints du calendrier : la société est la plus réjouissante du monde, et l'on ne saurait en trouver une meilleure.

LE BON DIEU.

Je ne sais à quoi il tient, mon bel ange roussi, que je ne te précipite à cent mille lieues au-dessous du neuvième cercle d'enfer, et que je ne t'y fasse river avec des chaînes de diamant.

SATANAS.

Père éternel, tu te fâches, donc tu as tort.

LE BON DIEU.

Maudit, pourquoi as-tu fait *ah ! ah !* lorsque j'ai ordonné à mes anges de chanter le *Te Deum ?*

SATANAS.

Par mes cornes et ma queue, vous faites vous autres beaucoup de vacarme pour peu de chose, et en cela vous ressemblez beaucoup aux rois de la terre ; vous voilà bien fiers pour deux âmes de petites filles que je n'ai pas seulement essayé de tenter, comptant bien qu'elles me reviendraient tôt ou tard, et cela sans que je m'en mêle.

LE BON DIEU.

Vous êtes bien fanfaron, monsieur du diable !

SATANAS.

Parions, Seigneur Dieu, que je les fais tomber en péché mortel d'ici avant deux jours.

LE BON DIEU.

Souviens-toi de Job.

SATANAS.

Job était un homme, le cas est bien différent.

VIRGO IMMACULATA.

Satanas, vous n'êtes pas galant, à ce que je vois.

SATANAS.

Pardon, madame la Vierge ; c'est moi qui le premier ai fait, pour la première fois, la cour à la première femme ; sans être fat, je me puis vanter de ne pas avoir trop mal réussi.

LE BON DIEU.

La moitié de la besogne était faite: Ève était gourmande et curieuse, et son mari n'était pas un grand sire ; mais ce n'est pas de cela qu'il s'agit ; que veux-tu que je parie, avec toi, mécréant ?

SATANAS.

Si je perds, je vous rendrai les âmes de cinquante de vos saints qui sont à cuire dans la grande chaudière.

LE BON DIEU.

Et si tu gagnes ?

SATANAS.

Si je gagne, jurez par votre barbe de m'accorder la grâce d'*Éloa*, ce bel ange femelle qui m'a suivi par amour en enfer ; elle ne s'est pas révoltée contre vous, et l'anathème n'a pas été fulminé sur elle ; qu'elle reprenne sa place parmi les anges.

LE BON DIEU.

Tu n'es pas aussi diable que tu es noir ; j'accepte tes conditions, et je suis fâché de ce que ma parole soit irrévocable, car tu es un bon compagnon et j'aimerais assez t'avoir en paradis. Mais quelle est cette voix que j'entends là-bas, là-bas, si faible que l'on ne sait si c'est un chant ou une plainte ?

SPIRITUS SANCTUS.

Je la reconnais, c'est la voix d'Éloa, l'amoureuse de Satanas.

LE BON DIEU.

Que dit-elle? Depuis deux ou trois éternités que je suis Celui qui est, j'ai l'ouïe un peu dure.

CHRISTUS.

Sphères harmonieuses, ciel de cristal qui vibrez comme un harmonica, suspendez votre ronde et faites taire un instant votre musique, afin que nous puissions entendre!

LA SPHÈRE.

Je t'obéis, ô maître! et ne chante plus.

LE CIEL.

Mes étoiles aux yeux d'or sont immobiles et se tiennent par la main, en attendant que je reparte.

ÉLOA.

L'enfer avec mon damné, plutôt que le paradis avec vous.

MIZAËL.

Ah! Satanas, qui ne voudrait être à votre place pour être aimé ainsi?

VIRGO IMMACULATA.

Quoiqu'il soit un peu basané, Satanas a vraiment fort bonne tournure; beau garçon et malheureux, il a tout ce qu'il faut pour inspirer de l'amour.

CHRISTUS.

Ce n'est pas d'aujourd'hui, ô ma mère! que les honnêtes femmes aiment les mauvais sujets; moi qui étais le plus parfait des hommes, puisque j'étais Dieu, je n'ai pu me faire aimer que de la Magdalena, qui était comme vous le savez, une fille folle de son corps.

MAGDALENA.

C'est au cœur du bourbier que l'on désire le plus vivement respirer l'odeur de la rose.

LE BON DIEU.

Eh bien, puisque Éloa ne veut pas de sa grâce, que te donnerai-je si je perds ?

SATANAS.

Une goutte d'eau, messire Dieu ; car j'ai soif, j'ai soif.

L'ÉCHO DE L'ÉTERNITÉ.

J'ai soif.

SCÈNE IV

VIRGO IMMACULATA.

Le voilà parti ; j'ai peur qu'il ne réussisse.

LE BON DIEU.

Maria, vous avez trop bonne opinion de ce drôle.

MIZAËL.

O ma pauvre Blancheflor ! je ne serai plus là pour te garder.

AZRAËL.

Alix ! Alix ! j'ai bien peur que ton âme ne soit jamais mariée à la mienne.

MAGDALENA.

Vous n'êtes guère amoureux, si vous pensez que celle que vous avez choisie puisse se laisser séduire par un autre.

OTHELLO.

Perfide comme l'onde !

VIRGO IMMACULATA.

Tais-toi, vilain nègre ; avec tes gros yeux et tes lèvres bouffies, il t'appartient bien de médire des femmes !

SPIRITUS SANCTUS.

Allez-vous vous quereller et vous prendre aux cheveux comme des docteurs en théologie ?

DESDEMONA.

Pardonnez-lui, Marie, je lui ai bien pardonné, moi.

LE BON DIEU.

A quoi allons-nous passer la soirée? Sainte Cécile! si vous nous jouiez un air sur la basse que le Dominiquin vous a si galamment donnée! Que vous en semble? mon bon roi David danserait pendant ce temps-là un pas de sa composition.

SAINTE CÉCILE.

Que vous jouerai-je?

LE BON DIEU.

Du Mozart ou du Cimarosa, à ton choix. Je défends aux vents et au tonnerre de dire un seul mot de tout ce soir ; je veux entendre mon grand air avec tranquillité.

SCÈNE V

La chambre d'Alix et de Blancheflor.

ALIX.

In nomine Patris, et Filii, et Spiritus Sancti.

BLANCHEFLOR.

Amen.

TINTINILLUS.

Ce n'est pas ici que je remplirai mon sac ; allons au couvent des révérends pères.

LE GRILLON.

Cri-cri.

BLANCHEFLOR.

Éveillée aussitôt que nous, tu es bien matineuse, petite bête.

ALIX.

Et pourtant tu n'as autre chose à faire pendant toute la

journée que chanter ta ballade, te chauffer les pattes, et faire la causette avec ta marmite. Mais il me semble que je n'avais pas terminé le grand pavot aux feuilles écarlates. Est-ce que tu n'as pas travaillé après que j'ai été couchée, Blancheflor?

BLANCHEFLOR.

Non, ma sœur.

ALIX.

C'est étrange!

BLANCHEFLOR.

Louons Dieu.

SATANAS, en dehors.

Miaou-miaou! Ouvrez-moi la fenêtre; je suis votre chat; j'ai passé la nuit dans la gouttière.

BLANCHEFLOR.

N'ouvre pas; je n'ai pas encore mis ma guimpe, et le page Valentin est à sa croisée.

SATANAS.

Sainte pudeur!

LA CLOCHE.

Mes fidèles, mes chrétiens, écoutez ma petite voix d'argent et venez à la messe, à la messe du bon Dieu, dans votre église paroissiale. Din-din-drelin-din.

ALIX.

Dépêchons-nous, nous n'arriverons jamais à temps.

LA CLOCHE.

L'enfant de chœur a déjà mis sa calotte rouge et son surplis blanc; le prêtre revêt son étole brodée d'or et de soie. Din-din-drelin-din.

BLANCHEFLOR.

La messe est pour six heures, nous avons encore un grand quart d'heure.

L'HORLOGE.

Partez, mes enfants, partez; vous n'avez pas un instant à

perdre ; mes aiguilles sont des paresseuses ; je retarde de vingt-cinq minutes.

LA CLOCHE.

Vite, vite, mes colombes, on est à l'Introït. Din-din-drelin-din.

SCÈNE VI

Une rue.

SATANAS, en marchand.

Mes belles demoiselles, daignez jeter les yeux sur ma boutique ; elle est on ne peut mieux fournie. Voulez-vous des rubans, du point de Venise, du satin du Levant, des miroirs de poche en pur cristal ? voulez-vous du lait virginal, de l'essence de roses ? Celle-ci est véritable, elle vient de Constantinople directement ; c'est un renégat qui me l'a vendue.

BLANCHEFLOR.

Nous verrons en revenant de la messe.

MIZAËL, qui la regarde d'en haut.

Bien répondu, Blancheflor.

SATANAS.

Ceci dérange mes projets ; il faut qu'elles manquent la messe : cela me donnera prise sur elles.

ALIX.

Je n'achèterai rien à ce marchand ; je lui trouve quelque chose de faux dans la physionomie.

SATANAS, un peu plus loin ; en jongleur.

La coquetterie a manqué son effet, essayons de la curiosité ; c'est par ce moyen qu'autrefois je suis venu à bout d'Ève la blonde. Mesdames et messieurs, entrez, entrez ; c'est ici et non autre part que l'on trouve véritablement les sept merveilles de la nature. Pour un pauvre sol marqué, vous verrez autant de bêtes étranges que n'en vit onc Marc-Pol en ses voyages, telles qu'oriflants, caprimulges, coquesigrues, cigales ferrées, oiseaux bridés, caméléons, basilics, dragons volants, singes verts, licornes, ânes savants et autres, tout ainsi qu'ils sont portraits sur la pancarte ci-contre. Entrez, entrez, entrez.

BLANCHEFLOR.

Cela doit être bien curieux !

ALIX.

Ne nous arrêtons pas ; tout le monde est déjà entré dans l'église.

SATANAS.

Les fièvres quartes te sautent à la gorge ! Elle commençait de mordre à l'hameçon. Changeons nos batteries.

AZRAËL, au paradis.

Brava ! Alix, brava !

SATANAS, en jeune seigneur.

Corbaccho ! je n'ai jamais vu deux si charmantes demoiselles ; elles valent à elles deux les trois Charites et ensemble madame Cythérée, la mère des amours. Mesdemoiselles, cette rue est pleine de ribauds et de croquants ; daignez accepter mon bras ; l'on pourrait vous affronter.

BLANCHEFLOR.

Il n'est pas besoin, et ne prenez tant de souci ; nous voici au portail de l'église.

SCÈNE VII

Le portail de l'église.

NIHILVALET, mendiant.

Mon beau gentilhomme, la charité, la charité, s'il vous plaît ; je prierai le bon Dieu pour vous.

SATANAS.

Prie-le pour toi et prends des aides.; car tu auras fort à faire à tirer ton âme d'entre mes griffes ; je suis...

NIHILVALET.

Pardon, maître, je ne vous avais pas reconnu.

TRAINESAQUILLE, autre mendiant.

Voici, mon duc, des reliques à acheter, des agnus, des médailles, des rosaires bénits par le pape. Ceci est un morceau de la vraie croix ; ceci une phalange du petit doigt de saint Jean.

SATANAS.

Le morceau de la vraie croix est un morceau de la potence où tu seras branché un de ces jours ou l'autre ; la relique est un os que tu as pris à la carcasse de ton frère le bohème qui a été pendu.

TRAINESAQUILLE.

Vous savez tout ; vous êtes donc...

SATANAS.

Tais-toi.

BRINGUENARILLE, très-bas.

Mon prince, j'ai ici, dans un bouge, à deux pas, un vrai morceau de roi, quinze ans, des cheveux jusqu'aux pieds, blanche, ferme ; c'est presque vierge et pas cher ; pour trois écus au soleil, deux pour moi et un pour elle, et ce que vous voudrez à la fille, vous en verrez la fin.

LA GRAND'OUDARDE, pauvresse.

Mes chères demoiselles, il y a huit jours que je n'ai mangé.

SATANAS.

Arrière ! ou je te fais baiser mon ergot. Le seuil de ton église, Père éternel, ressemble assez à une des gueules de mon enfer.

GIBONNE, deuxième pauvresse.

Je suis aveugle et paralytique.

ALIX ET BLANCHEFLOR.

Tenez, ma bonne femme, voilà pour vous.

Elles passent.

LA GRAND'OUDARDE.

A-t-on jamais vu cette vieille ribaude qui vient me débaucher mes pratiques jusque sous mon nez et me retirer le pain de la bouche ! Tiens, empoche celle-là !

GIBONNE.

Voleuse d'enfants, égyptienne, gaupe, truande, tu vas voir que ma béquille est de bon cœur de chêne !

Elles se battent.

SCÈNE VIII

L'intérieur de l'église.

SATANAS.

Il n'y a ici que des enfants et des vieilles femmes, ceux qui ne sont pas encore et ceux qui ne sont plus ; les enfants qui marchent à quatre pattes et les vieillards qui marchent à trois : voilà donc ceux qui forment ta cour, ô Père éternel ! Tout ce qui est fort, tout ce qui est grand, dédaigne comme moi de te rendre hommage. Par les boyaux du pape ! je ne suis pas en scène, et tout en philosophant, j'oubliais de prendre de l'eau bénite.

L'EAU BÉNITE.

Qui vient donc de tremper ses doigts dans ma conque d'ivoire ? On dirait que c'est un fer rouge ; une chaleur insupportable s'est répandue dans moi ; je fume, je siffle, je monte et je bous comme si le bénitier était une chaudière.

####### BERTHE.

Derrière le Clos-Bruneau, après la messe. Prenez garde, Landry, on pourrait vous voir.

####### LANDRY.

J'y serai. Ton bras est plus doux qu'un col de cygne. Je t'adore, ma belle amie.

####### SATANAS.

Je n'ai que faire là ; ils sont en bon chemin et iront fort bien tout seuls.

####### LE PRÊTRE.

Dominus vobiscum.

####### L'ENFANT DE CHŒUR.

Et cum spiritu tuo.

####### SATANAS.

Tu tuo... Quelle cacophonie et quel latin! du vrai latin de cuisine! Le bon Dieu n'est pas difficile. Ce prêtre-là a l'air d'un buffle à qui l'on aurait scié les cornes. Si le Seigneur est avec son esprit, le Seigneur court grand risque d'être seul ou en bien mauvaise compagnie. Mais avisons à ce que font nos deux péronnelles.

####### BLANCHEFLOR.

Libera nos a malo.

####### SATANAS, ricanant.

Délivrez-nous du mauvais. Ainsi soit-il. (A demi-voix.) Il paraît qu'on s'occupe de moi. Que cette jeune fille est belle! on la prendrait plutôt pour une dame de la cour que pour une simple bourgeoise ; elle efface toutes ses compagnes.

####### L'ORGUEIL DE BLANCHEFLOR.

Il est vrai que je ne suis pas mal, et que, si j'étais parée, peu de jeunes filles pourraient l'emporter sur moi.

####### SATANAS.

Ah! ah! voilà quel est ton avis! O les femmes, les femmes! Je crois que la plus humble a encore plus d'orgueil que moi, le diable, qui ne reconnais personne au-dessus de moi, pas même Dieu. (Haut.) Tous les hommes ont les yeux fixés sur elle, et, si elle voulait pour amant ou pour mari le fils du comte, elle l'aurait très-certainement.

L'ORGUEIL DE BLANCHEFLOR.

Pourquoi pas ?

Elle laisse tomber son livre de messe.

SATANAS.

Voilà qui marche on ne peut mieux. Essayons de l'autre maintenant.

ALIX.

Ma sœur est bien distraite aujourd'hui.

SATANAS, se logeant dans la boucle d'oreille d'Alix, et la faisant parler.

Je suis faite avec l'or le plus fin et par le meilleur orfévre ; on croirait qu'il a pris un rayon du soleil, qu'il l'a forgé et arrondi en cercle, tant je suis luisante et polie ; aucun œil ne peut soutenir mon éclat ; je suis ornée d'une grosse émeraude du plus beau vert de mer, et, au moindre mouvement, je fais un cliquetis le plus agréable et le plus coquet du monde ; les boucles d'oreilles de Berthe ont l'air de cuivre rouge. Et puis je mords par son lobe de corail la plus charmante oreille qui se soit jamais enroulée, comme une coquille de nacre, près d'une tempe transparente et sous de beaux cheveux noirs.

L'OREILLE D'ALIX.

En vérité, je suis bien plus petite et bien mieux ourlée que l'oreille de ma sœur.

SAINT BONAVENTURE, se détachant du vitrage et se projetant comme une ombre sur le col d'Alix.

Alix, Alix, prends garde !

SATANAS.

Ce n'est pas de jeu, Père éternel ; tu triches, cela n'est pas honnête ; tu devais me laisser agir. J'aperçois aussi par là les anges gardiens des deux créatures ; s'ils ne s'en vont, je les plumerai tout vifs.

LE PÈRE ÉTERNEL.

Tu prends la mouche hors de propos. C'est la réfraction du soleil à travers les vitraux.

SATANAS.

A d'autres! Le soleil n'est pas de ce côté, et les autres ombres se projettent toutes en sens inverse.

LE PÈRE ÉTERNEL.

Allons, Bonaventure, remonte à ta fenêtre et replace-toi dans ta chape de plomb.

AZRAËL, au paradis, dans sa stalle.

Elle est perdue! elle est perdue! Distraite pendant la messe!

MAGDALENA.

Perdue! et pourquoi? J'en ai bien fait d'autres, moi qui vous parle, et cependant me voilà ici; elle se repentira après, et la confession la rendra plus blanche que neige.

SATANAS, sous la figure du fils du comte.

Mademoiselle, voici votre missel qui était tombé à terre; il est tout fripé et tout taché; daignez accepter le mien. Laissez-moi celui-ci : j'ai un enlumineur fort habile qui réparera le dommage.

BLANCHEFLOR.

Monseigneur, vous êtes bien bon... (Elle ouvre le livre.) Ah! mon Dieu! qu'il est beau! que ces figures sont bien peintes! quelles couleurs éclatantes! le ciel n'a pas d'azur plus limpide que celui-ci. Comme cet or brille! comme ces fleurons sont délicatement entrelacés! que ces marges sont ornées avec goût! C'est un livre très-précieux. Voyons les images. (Elle feuillette le livre.) Quel est donc ce sujet? je ne le connais pas. Un jeune homme et une jeune fille qui se promènent seuls dans un beau jardin en fleurs; leurs yeux brillent d'un éclat extraordinaire, leurs lèvres s'épanouissent comme des roses. Le jeune homme a un bras autour de la jeune fille; on dirait qu'ils vont s'embrasser. C'est étrange, mais je n'ai jamais vu de pareilles vignettes dans un livre de messe. Comme ils ont l'air heureux ! Je suis toute troublée, et il me vient des pensées qui ne m'étaient pas encore venues... Ah ! que vois-je encore ? un autre couple : la femme est à moitié nue, ses cheveux inondent ses blanches épaules, ses bras diaphanes sont noués au cou d'un beau cavalier ; les lèvres de la femme sont collées aux siennes, elle a l'air de boire son haleine. Apparemment c'est la parabole de l'enfant prodigue quand il est chez les courtisanes. (Elle tourne encore quelques feuillets ; les images deviennent de plus en plus licencieuses.) Je me sens la figure tout en feu ; je ne voudrais pas voir et je regarde. Que tout cela est singulier !

SATANAS.

Si cette vertu-là était seule dans une chambre, le premier vice un peu bien vêtu qui se présenterait en aurait bon marché. Sa gorge palpite comme une eau pendant l'orage, ses joues sont plus rouges que des cerises, ses yeux sont humides. Comme l'idée du plaisir agit sur ces jeunes têtes ! Ces trois pauvres petites vertus théologales ne sont réellement pas de force à lutter contre sept gros gaillards de péchés capitaux !

BLANCHEFLOR.

Il me semble qu'il serait bien agréable d'être embrassée ainsi par le page Valentin ; il a les dents si blanches et les lèvres si roses ! Voyons encore cette image ; je n'en regarderai plus après.

SATANAS.

Tu les regarderas jusqu'à la dernière, ou je veux m'emporter moi-même.

MIZAËL, là-haut.

Mais c'est qu'elle y prend goût ! Aurait-on cru cela ? L'eussiez-vous cru, Desdemona ?

DESDEMONA.

Je ne le croyais pas ; mais ma suivante Émilia n'était pas de mon avis, et prétendait que la chose était commune.

MIZAËL.

Fiez-vous donc à ces petites prudes qui s'en vont l'œil baissé et les mains croisées sur la modestie !

MAGDALENA.

Je vous avais bien dit qu'il n'y avait rien de si chanceux que d'aimer des honnêtes femmes ; il y a toujours là-dessous quelque déception.

DESDEMONA.

Comme vous y allez, Magdalena ! Parce que vous avez mené une conduite pour le moins équivoque, il ne faut pas...

MAGDALENA.

Allez donc, madame l'amoureuse de nègres, qui vous êtes sauvée de nuit de chez votre père, le digne Brabantio !

DESDEMONA.

C'était avec mon mari ; il faut suivre son mari, et je me moque de ce que...

MAGDALENA.

Je veux bien croire que les soupçons du moricaud sur Cassio fussent injustes ; il y avait un motif qui vous empêchait de prendre un amant : les enfants que vous auriez faits avec lui auraient été blancs, et cela vous aurait vendue.

DESDEMONA.

Peut-on dire de pareilles horreurs ! J'en ai les larmes aux yeux.

CHRISTUS.

Paix, Magdeleine ! respectez un peu la plus belle fille de mon poëte Shakespeare.

BLANCHEFLOR.

Si j'avais un amant qui ressemblât au jeune seigneur peint sur cette miniature, je serais bien heureuse.

LE PRÊTRE.

O salutaris hostia !

SATANAS, se sauvant.

Je brûle ! je brûle !

BLANCHEFLOR.

Est-ce que j'ai dormi et rêvé? Où est donc le livre que je tenais tout à l'heure?

ALIX.

Tu cherches ton livre? le voilà.

Elle lui donne son véritable livre de messe.

BLANCHEFLOR.

Mon Dieu! pardonnez-moi la coupable distraction que j'ai eue pendant votre sainte messe : il s'est passé en moi quelque chose qui n'est pas naturel : l'air que je respirais m'enivrait comme du vin ; mon souffle me brûlait les lèvres, les oreilles me tintaient, mes tempes battaient, des images impures dansaient devant mes yeux. Je ne me suis jamais sentie ainsi.

LE PÈRE ÉTERNEL.

Pauvre enfant! je le crois bien! Mizaël, descends lui dire que je lui pardonne.

MIZAËL.

Blancheflor, Dieu vous pardonne.

BLANCHEFLOR.

Je me sens plus tranquille.

ENGOULEVENT.

Comme l'or rit et babille à travers les mailles de cette bourse! Elle ne tient qu'à un fil; si je le coupais?

SATANAS, à son oreille.

Coupe-le, personne ne te voit.

ENGOULEVENT.

Au fait, ce vieux ladre est riche, et je ne lui ferai pas grand tort.

SATANAS.

Au voleur! au voleur! Cet homme vient de happer une bourse.

On le saisit.

ENGOULEVENT.

Malheur à moi ! O mes pauvres enfants !

SATANAS.

Tu vas être pendu ; tu es en péché mortel, ton âme me revient. Ce n'est pas grand'chose, mais cela fait toujours nombre ; et puis, tes enfants sans pain deviendront des voleurs comme toi ; ils seront pendus comme toi, et ils iront en enfer comme toi. Je n'ai pas perdu tout à fait mon temps.

LE PRÊTRE.

Ite missa est.

ALIX.

Allons-nous en, ma sœur.

BLANCHEFLOR.

Donne-moi le bras ; je suis si étourdie, que je ne puis me soutenir.

SATANAS.

Enfin, les voici dehors ; j'espère que mes tentations auront un meilleur succès dans un autre endroit.

SCÈNE IX.

Une allée du parc.

JEHAN LAPIN.

Je me frotte la moustache avec la patte, parce que mon amie va passer ; il faut que mon poil soit lustré et ma fourrure sans tache. Je n'ai jamais connu de lapine aussi petite-maîtresse.

LE COLIMAÇON.

O charmante rose ! je t'aime ! Permets que je te baise à la bouche et au cœur ; tu es pleine de délices, et je me pâme rien qu'à t'approcher.

LA ROSE.

Fi donc! pouah! pouah! Veux-tu me laisser, avec tes vilains baisers pleins de bave!

SATANAS.

Ah! voici l'éternelle histoire du monde : la vieillesse et la laideur aux prises avec la vertu et la beauté. Il me semble voir une jeune fille qui épouse un vieux mari.

LE COLIMAÇON.

Ma rose, ma belle rose embaumée, il est vrai que je bave, mais ma bave est d'argent, et je veux t'épouser.

LA ROSE.

Vous n'êtes pas si laid que je le croyais d'abord, et il me semble que je vous aime déjà beaucoup.

SATANAS.

Par le saint sangbreguoy! colimaçon, mon ami, tu es un habile séducteur ; tu as, en vérité, tout ce qu'il faut pour faire le plus délicieux mari du monde : de l'argent et des cornes. Que diable veut donc ce papillon qui voltige par ici et qui bourdonne à l'oreille de la rose? Ah! je devine ; c'est le galant, c'est l'ami de cœur ; aussi il faut convenir qu'il a un peu meilleure façon que l'autre.

JEHAN LAPIN.

Cet homme qui se promène dans le bois a un aspect bien singulier ; ce n'est point un chasseur, il n'a pas d'armes. Qu'est-ce donc?

SATANAS.

Monsieur du Lapin, je n'aime pas qu'on me regarde. Qu'avez-vous à fixer sur moi vos gros yeux bleus d'un air aussi stupide qu'un professeur d'esthétique qui digère? Pourquoi remuez-vous le nez comme un parasite qui flaire un repas, et brochez-vous des babines plus vite qu'une vieille femme qui dit du mal d'une de ses voisines?

LE LAPIN.

C'est que vous avez sur le front, écrite en caractères rouges, une inscription terrible : Je n'aimerai jamais.

SATANAS.

Tu as lu ton Dante, Jehan Lapin ? Et tu nous fais une assez mauvaise imitation du fameux vers :

Lasciate ogni speranza voi ch' entrate.

LE LAPIN.

En vérité, maître, c'est écrit.

SATANAS.

Il a dit vrai ! Je n'aimerai jamais, jamais. Ah ! comme tu te venges, Adonaï ! Pauvre Éloa ! j'en ai pitié ! mais qu'est cela près de l'amour ?... Mes ailes sont brûlées, mais, si je pouvais aimer seulement une minute, je sens que je remonterais au ciel.

CHŒUR DE LAPINS.

Paroles de M. AUBER, musique de M. SCRIBE.

Chantons, célébrons ce beau jour,
Sautons, dansons, faisons l'amour.

SATANAS.

C'est de l'opéra-comique tout pur. Je pensais qu'il n'y avait que les Parisiens capables d'entendre de pareilles paroles sur de pareille musique. Je croyais les lapins plus forts.

CHŒUR DE PAPILLONS.

Les gouttes de rosée se balancent aux feuilles des marguerites ; les abeilles font l'amour aux belles fleurs et boivent le nectar au fond de leurs calices. Déployons nos ailes bleues et rouges aux rayons du soleil ; nous sommes les fleurs du ciel ; les fleurs sont les papillons de la terre.

SATANAS.

Que tout cela est assommant, et comme la nature est ennuyeuse ! quelle fadeur ! quelle monotonie ! De l'herbe, des arbres, de la terre ; je ne connais rien de moins récréatif, si ce n'est les descriptions des poëtes bucoliques. Ah ! Théocrite et Virgile sont de grands sots, et M. de Florian aussi. Par le premier péché de la mère Ève ! l'enfer est encore plus amusant ; on y a au moins le plaisir de tourmenter quelqu'un. Si je n'avais affaire ici, j'y retournerais bien vite. Après tout, l'on n'est bien que chez soi, et l'on s'habitue à tout, même à griller éternellement. A force de me chauffer, je suis devenu frileux, et je grelotte de froid devant ce pâle soleil. Ta création, Père éternel, est quelque chose d'assez mesquin, et tu ne devrais pas t'en enorgueillir comme tu le fais ; le moindre décorateur d'opéra est plus imaginatif. Voici un point de vue qui est des plus médiocres ; ce ciel est plat et cru, il a l'air de papier peint ; ces lointains ne fuient pas, ces nuages ont des formes saugrenues ; ces terrains sont mal coupés. Cela serait sifflé au premier acte d'un mélodrame, et le directeur mettrait à la porte un peintre qui aurait barbouillé un pareil paysage.

CHRISTUS, en paradis.

Satanas a le ton bien superlatif ; il devrait se faire critique et écrire dans les journaux.

LE PÈRE ÉTERNEL.

Comme il parle irrévérencieusement de mon ouvrage ! A-t-on jamais vu un drôle pareil ? Il me prend je ne sais quelles envies de le foudroyer un peu.

SPIRITUS SANCTUS.

C'est moi qui suis le plus spirituel des trois, et, en vérité, ce ne le serait guère. Allez-vous vous battre en duel avec Satanas comme un petit grimaud avec le feuilletonniste qui trouve son ouvrage mauvais ?

ALIX.

Tiens, voilà une fraise ; comme elle est rose !

SATANAS, sous la forme d'une mouche.

Moins que tes lèvres, moins que celles de ton sein.

BLANCHEFLOR.

Comme elle sent bon !

SATANAS.

Moins bon que ton haleine.

ALIX.

Quel plaisir de se promener sous les larges feuilles des châtaigniers, avec des grappes de fleurs pour girandoles !

BLANCHEFLOR.

Sur un gazon couleur d'espérance, tout semé de marguerites et de pâquerettes, dont la rosée s'égrène sous les pieds comme un collier de perles dont on casse le fil !

ALIX.

Voici une marguerite qui a un cœur d'or et des feuilles d'argent ; questionnons-la.

BLANCHEFLOR.

Pourquoi faire ? nous n'avons pas d'amoureux.

ALIX.

Nous pourrions en avoir si nous le voulions ; il y en a beaucoup qui en ont, et qui ne nous valent pas.

BLANCHEFLOR.

Qu'importe ? Voyons ce que la fleur va dire, cela nous amusera. C'est pour toi que j'arrache ces feuilles. M'aime-t-il ? Un peu, beaucoup, pas du tout. M'aime-t-il ? Un peu, beaucoup, pas du tout. Il ne t'aime pas du tout, c'est positif.

ALIX.

Tu t'es trompée, tu as sauté une feuille.

BLANCHEFLOR.

J'ai bien compté.

ALIX.

Non ! te dis-je.

SATANAS.

Que la nature des femmes est une singulière nature ! Voici une petite fille qui ne connaît l'amour que pour en avoir entendu parler, et qui s'indigne à la seule supposition que l'amant qu'elle n'a pas pourrait peut-être ne point l'aimer. Le moment est venu de nous montrer. La petite sera enchantée de faire voir à sa sœur que la marguerite en a menti. Çà, quelle figure allons-nous prendre? Don Juan ou Lovelace? Don Juan est usé comme la soutane d'un séminariste ou l'escalier d'une fille de joie; Lovelace est un peu plus inédit, et je ne doute point que sa perruque poudrée et son habit à la française ne fassent un effet merveilleux; il a bien meilleur air que don Juan, ce mauvais racleur de guitare. J'aurais bien pris la figure de Chérubin, mais nos donzelles sont trop jeunes pour être marraines; elles n'ont pas encore l'âge qu'il faut pour dire d'une manière convenable au page qui n'ose pas: « Osez! » et elles ne savent pas le prix d'un enfant qui veut cesser de l'être et en faire d'autres.

Satanas prend la figure de Lovelace.

ALIX.

Quel est ce beau cavalier qui s'avance vers nous? Sa démarche est élégante, il a l'air tout à fait noble et le plus gracieux du monde. C'est sans doute un seigneur étranger, car son costume n'est pas celui des jeunes hommes de cette ville.

BLANCHEFLOR.

On dirait qu'il veut nous aborder.

SATANAS, en Lovelace.

Mesdemoiselles, pardonnez-moi si je me mêle à votre entretien sans y être convié; mais j'ai entendu, sans le vouloir, une partie de votre conversation. Vous avez fait, à une fleur rustique et sotte qui ne sait ce qu'elle dit, une question à laquelle votre miroir eût répondu plus juste et plus pertinemment. Je m'inscris en faux contre la réponse de la fleur, et je suis sûr que tous les gens de goût en feront autant que moi.

ALIX.

L'honnêteté vous fait dire là des choses que vous ne pensez sans doute point.

SATANAS.

Je sais ce que je dis et je dis ce que je pense ; vous allez voir que cette marguerite-ci aura plus de bon sens que l'autre. (Il l'effeuille.) Je ne suis pas seul maintenant, et voilà une fleur bien avisée qui parle comme moi. Vous seriez plus incrédule que saint Thomas si vous ne vous rendiez à tant de témoignages.

BLANCHEFLOR, à part.

Comme il a de l'esprit, et qu'il est beau ! Mais il ne parle qu'à ma sœur.

MAGDALENA, au paradis.

Desdemona, ne trouvez-vous pas que Satanas a l'air le plus galant du monde avec son costume de Lovelace ? Son habit tourterelle, sa veste gorge-de-pigeon, son bas de soie bien tiré, sa bourse, son épée d'acier et son claque lui donnent une tournure coquette et triomphante qui lui va on ne peut mieux ; on le prendrait pour un marquis ou pour un faiseur de tours, tellement il a de belles manières. Comme il fait l'œil à cette petite niaise ! comme il marche sur la pointe des pieds, les coudes en dehors, le nez au vent, la bouche en cœur ! comme il se rengorge et fait la roue ! comme il ponctue chaque phrase d'un adorable petit soupir respectueusement poussé ! Il lui présente la main. Remarquez, je vous prie, comme son petit doigt est agréablement écarquillé, et son index posé de façon à faire briller un magnifique solitaire admirablement enchâssé. Ah ! le scélérat ! ah ! l'hypocrite ! Quel comédien parfait ! Une femme ne feindrait pas plus habilement. Quel adorable monstre cela fait ! N'est-ce pas, Desdemona, le jeune lieutenant Cassio n'avait pas meilleure mine et n'était pas plus aimable ?

DESDEMONA.

Magdalena, vous êtes d'une impertinence sans égale, et, en vérité, vous vous souvenez un peu trop du vilain métier que vous avez fait. Je suis une honnête femme, moi, et je ne sais pas ce que vous voulez dire.

MAGDALENA.

Vous le savez parfaitement, et c'est ce qui fait que vous vous fâchez. Quelle dame Honesta vous êtes! on ne peut plaisanter une minute avec vous. Cassio est convenu lui-même...

OTHELLO.

Cassio! qui parle de Cassio? Où est-il? que je le poignarde!

MAGDALENA.

Bon! ne voilà-t-il pas l'autre maintenant qui nous tombe sur les bras! Va-t-en donc à tous les diables d'enfer d'où tu viens, vieux nègre jaloux, et remporte ton coutelas, dont nous n'avons que faire

DESDEMONA.

Ah! je vous en prie, Magdalena, passez-moi votre flacon de vinaigre d'Angleterre. Je suis près de m'évanouir, tellement ce vilain homme m'a fait peur!

LE BON DIEU.

Quand vous n'en aurez plus besoin, passez-le moi, Desdemona; cette fumée d'encens qui vient de terre m'empeste et me force à me boucher le nez; c'est sans doute quelque vieux prêtre avare et sacrilége qui aura mis une pincée de colophane en poudre dans l'encensoir au lieu de myrrhe et de cinname.

VIRGO IMMACULATA.

Satanas gagnera.

MIZAËL

Hélas!

AZRAËL.

Oïmé!

SATANAS.

Et vous, mademoiselle, n'avez-vous pas interrogé la fleur?

BLANCHEFLOR.

Pourquoi faire? Les fleurs n'ont rien d'agréable à me répondre.

SATANAS.

Comment cela?

BLANCHEFLOR.

Je ne suis pas assez belle et charmante pour que mon sort soit écrit en lettres d'argent autour des marguerites.

SATANAS.

Il doit être écrit, non autour des simples fleurs des champs, mais autour des étoiles des cieux en rayons de diamant.

BLANCHEFLOR.

Vous croyez parler à ma sœur.

SATANAS.

Moi! point, je vous jure.

ALIX.

Que dites-vous donc à Blancheflor, et qu'avez-vous à chuchoter comme si vous aviez peur d'être entendu?

SATANAS.

Je la félicitais sur ce bonheur qu'elle a d'être la sœur d'une aussi belle et gracieuse personne que vous êtes, et je lui marquais combien j'avais l'imagination frappée des mérites qu'on vous voit.

ALIX.

Vraiment! c'était là ce que vous lui disiez?

SATANAS.

Ce ne sont peut-être point les termes exprès, mais c'est quelque chose comme cela. (A part.) Par tous les saints du paradis! voilà une scène qui se pose d'une façon qui n'est pas des plus neuves, et qui m'a furieusement l'air de vouloir ressembler à la scène de don Juan entre les deux villageoises. Pour mon honneur de diable, j'aurais dû trouver quelque moyen plus original et ne pas faire le plagiaire comme un auteur à la mode, mais, bah! ce moyen est assez bon pour ces petites sottes; d'ailleurs, femmes et poissons se prennent au même appât depuis le commencement du monde; cent goujons viennent mordre à la même ligne, cent femmes à la même ruse; le poisson ne sort pas de la poêle pour aller conter aux autres comment il a été pris, et les femmes, qui sont pies dans toutes les autres occasions, sont poissons dans celle-là.

BLANCHEFLOR.

A quoi pensez-vous donc? vous avez l'air distrait.

SATANAS.

Je pensais à ceci: que, si j'étais vous, je n'oserais sortir ainsi dans les bois sans voile.

BLANCHEFLOR.

Pourquoi?

SATANAS.

De peur que les abeilles ne prissent mes joues pour deux roses et mes lèvres pour une grenade en fleur; vos dents ont l'air de gouttes de rosée et leur pourraient donner le change.

BLANCHEFLOR.

Oh! les abeilles ne voleront pas sur mes lèvres.

SATANAS.

Les abeilles, peut-être que non, mais bien les baisers: les baisers sont les abeilles des lèvres, ils y volent naturellement.

Il la baise sur la bouche.

ALIX.

Que faites-vous donc?

SATANAS.

Je montre à votre sœur comment je ferais pour vous embrasser.

Il l'embrasse à son tour.

ALIX, à part.

O suavité! il me semble que mon âme se fond, et le feu de ses lèvres a passé jusqu'à mon cœur.

SATANAS.

J'aurais mille choses à vous dire; quand pourrai-je vous

voir? Quel mal y aurait-il à vous aller un soir promener au jardin et vous asseoir sous la tonnelle de lilas? J'y vais quelquefois me reposer et rêver à celle que j'aimerai.

ALIX.

Il est si doux de respirer au clair de lune l'âme parfumée des fleurs!

SATANAS à Blancheflor.

Votre sœur pense que je l'aime mieux que vous, mais elle a tort; vous êtes celle que je cherchais, et il y a déjà bien longtemps que je vous adore sans vous connaître.

BLANCHEFLOR.

C'est singulier, mais je suis avec vous comme si vous étiez un ancien ami, et, quoique ce soit la première fois que je vous vois, vous ne m'êtes pas étranger : je reconnais votre figure, votre son de voix ; j'ai déjà entendu ce que vous dites. Oui, c'est bien cela, vous êtes bien lui.

SATANAS.

En effet nous sommes de vieilles connaissances. (A part.) Voilà bientôt quelque six mille ans que je t'ai séduite; tu avais alors la figure d'Ève, moi celle du serpent. Pst, pst, c'est ainsi que je sifflais, pst!

BLANCHEFLOR.

Ah! voilà ce que je cherchais à me rappeler, le discours dont je ne savais plus que quelques mots vagues et décousus.

SATANAS.

La petite a la mémoire bonne; pour peu que je la remette encore sur la voie, elle va se ressouvenir de ce bienheureux jour où, sous les larges feuilles de l'arbre de science, je cueillis dans sa fleur la première virginité du monde et fis le plus ancien cocu dont l'histoire fasse mention. (Se penchant vers Alix.) Je suis fils cadet de l'empereur de Trébizonde; j'ai six coffres pleins de diamants et d'escarboucles ; je puis, si tu le veux, décrocher deux étoiles du ciel pour t'en faire des boucles d'oreilles; je te donnerai pour collier un fil de perles qui ferait le tour du monde; je couperai un morceau du soleil pour te faire une jupe de brocart, et la lune nous fournira de la toile d'argent pour la doublure.

ALIX.

Oh! rien de tout cela, mais un baiser de ta bouche.

SATANAS.

O précieuse innocence! tu n'es encore bonne qu'à étaler consciencieusement le beurre de chaque côté de la tartine et à faire des sandwichs pour le déjeuner. Il fallait prendre les diamants, le baiser n'en eût pas été moins savoureux; c'est du reste la première femme qui, depuis que j'exerce le métier de tentateur, ait refusé des bijoux et de l'or. L'or et la femme s'attirent comme l'ambre et la paille.

BLANCHEFLOR.

Je t'aime tant, que je voudrais être toi pour ne te quitter jamais.

SATANAS.

Ange du ciel! perle d'amour! rougeur de la rose! couleur du lait! ô miel et sucre! ô tout ce qu'il y a de pastoral et de charmant au monde! cinname, manne distillée, fleur des prairies, noisette des bois! ô vert pomme et bleu de ciel! On ne peut pas dire deux mots de galanterie à ces diables de femmes qu'elles ne vous condamnent aux galères d'amour à perpétuité! Tu voudrais être moi, pauvre enfant! Tu ne me ressembles guère en cela, et il y a longtemps qu'il m'ennuie d'être moi. Vois-tu, on est à soi-même un terrible fâcheux, un visiteur bien indiscret et un importun d'autant plus insupportable qu'il n'y a pas moyen de le mettre à la porte. Toutes les âmes n'ont pas un aussi joli logement que la tienne, et beaucoup souhaitent par ennui ce que tu souhaites par amour.

ALIX.

Je me donnerai à toi pour l'éternité.

SATANAS, à part.

Heuh! heuh! tu rencontres plus juste que tu ne penses. Pour l'éternité! Il ne s'agit pas ici de l'éternité des amoureux, dont il en peut tenir vingt-quatre à l'année, mais d'une belle et bonne éternité du bon Dieu, sans commencement ni fin, une vieille qui se mord allégoriquement la queue, et dont personne ne connaît ni le père ni la mère.

BLANCHEFLOR.

On jouit du haut de la colline d'un point de vue délicieux; assise au penchant de la côte, j'aime à respirer la senteur des fèves et l'odeur du feuillage. Je regarde coucher le soleil; je donne un baiser à la nature; la nature sourit si doucement aux yeux pendant les mois de la jeunesse et du printemps!

SATANAS, parlant tantôt à Alix, tantôt à Blancheflor.

La nature est en effet une chose fort agréable, et je vais indubitablement devenir un de ses plus assidus adorateurs. Au coucher du soleil sur la colline; au lever de la lune dans le berceau de lilas. Mes divinités, une affaire de la plus haute importance exige que je vous quitte. Adieu, ma colombe aux yeux bleus; adieu, ma gazelle aux yeux noirs; adieu, mon idéal; adieu, ma réalité; adieu, mes infantes. Je baise vos petits pieds mignons et le bout de vos mains blanchettes. Serviteur.

Exit.

BLANCHEFLOR.

Il a vraiment des dents superbes; ce sera un excellent mari.

ALIX.

Il a les ongles les mieux faits du monde. C'est un homme de grand mérite.

Exeunt.

SCÈNE X

La chambre d'Alix et de Blancheflor.

SATANAS.

Je ne connais pas de métier plus fatigant au monde que de faire semblant d'être amoureux, si ce n'est de l'être réellement; j'aimerais autant être cheval de louage ou fille de joie. Ouf! j'en ai la courbature; mais les affaires sont en bon train. Le verre d'eau est presque gagné, et je crois que d'ici à peu je ne serai plus réduit à boire ma sueur salée pour me rafraîchir. Disposons toutes choses pour la réussite de nos projets. Asmodée! Asmodée! ici. Ah çà! chien de boiteux, est-ce qu'il faudra que je t'appelle trois fois?

SCÈNE XI

ASMODÉE.

Plaît-il, seigneur?

SATANAS.

Pourquoi tardais-tu tant à venir?

ASMODÉE.

J'étais en train de débaucher une jeune fille au profit d'un riche vieillard; comme elle était éprise d'un grand coquin de lansquenet bête comme un buffle, mais haut de cinq pieds onze pouces et large à proportion, j'ai eu beaucoup de mal.

SATANAS.

Il n'y a rien de vertueux comme une femme qui aime un portefaix. Mais ce n'est pas de cela qu'il s'agit, et je ne t'ai point appelé pour me rendre tes comptes. Il faut que tu me souffles ici ton haleine violette, et que tu m'allumes l'air de cette chambre du plus fin feu de luxure qui se puisse trouver.

ASMODÉE.

L'air de la cellule d'une nonne ou d'un cordelier ne sera pas plus embrasé ni plus aphrodisiaque : du bitume, du soufre et de l'esprit-de-vin.

SATANAS.

C'est ce qu'il faut; que tout soit en rut dans cette petite chambre virginale, jusqu'aux murailles et aux planchers; que les armoires se trémoussent, que les fauteuils se tendent les bras, et tâchent de se joindre homocentriquement; que les pots se démènent pour dégager leurs anses, se prendre au col, et s'embrasser à la bouche; qu'un désir plus ardent que le feu Saint-Antoine prenne au ventre quiconque dépassera le seuil de cette porte.

ASMODÉE.

Vous voyez cette petite flamme couleur de punch qui voltige çà et là; c'est la même que j'ai soufflée autrefois dans l'alcôve de Messaline. Si elle s'arrêtait une minute sur le cadavre d'une vierge morte depuis mille ans, on verrait aussitôt sa poussière s'agiter lubriquement et son ombre devenir plus coquette et plus libertine que feu la reine Cléopâtre en son vivant.

MAGDALENA, au paradis.

Plus d'une Oriane enverrait, si elle l'osait, respirer cet air-là à son vertueux Amadis.

VIRGO MARIA.

Fi! que vous êtes libre en propos et que vous avez d'étranges idées, Magdalena!

SATANAS.

Voilà qui est bien. Asmodée, tu peux retourner à tes affaires; en attendant l'effet de mon stratagème, je m'en vais, pour me distraire, écorcher vives les âmes d'un pape et de trois rois qui viennent de passer de ce siècle dans l'autre, car tout ceci devient d'un fade à vomir.

Evanescunt.

SCENE XII

LE FAUTEUIL.

Je brûle d'amour pour toi; je te trouve si charmante sous ta robe à grandes fleurs blanches et vertes! tu as des pieds si mignons, des bras si bien tournés, un dos si souple? tu t'étales avec tant de grâce au coin de la cheminée, qu'il faut absolument que je me marie avec toi, ô ravissante bergère!

LA BERGÈRE.

Si je n'étais pas verte, et si mes paupières n'étaient pas retenues par des clous dorés, je rougirais et je baisserais les yeux, car vous mettez dans tout ce que vous dites un feu si surprenant et vous me regardez d'un air si vainqueur, que j'en suis toute déconcertée. Vous êtes un véritable Amilcar pour l'audace; et, si je n'avais peur que vous ne soyez un Galaor pour l'inconstance, je donnerais peut-être à votre flamme un peu d'espérance pour aliment.

LE FAUTEUIL.

Laisse-moi baiser, ô mon adorable! ton petit pied à roulette de cuivre, et je serai le plus heureux fauteuil du monde.

LA BERGÈRE.

Monsieur, monsieur, lâchez ma jambe! O l'impudent fauteuil! Mais où avez-vous vu que l'on ait le pied au-dessus du genou? Scélérat! O ma mère! ma mère, oh!...

LE SILENCE.

Je ne dis rien et je fais penser beaucoup, bien différent en cela de ces auteurs qui parlent beaucoup et ne font rien penser. Je n'ai pas de langue et suis muet de naissance, et pourtant tout le monde me comprend. Aucun journaliste ne trouve rien à dire sur ma moralité, et, si l'auteur de cette triomphante comédie avait un peu plus souvent recours à moi, il aurait conservé l'estime du *Constitutionnel* et de son portier.

UNE CARAFE.

Mon cher pot bleu du Japon, si nous ne mettons un peu plus de retenue dans nos caresses, nous allons nous casser en cent quatre-vingt-dix-neuf morceaux au moins.

LE POT.

Je crois en vérité que je suis fêlé! Tu viens de me cogner si rudement avec une de tes facettes de cristal, que j'en suis tout étourdi.

L'ARMOIRE.

A vos places, messieurs et dames! que tout rentre dans l'ordre; j'entends nos maîtresses monter.

SCÈNE XIII

BLANCHEFLOR, en elle-même.

Que fait donc le soleil dans le ciel? Les poëtes ont bien tort de lui donner un char attelé de quatre chevaux; il marche aussi lentement qu'un paralytique avec ses béquilles.

ALIX, aussi en elle-même.

Ma lune chérie, soulève donc un pan de ce grand rideau bleu et montre-moi ta petite face d'argent plus claire qu'un bassin.

BLANCHEFLOR.

Au coucher du soleil, sur la colline. Qu'il est beau! que je l'aime! Je suis aussi émue à sa seule pensée que si je le voyais devant moi. Il m'épousera! Oh! que je suis heureuse!

ALIX.

Au lever de la lune! Il me semble que je ne vis que depuis une heure. Je suis née au moment où je l'ai vu; les autres années de mon existence se sont passées dans les ombres de la mort.

BLANCHEFLOR.

Je me sens un trouble extraordinaire.

ALIX.

Je ne sais ce qui se passe en moi.

LA MAIN DE BLANCHEFLOR.

Croyez-vous, Blancheflor, que, belle et bien faite comme je suis, toute pleine de fossettes, les doigts si effilés, les ongles si roses, j'aie envie de rester éternellement emprisonnée dans un gant? Le meilleur gant pour moi serait la main d'un jeune cavalier qui me serrerait tendrement, le plus bel anneau serait l'anneau du mariage.

LE SEIN D'ALIX.

Ce corset rigide me contraint cruellement et m'empêche de palpiter en liberté. Quand pourrai-je m'épanouir sous des lèvres chéries et me gonfler de lait dans la couche nuptiale?

LES PIEDS DE TOUTES DEUX.

C'est fort ennuyeux de porter continuellement nos maîtresses à vêpres et à la messe; nous ne voulons plus les porter qu'à des rendez-vous d'amour, à des fêtes et à des bals; nous voulons frétiller et battre la mesure, faire des entrechats et nous divertir de la belle manière.

ROSA MYSTICA.

Voici longtemps que je répands mes parfums au paradis de la virginité; sera-ce donc la main du temps qui me cueillera, ou dois-je laisser choir une à une mes feuilles flétries sur une terre stérile?

SATANAS.

En effet, ce serait dommage, et l'on y pourvoira.

BLANCHEFLOR.

Ma sœur, j'ai fort mal à la tête; l'air de cette chambre est brûlant, j'étouffe. Si j'allais me promener un peu, cela me ferait du bien. (A part.) Je tremble qu'elle ne me propose de m'accompagner.

ALIX.

Va, ma sœur; mais, comme je me sens un peu lasse, tu ne m'en voudras pas de te laisser aller seule. (*Exit Blancheflor.*) Je ne savais comment la renvoyer; maintenant, aiguille, accélère le pas; timbre de l'horloge, mets-toi à chanter la plus belle heure de ma vie.

SCÈNE XIV

SATANAS.

Par la triple corne du plus sot mari qui soit d'ici à bien loin! malgré mes ailes de chauve-souris et ma célérité bien connue, j'ai manqué arriver le dernier. Les pieds mignons d'une fille qui va au rendez-vous sont plus prompts que les ailes du grand diable lui-même, et celui qui va perdre son âme se hâte plus que celui qui va la lui gagner, à ce jeu de dés qu'on nomme amour dans le monde et luxure dans le catéchisme. Çà, prenons un air rêveur, et mettons sur notre face cuivrée un masque de mélancolie amoureuse et de galante impatience. Je la vois qui monte le revers du coteau, elle semble plutôt glisser que marcher; le désir la soutient en l'air, lui met des plumes au talon, et ne la laisse toucher le sol que du bout des orteils; sa face rayonne de béatitude, des effluves ondoyants voltigent avec ses blonds cheveux autour de sa tête transparente; elle éclaire l'air qui l'environne, et ses yeux répercutent plutôt la lumière qu'ils ne la reflètent. Comme elle court joyeusement à sa damnation! Pas une hésitation, pas un regret; et pourtant, dans ses idées, ce qu'elle va faire est la plus impardonnable des fautes. Mais elle aime; elle est si heureuse de se perdre, de montrer à son amant qu'elle renonce pour lui à sa couronne d'étoiles, comme à sa couronne d'oranger! Bien peu d'âmes comprennent ce plaisir ineffable et profond de se fermer les portes du monde et les portes du ciel pour se cloîtrer à tout jamais dans l'amour de la personne aimée. Cette âme qui va être à moi tout à l'heure est une de ces âmes. En vérité, pour son premier amour, elle méritait de rencontrer mieux, et j'ai presque regret de prendre celle qui se donne si franchement, si noblement, sans arrière-pensée, sans précaution. Elle ne m'a pas même demandé mon nom, elle ne veut savoir de moi que mon amour. D'honneur! si je pouvais faire usage de sacrements, je l'épouserais très-volontiers, car c'est une brave fille.

BLANCHEFLOR.

Vous m'attendiez? il n'est cependant pas l'heure, et il me semblait, comme à vous, qu'il était plus que l'heure. O cher cœur! vous m'attendiez!

SATANAS.

Je vous attends depuis l'éternité, et, si tôt que vous veniez, je vous attends toujours.

BLANCHEFLOR.

Vous dites là ce que j'ai pensé en vous voyant pour la première fois; j'ai pensé que vous aviez bien tardé à venir.

SATANAS.

C'est que nous étions faits l'un pour l'autre; c'est que nos âmes sont jumelles et accouraient d'un bout du monde à l'autre pour s'embrasser et se confondre. Nos âmes sont comme deux gouttes de pluie qui glissent le long de la même feuille de rose, et qui, après avoir cheminé quelque temps côte à côte, se touchent d'abord par un point, puis entremêlent leur cristal fraternel et finissent par ne former qu'une seule et même larme.

BLANCHEFLOR.

Ma goutte d'eau est une larme de joie.

SATANAS.

La mienne est une larme bien amère ; aucun œil mortel ne pourrait en pleurer une semblable sans devenir aveugle. Il n'y a que moi qui aie pu la pleurer et ne pas en mourir.

BLANCHEFLOR.

Oh ! laisse-moi la boire.

SATANAS.

Le jus laiteux de l'euphorbe, le sang noir du pavot, l'eau qui dissout tous les vases, excepté les vases de corne, le venin de l'aspic et de la vipère, ont un poison moins subtil et moins prompt.

BLANCHEFLOR.

On dit qu'il y a des bouches qui sucent sans danger la morsure des serpents et la guérissent ; est-ce que l'amour ne pourrait guérir d'un baiser les morsures de la douleur sans en prendre le venin ?

SATANAS

Essayons.

BLANCHEFLOR.

Sur tes yeux et ta bouche.

SATANAS.

Sur ton sein.

BLANCHEFLOR.

Pas ici ; plus tard. Oh ! je t'en prie, ne vas pas croire au moins que je veuille t'éviter ; j'irais jusqu'à toucher l'horizon du bout du doigt pour me donner à toi tout entière et sans réserve. Je ne suis pas de ces femmes qui s'économisent et se détaillent, qui donnent un jour une main à baiser, l'autre jour le front ou le bas de leur robe, pour faire durer plus longtemps l'amour par le désir. Je ne suis pas comme ces buveurs qui ont un flacon d'une liqueur précieuse et qui n'en boivent qu'une larme tous les jours ; je vide la coupe d'un seul coup et je me donne en une fois. Quand tu devrais m'abandonner au bout d'une heure, je serais satisfaite ; je serais sûre, au moins, que tu m'aurais aimée cette heure-là, et qui peut dire qu'il ait été véritablement aimé une heure pendant sa vie ? C'est le dernier caprice de ma virginité expirante; c'est la première chose que je te demande, accorde-la-moi, je veux encore revoir une dernière fois la petite chambre où j'ai passé tant d'années pures et limpides, je veux jeter encore un regard sur ma vie de jeune fille. Et puis j'ai sur ma fenêtre, dans une cage, une petite colombe sauvage qui ne fait que gémir la nuit et la journée ; je voudrais lui donner sa volée avant de partir avec toi pour ne plus revenir.

SATANAS.

Et ta sœur, comment l'écarter?

BLANCHEFLOR.

Je n'y pensais plus ; je ne pense qu'à toi maintenant ; tu es le seul être qui existe au monde à mes yeux; et tu fais un désert autour de toi.

SATANAS.

Prends cette fiole, verse une goutte de la liqueur qu'elle contient dans le verre de ta sœur, le tonnerre du ciel et le canon de la terre gronderaient à son oreille, elle ne se réveillerait pas. (A part.) C'est moi qui l'irai réveiller.

BLANCHEFLOR.

Il n'y a pas de danger pour elle ?

SATANAS.

Non ; aussitôt que la nuit noire aura jeté ses épaisses fourrures sur ses épaules, je serai sous la fenêtre avec deux chevaux ; je frapperai trois coups et tu viendras.

BLANCHEFLOR.

Adieu ! je te laisse mon âme.

Exit Blancheflor.

SCÈNE XV

SATANAS.

Voici une jeune créature qui s'exprime avec beaucoup de facilité et qui n'est point tant sotte que je l'aurais cru ; tudieu ! comme elle parlait d'abondance, et les beaux yeux qu'elle avait ! Si je n'étais le diable, c'est-à-dire un personnage assez peu érotique, je croirais en vérité que je joue au naturel le rôle d'amoureux, car je me suis senti au fond de moi deux ou trois petits mouvements qui pourraient bien être de la concupiscence, ou de l'amour, pour parler un langage plus harmonieux et plus honnête. Mais, à propos de l'autre, je lui ai donné rendez-vous au lever de la lune, sans songer qu'il n'y avait pas de lune aujourd'hui.

LE BON DIEU.

Satanas, vous avez des griffes aux doigts, mais vous mériteriez d'y avoir des membranes, car vous êtes bête comme une oie. Qu'allez-vous faire ? vous improviserez-vous une lune avec un transparent de papier huilé et un quinquet derrière, comme on fait à l'Opéra ? car il vous faut une lune.

SATANAS.

C'est une distraction un peu forte que j'ai eue là ; c'est le propre des grands génies d'être distraits. Vous-même avez commis une bien plus étrange distraction lorsqu'en créant la femme vous avez cru faire la femelle de l'homme. Ma bévue n'est pas d'ailleurs fort considérable ; la chère demoiselle, le ciel fût-il noir comme la voûte d'un four ou l'âme d'un procureur, elle y verra la lune, le soleil, toutes les planètes avec leurs satellites, car il n'y a pas d'éclipse pour l'étoile d'amour. Cependant je serais bien aise que le soleil eût la complaisance de s'enfariner la physionomie pour ce soir seulement et de doubler sa sœur, puisqu'elle est indisposée.

LE BON DIEU.

Diable! nous ne sommes pas en carnaval pour qu'on se déguise ainsi ; je ne puis déranger mon soleil comme cela : je ne l'ai fait qu'une fois en faveur de Josué ; mais je m'en vais, pour te montrer que je suis un ennemi généreux, créer tout exprès un météore de la couleur et de la forme de la lune ; car je veux voir la fin de cette comédie, et je ne veux pas faire manquer le dénoûment pour si peu.

Paraît un météore.

SATANAS.

Je ne sais comment vous remercier de votre obligeance; mais, si vous avez jamais de l'amour pour quelqu'un je vous promets de ne pas le tenter.

SCÈNE XVI

L'AUTEUR.

Je vous avouerai que voici déjà bien longtemps que je fais parler les autres et que je serais fort aise de trouver jour à placer convenablement mon petit mot. Cette comédie est universelle : elle embrasse le ciel et la terre ; chaque partie de la création y joue son rôle, depuis l'étoile jusqu'à la pierre, depuis l'ange jusqu'au lapin. La cloche y a une langue, les bêtes y parlent comme des personnes et les personnes comme des bêtes ; il n'y a que moi qui n'aie rien dit. Je ne vois pas pourquoi ; car, si humble que je sois, je pense que je puis me mêler à la conversation, ô cher lecteur ! et que tu n'auras aucune répugnance à échanger une idée ou deux avec un honnête garçon. Je te confierai donc que je suis fort embarrassé pour le moment, et que je suis entré dans un cul-de-sac dont je ne puis sortir. Ce drame, quoique certainement un des plus beaux qui aient jamais serpenté à travers les circonvolutions d'une cervelle humaine, renferme cependant un défaut essentiel, c'est que l'action, si action il y a, est double sans être différente. Je n'aurais dû mettre qu'une jeune fille au lieu de deux ; je me serais évité un tas d'imbroglios plus inextricables les uns que les autres, et une foule d'aparté et d'indications en petits caractères qui dérangent singulièrement l'économie et la symétrie de l'impression. Mais j'ai cru naïvement que, si une faisait bien, deux feraient deux fois bien ; j'espérais des effets très-agréables à cause du contraste; je m'étais promis de faire un portrait circonstancié des deux créatures ; je n'aurais pas omis le plus léger duvet, le signe le plus imperceptible ; l'une aurait été blonde et l'autre brune, ce qui me paraissait une observation de caractère assez profonde pour intéresser vivement. Mais je n'ai pas trouvé le moyen d'enchâsser dans mon drame les deux descriptions que j'avais faites d'avance d'après le vif sur deux belles personnes que je connais et dont je voudrais bien faire autre chose que des descriptions en prose poétique. On vient de voir une scène d'amour entre Satan et Blancheflor ; pour continuer cette action bicéphale, il faut qu'il arrive maintenant une scène d'amour entre Alix et Satan ; ces deux fils d'intrigues tordus ensemble sont comme des spirales qui montent en sens inverse dans le même diamètre et qui se rencontrent forcément à de certains endroits. Je n'y puis rien ; cela me prouve seulement que l'on doit préférer pour soutenir son édifice la colonne droite à la colonne torse, et assurément le premier drame que je ferai sera mixtionné selon la recette d'Aristote, et aucune des unités n'y sera violée. Maintenant, ô lecteur, je réclame ton indulgence pour la scène qui va suivre, et, si tu trouves qu'elle a beaucoup de ressemblance avec l'autre, ne t'en prends qu'à l'amour et non pas à moi. L'amour est extrêmement monotone de sa nature et ne sait conjuguer qu'un seul verbe, qui est le verbe *amo*, j'aime, ce qui ne serait pas très-récréatif pour ceux qui écoutent. Mais qu'y faire ?

SCÈNE XVII

SATANAS, dans le jardin.

Elle ne vient pas! Est-ce qu'il lui serait survenu des scrupules ? Tous les jours la chose arrive; elle arrive aussi la nuit, quoique plus rarement. Cela commence à m'inquiéter. Perdrai-je mon pari ? Je n'ai plus que deux heures devant moi, et, réellement, c'est peu, tout diable que je suis. Il faut quelquefois des mois entiers à ces virginités-là. Est-ce que Blancheflor aurait eu déjà le temps de lui verser le philtre ? Je ne le pense pas. Cela ne ferait pas mon compte. Mais j'entends son pas, plus léger que le pas d'un oiseau; je sens son odeur, plus douce que l'odeur des violettes. — Alix, j'avais peur que vous ne vinssiez pas.

ALIX.

Je suis toute tremblante. Personne ne m'a vue ?

SATANAS.

Personne. Il n'y a maintenant que les étoiles qui aient les yeux ouverts.

ALIX.

C'est la première fois que je sors la nuit. Qu'est-ce qui vient de remuer derrière nous ?

SATANAS.

C'est le vent qui lutine quelque feuille, ou un sylphe qui revient se coucher au cœur de sa rose.

ALIX.

Pardonnez mes folles terreurs ; je ne devrais craindre que de ne pas être aimée de toi.

SATANAS.

Si tu n'as que cela à craindre, tu peux être plus brave qu'Alexandre ou César.

ALIX.

Vous m'aimez donc?

SATANAS.

Si je t'aime !

ALIX.

Vous le dites ; je voudrais le croire, et je ne le crois pas.

SATANAS.

Hélas! vous ne m'aimez donc pas, puisque vous ne croyez pas ce que je vous dis?

ALIX.

Je vous aime; le croyez-vous?

SATANAS.

Comme je crois à moi-même. Aie foi en moi comme j'ai foi en toi.

ALIX.

Je ne puis. Quelque chose me crie au fond du cœur que je me perds, que tu n'es pas ce que tu parais être ; que tes paroles mentent à tes pensées. Je vois bien briller dans tes yeux une flamme surnaturelle, mais ce n'est pas le feu divin, ce n'est pas le feu de l'amour. Ce n'était pas ce regard que j'avais mis dans les yeux du bien-aimé que je rêvais, et pourtant il me plaît bien mieux. Je sens qu'en marchant vers toi je marche vers un précipice, et je ne puis m'arrêter, et je ne le voudrais pas. Qui es-tu donc, pour avoir une telle puissance?

SATANAS.

Quelqu'un de bien malheureux !

ALIX.

Qui es-tu donc pour te dire malheureux étant sûr d'être aimé?

SATANAS.

Je ne te dirai ni qui je suis ni quel est mon malheur; aucune langue humaine ne pourrait donner une idée de ce que je souffre, aucune oreille ne doit entendre mon nom. Qu'il te suffise de savoir que jamais femme n'a été aimée par un homme comme tu l'es par moi. (A part.) Je commence vraiment à penser ce que je dis. O beauté ! ton effet est aussi puissant sur les diables que sur les anges.

ALIX.

Oh ! bien comme cela ! Ta voix est bien la voix des paroles que tu dis ; je te crois maintenant. Il y a dans ta personne quelque chose de fatal que je ne puis définir, qui m'effraye et me charme. On lit sur ton front un malheur irréparable ; tu es de ceux qui ne se consolent pas, et je donnerais ma vie pour te consoler. Je voudrais être plus belle que je ne suis. Je voudrais être un ange, car il me semble que ce n'est pas assez pour toi d'être simple fille des hommes.

VIRGO IMMACULATA, au paradis.

Satanas s'attendrit visiblement ; il vient de poser sur le front de cette jeune fille un baiser aussi chaste que s'il était sorti du collége depuis quinze jours.

SATANAS.

O délicieux ressouvenir des voluptés du ciel !

LE BON DIEU.

Je vois d'ici se former dans le coin de son œil une perle qui vaut mieux que celle de Cléopâtre. Azraël, rendez grâce au hasard de ce que Satanas soit d'humeur platonique aujourd'hui. Prenez la coupe de diamant et descendez vite recueillir cette précieuse larme ; elle tremble au bout de ses cils et va bientôt se détacher.

ALIX.

Je t'adore ! je suis à toi !

L'HORLOGE DE L'ÉTERNITÉ.

Un, deux, trois.

AZRAËL.

J'arrive à temps ; la perle allait tomber.

L'HORLOGE DE L'ÉTERNITÉ.

Quatre, cinq, six.

SATANAS.

C'est l'heure!.... Voilà Azraël. J'ai perdu!

ALIX.

Quoi donc? quelle est cette apparition?

AZRAËL.

Je suis ton ange gardien. Celui-là, c'est le diable !

Alix s'évanouit.

L'HORLOGE DE L'ÉTERNITÉ.

Minuit !... Elle est sauvée!

LE BON DIEU.

Satanas, vous avez été autrefois le plus beau de mes anges et celui que j'aimais le mieux ; tout déchu que vous êtes, vous conservez encore quelques vestiges de ce que vous avez été, et vous n'êtes pas totalement méchant. Cette larme que j'ai fait recueillir dans une coupe de diamant sera pour vous un breuvage précieux dont l'intarissable fraîcheur vous empêchera de sentir les flammes dévorantes de l'enfer; elle vaudra mieux que le verre d'eau que vous demandiez. Félicitez-vous d'avoir perdu. Vous, Azraël et Mizaël, allez retirer du monde les deux âmes que vous aimez et les épousez sur-le-champ, de peur qu'il n'arrive malheur : car Satanas est un séducteur très-habile, et il ne sera peut-être pas toujours aussi bon diable que cette fois-ci.

SATANAS.

Si je pouvais lui demander pardon de ma révolte! Oh! non, jamais !

Exit.

MAGDALENA.

Pauvre Satanas ! il me fait vraiment pitié. Est-ce que vous ne le laisserez pas revenir dans le ciel?

LE BON DIEU.

L'arrêt est irrévocable. Je ne puis pas me parjurer comme un roi de la terre.

VIRGO MARIA.

Il a tant souffert!

MAGDALENA.

Laissez-vous fléchir. Vous qui êtes si bon, comment pouvez-vous supporter cette idée, qu'il y ait quelqu'un d'éternellement malheureux par votre volonté?

LE BON DIEU.

Dans quelque cent mille ans d'ici, nous verrons.

1839.

FIN D'UNE LARME DU DIABLE.

LA FAUSSE CONVERSION

OU

BON SANG NE PEUT MENTIR

SCÈNE PREMIÈRE

Un salon.

FLORINE, LE DUC, LE CHEVALIER, M. DE VAUDORÉ,
LE COMMANDEUR, LE MARQUIS.

FLORINE.

Mes chers seigneurs, je ne puis que vous répéter ce que je vous ai déjà dit, — ma maîtresse n'y est pas.

LE DUC.

Ceci est de la dernière fausseté, je l'ai vue en descendant de ma chaise, le front appuyé à la vitre de sa fenêtre.

LE CHEVALIER.

Je ne croirai qu'elle n'y est pas que si elle vient nous le dire elle-même.

LE DUC.

Nous prend-elle pour des créanciers, ou pour des hommes de lettres qui viennent lui offrir des dédicaces?

M. DE VAUDORÉ.

Nous ne sommes pas des drôles et des maroufles sans consistance ; cette consigne ne nous regarde pas. — Messieurs, vous n'avez pas la vraie manière d'interroger les soubrettes. (Il tire sa bourse.) — Tiens, Florine, sois franche, ta maîtresse est chez elle ?

FLORINE.

Oui, monsieur.

M. DE VAUDORÉ.

Je savais bien, moi, que je la ferais parler.

LE CHEVALIER.

Voilà qui est féroce de se céler de la sorte à des amis tels que nous, qui n'avons jamais manqué un de ses soupers. — Quelle ingratitude !

M. DE VAUDORÉ.

Fais-nous entrer, petite.

FLORINE.

Votre éloquence est bien persuasive, monsieur ; mais je me vois, bien à regret, forcée de garder votre bourse sans vous ouvrir la porte.

M. DE VAUDORÉ.

Ah çà ! mais, — Florine, tu es pire que Cerbère : tu prends le gâteau, et tu ne laisses point passer.

FLORINE.

Je connais mes devoirs.

LE DUC.

Puisque les choses en sont là, je suis décidé à faire le siége de la maison ; je vais établir un pétard sous la porte ou pousser une mine jusque dans l'alcôve de Célinde. Je sais où elle est, Dieu merci !

FLORINE.

Monsieur le duc est un homme terrible !

M. DE VAUDORÉ, à part.

J'ai bien envie de retourner faire ma cour à Rosimène ; —

il est vrai qu'elle m'a reçu fort durement. — Être chassé, ou ne pas être admis, les chances sont égales ; — je reste. — Mon Dieu, qu'en ce siècle de corruption il est difficile d'avoir une affaire de cœur !

LE CHEVALIER.

Allons, Florine, ne nous tiens pas rigueur; il n'est pas dans tes habitudes d'être cruelle.

FLORINE.

Vous aimez vous faire répéter les choses : — ma maîtresse est chez elle, c'est vrai, mais c'est comme si elle n'y était pas. Madame ne veut recevoir personne, ni aujourd'hui, ni demain, ni après ; c'est une chose résolue ; nous voulons vivre désormais loin du bruit et du monde, dans une solitude inaccessible.

LE DUC.

Traderi-dera, — nous y mettrons bon ordre ; nous n'avons pas envie de mourir d'ennui tout vifs. Nous poursuivrons Célinde jusqu'au fin fond de sa Thébaïde. — Que diable ! après avoir montré à ses amis un si joli visage pétri de lis et de roses, on ne leur fait pas baiser une figure de bois de chêne étoilée de clous d'acier.

LE COMMANDEUR.

Célinde, la perle de nos soupers ! Célinde qui trempait si gaillardement ses jolies lèvres roses dans la mousse du vin de Champagne moins pétillant qu'elle !

LE MARQUIS.

Célinde qui chantait si bien les couplets au dessert, qui nous amusait tant! Célinde, ce sourire de notre joie, cette étoile de nos folles nuits!

LE CHEVALIER.

Elle se retire du monde!

LE DUC.

Elle se fait ermite et vertueuse !

LE CHEVALIER.

C'est ignoble!

LE DUC.

C'est monstrueux!

M. DE VAUDORÉ.

Que faites-vous donc, ainsi claquemurées? A quoi passez-vous votre temps?

FLORINE.

Nous lisons le *Contrat social*, et nous étudions la philosophie.

LE COMMANDEUR.

Je gage que votre philosophie a des moustaches et des éperons.

LE MARQUIS.

Célinde est amoureuse d'un nègre ou d'un poëte pour le moins.

LE DUC.

Quelque espèce de ce genre.

LE CHEVALIER.

Fi donc! Célinde est une fille qui a des sentiments et qui n'aime qu'en bon lieu; c'est un caprice qui ne peut durer.

LE COMMANDEUR.

Comment allons-nous faire pour nous ruiner?

LE MARQUIS.

Elle avait une fantaisie inventive à dessécher en un an la plus riche veine des mines du Pérou. Il faudra maintenant trouver nous-mêmes la manière de dépenser notre argent. Son absence se fait cruellement sentir. Vous n'allez pas me croire, tant c'est ridicule, mais il y a plus de quinze jours que je n'ai rien emprunté; je ne sais que faire de mes richesses. Tiens, duc, veux-tu que je te prête mille louis?

LE DUC.

Merci; je joue du soir au matin pour me préserver d'une congestion pécuniaire.

LE MARQUIS.

Il faut y prendre garde, c'est grave. Vois plutôt ce gros financier, il est bourré d'écus, de louis, de doublons et de quadruples que son gilet mordoré a toutes les peines du monde à contenir, il va éclater un de ces jours, il mourra d'or fondu.

LE DUC.

Il n'y avait que Célinde pour empêcher de pareils malheurs !

LE CHEVALIER.

Qu'allons-nous faire aujourd'hui ?

LE DUC.

Ma foi, je ne sais, mon cher ; je m'étais arrangé dans l'idée de passer ma soirée chez Célinde. Du diable si j'imagine rien !

LE COMMANDEUR.

Parbleu ! restons. Si Célinde ne veut pas y être, ce n'est pas notre faute. Nous sommes ici un peu chez nous, d'ailleurs.

LE DUC.

J'ai donné la maison.

LE COMMANDEUR.

Moi, l'ameublement.

LE MARQUIS.

Moi, la livrée et les équipages.

LE CHEVALIER.

Nous sommes ici en hôtel garni...

TOUS.

Par nous.

LE COMMANDEUR.

Restons-y.

LE CHEVALIER.

Voilà des cartes ; faisons un whist.

FLORINE.

Y pensez-vous, messieurs ? — Vous oubliez que vous n'êtes pas chez vous.

LE DUC.

Au contraire, ma belle, nous nous en souvenons. — A combien la fiche, monsieur le chevalier?

LE CHEVALIER.

A un louis, pour commencer.

FLORINE.

Messieurs, de grâce...

LE CHEVALIER.

Si tu dis un mot de plus, Florine, l'on te fera embrasser M. de Vaudoré, qui est aujourd'hui dans un de ses beaux jours de laideur.

FLORINE.

Je vous cède la place, et vais informer ma maîtresse de ce qui se passe.

LE DUC.

Ce serait vraiment un meurtre de laisser prendre à une aussi jolie fille que Célinde des habitudes sauvages et gothiques; maintenons-la malgré elle dans la bonne route, et ne lui laissons pas perdre les traditions de la belle vie élégante.

LE CHEVALIER.

La voici elle-même ; notre obstination a produit son effet.

SCÈNE II

LES MÊMES, CÉLINDE.

LE DUC.

Ma toute belle, vous voilà donc enfin : vous voyez ici un duc, un marquis, un commandeur, un chevalier, et même un financier, qui se meurent de votre absence. D'où vous vient cette cruauté tout à fait hyrcanienne, qui vous rend insensible aux soupirs de tant d'adorateurs? — Ce pauvre chevalier en a perdu le peu de sens qu'il avait ; il se néglige, ne se fait plus friser que trois fois par jour, et porte la même montre toute une semaine. — C'est un homme perdu.

CÉLINDE.

Monsieur, cessez vos plaisanteries, — je ne suis pas d'humeur à les souffrir, — et dites-moi pourquoi vous restez chez moi de force et malgré mes ordres ? Est-ce parce que je suis danseuse et que vous êtes duc ?

LE DUC.

La violence de mon désespoir m'a rendu impoli. Je n'avais pas d'autre moyen ; je l'ai pris..

LE CHEVALIER.

Vous manquez à tout Paris.

LE COMMANDEUR.

L'univers est fort embarrassé de sa personne et ne sait que devenir.

LE DUC.

Si vous saviez comme Vaudoré devient stupide depuis qu'il ne vous voit plus !

CÉLINDE.

Vous voulez absolument que je quitte la place. Cette obstination est étrange ; vouloir visiter les gens en dépit d'eux !

LE COMMANDEUR.

Méchante ! est-ce que l'on peut vivre sans vous ?

CÉLINDE.

Je vous assure que je n'ai pas la moindre envie de vous voir, et que je ne forcerai jamais votre porte. — Retirez-vous, de grâce ; c'est le seul plaisir que vous puissiez me faire.

M. DE VAUDORÉ, à part.

O le petit démon ! — Décidément je ne lui parlerai pas de madame, et je garderai pour une occasion meilleure ce petit quatrain galant écrit au dos d'une traite de cinquante mille écus que j'avais apportée tout exprès dans ma poche. — Je crois, en vérité, que la Rosimène est encore d'humeur moins revêche. Il me prend je ne sais quelles envies d'y retourner.

LE CHEVALIER.

Cela n'est pas aimable. — Nous traiter ainsi, nous, vos meilleurs amis !

CÉLINDE.

Vous n'êtes pas mes amis, — je l'espère, — quoique vous remplissiez ma maison. Mes jours couleront désormais dans la retraite. Je ne veux plus voir personne.

LE DUC.

Personne, à la bonne heure ! mais moi, je suis quelqu'un.

CÉLINDE.

Laissez-moi vivre à ma guise. — Oubliez-moi, cela ne vous sera pas difficile. Assez d'autres me remplaceront : vous avez Daphné, Laurina, Lindamire, — tout l'Opéra, toute la Comédie. — On vous recevra à bras ouverts. — Je vous ai assez amusés ; j'ai assez chanté, assez dansé à vos fêtes et à vos soupers ; que me voulez-vous ? Vous avez eu ma gaieté, mon sourire, ma beauté, mon talent. Que ne puis-je vous les reprendre ! — Vous avez cru payer tout cela avec quelques poignées d'or. Ennuyez-vous tant qu'il vous plaira, que m'importe ? D'ailleurs, je ne vous amuserais guère : mon caractère a changé totalement. J'ai senti le vide de cette frivolité brillante. — Pour avoir trop connu les autres, le goût des plaisirs simples m'est venu. Je veux réfléchir et penser, c'est assez vous dire qu'il ne peut plus y avoir rien de commun entre nous.

LE CHEVALIER.

C'est Célinde qui parle ainsi ?

CÉLINDE.

Oui, moi. — Qu'y a-t-il donc là de si étonnant ? Cela ne me plaît plus de rire, je ne ris plus. Je ne veux voir personne, — je ferme ma porte, voilà tout.

LE COMMANDEUR.

Quel caprice singulier que d'éteindre, au moment de son plus vif éclat, un des astres les plus lumineux du ciel de l'Opéra !

CÉLINDE.

Rien n'est plus simple : je vous divertis et vous ne me divertissez pas. Croyez-vous, monsieur le duc, qu'il soit si agréable de voir toute une soirée M. le marquis, renversé dans un fauteuil, dandiner une de ses jambes; tirer de sa poche un petit miroir, et se faire à lui-même les mines les plus engageantes?

LE DUC.

En effet, ce n'est pas fort gai.

CÉLINDE.

Et vous, chevalier, trouvez-vous que M. le duc, qui ne fait que parler de sa meute, de ses chevaux et de ses équipages, et qui est, sur tout ce qui regarde l'écurie, d'une profondeur à désespérer un palefrenier anglais, soit réellement un personnage fort récréatif?

LE CHEVALIER.

C'est vrai que la conversation n'est pas le fort de ce pauvre duc.

CÉLINDE.

Commandeur, vous n'êtes plus que l'ombre de vous-même; votre principal mérite consiste à être grand mangeur et grand buveur; vous n'êtes pas un homme, vous êtes un estomac; vous avez baissé d'un dindon, et six bouteilles seulement vous troublent la cervelle; vous vous endormez après dîner,— dormez chez vous.

M. DE VAUDORÉ.

Que les apparences sont trompeuses ! moi qui la croyais si douce et si charmante !

CÉLINDE.

Quant à M. de Vaudoré, c'est un sac d'écus avec un habit et un jabot; — qu'on le serre dans un coffre-fort, c'est sa place.

TOUS.

Bien dit, bien dit; elle a toujours de l'esprit comme un diable.

LE DUC.

Vous ne voulez pas venir à Marly?

CÉLINDE.

Non.

LE CHEVALIER.

Au concert de musique qui se donne aux Menus, et où l'on entendra ce fameux chanteur étranger.

CÉLINDE.

Non, vous dis-je.

LE COMMANDEUR.

Il vient de m'arriver du Périgord certaines maîtresses truffes qui ne seraient pas méchantes, arrosées d'un petit vin que j'ai, — dans un coin de ma cave connu de moi seul ; — venez souper avec nous.

CÉLINDE.

Non, non, mille fois non! je ne veux plus vivre que de fraises et de crême ; tous vos mets empoisonnés ne me tentent pas.

LE COMMANDEUR.

Des mets empoisonnés, — des truffes de premier choix ! Ne répétez pas ce que vous venez de dire, ou vous seriez perdue de réputation. Pour que vous teniez de semblables propos, il faut qu'il se soit passé quelque chose d'étrange dans votre esprit. Vous avez lu de mauvais livres ou vous êtes amoureuse, — ce qui est de pauvre goût, et bon seulement pour les couturières.

CÉLINDE, à part.

Ils ne s'en iront pas ! — S'ils se rencontraient avec Saint-Albin ?

LE DUC.

Vous brûlez d'un amour épuré pour quelqu'un de naissance ambiguë que vous n'osez produire, — un courtaud de boutique, un soldat, un barbouilleur de papier. — Prenez-y garde, Célinde, vous ne pouvez descendre plus bas que les barons.

— Il faut être duchesse ou reine pour se permettre le caprice d'un laquais ou d'un poëte, sans que cela tire à conséquence. — Voilà ce que j'avais à vous dire dans votre intérêt. Maintenant je vous abandonne à votre malheureux sort. — Messieurs, puisque Célinde est si peu hospitalière aujourd'hui, venez passer la nuit chez moi. — Nous boirons, et, au dessert, Lindamire et Rosimène danseront sur la table un pas nouveau avec accompagnement de verres cassés. — Madame, je mets mes regrets à vos pieds.

M. DE VAUDORÉ.

J'avais pourtant bien envie de lui glisser mon quatrain.

SCÈNE III

CÉLINDE, seule.

Partis enfin ! cela a été difficile. — Ils avaient ici leurs habitudes ! ils étaient à l'aise comme chez eux, plus que chez eux. — Une danseuse, une fille de théâtre, cela ne gêne pas. — C'est comme un chat familier, une levrette qui joue par la chambre. — Ah ! mes chers marquis, je vous hais de toute mon âme. — Étaient-ils naïvement insolents ; quel ton de maître ils prenaient ! ils se seraient volontiers passés de moi dans ma maison. — Mais où avais-je la tête, où avais-je le cœur, de ne point voir cela, de ne m'en être aperçue qu'aujourd'hui ? — Ils ont été toujours ainsi ; moi seule suis différente : Célinde la danseuse, Célinde la folle créature, la perle des soupers, comme ils disent, Célinde n'est plus ; — il est né en moi une nouvelle femme. — Depuis que j'ai lu les œuvres du philosophe de Genève, mes yeux se sont dessillés. Je n'avais jamais aimé. Je n'avais pas rencontré Saint-Albin, ce jeune homme à l'âme honnête, au cœur enthousiaste, épris des beautés de la nature, qui chaque soir, après l'Opéra, déclame si éloquemment dans mon boudoir contre la corruption des villes, et fait de si charmants tableaux de la vie innocente des pasteurs! Quelle sensibilité naïve! quelle fraîcheur d'émotion et quelle jolie figure! Non, Saint-Preux lui-même n'est pas plus passionné. — S'ils avaient su, ces marquis imbéciles, que j'adore un jeune précepteur portant le nom tout simple de Saint-Albin, un frac anglais et des cheveux sans poudre, ils n'auraient pas assez de brocards, assez de plaisanteries... Mais le temps presse... C'est ce soir que je dois quitter ces lieux, théâtre de ma honte... J'ai écrit à Francœur que je rompais mon engagement. Renvoyons ces présents, prix de coupables faiblesses. (Elle sonne.) Florine, reporte ces bracelets à M. le duc, cette rivière au chevalier.

SCÈNE IV

CÉLINDE, SAINT-ALBIN.

CÉLINDE.

Enfin! — J'ai cru que vous ne viendriez pas.

SAINT-ALBIN.

Il n'est pas l'heure encore.

CÉLINDE.

Mon cœur avance toujours. — Personne ne vous a vu?

SAINT-ALBIN.

Personne. La ruelle était déserte.

CÉLINDE.

Ce n'est pas que je rougisse de vous, — bien que vous ne soyez ni duc ni traitant; — mais je crains pour mon bonheur. — Nos grands seigneurs blasés ne me pardonneraient pas d'être heureuse.

SAINT-ALBIN.

Est-ce qu'ils vous entourent toujours de leurs obsessions?

CÉLINDE.

Toujours. — Mais j'ai pris mon parti. — J'abandonne pour vous la gloire, les planches, la fortune. Je quitte le théâtre.

SAINT-ALBIN.

Vous renoncez à l'Opéra !

CÉLINDE.

Cela m'ennuie de vivre dans les nuages et dans les gloires mythologiques. J'abdique ; de déesse, je redeviens femme. — Je ne serai plus belle que pour vous, monsieur.

SAINT-ALBIN.

Comment reconnaître une pareille marque d'amour ?

CÉLINDE.

Les répétitions ne viendront plus déranger nos rendez-vous. Nous aurons tout le temps de nous aimer.

SAINT-ALBIN.

Oui, ma toute belle... Vingt-quatre heures par jour, ce n'est pas trop.

CÉLINDE.

Nous vivrons à la campagne, tout seuls, dans une petite maison avec des contrevents verts, sur le penchant d'un coteau exposé au soleil levant; nous réaliserons l'idéal de Jean-Jacques. Nous aurons deux belles vaches suisses truitées que je trairai moi-même. — Nous appellerons notre servante Ketly, et nous cultiverons la vertu au sein de la belle nature.

SAINT-ALBIN.

Ce sera charmant. Vous m'avez compris ; la vie pastorale fu toujours mon rêve.

CÉLINDE.

Le dimanche, nous irons danser sous la coudrette avec le bons villageois. J'aurai un déshabillé blanc, des souliers plats et un simple ruban glacé dans mes cheveux.

SAINT-ALBIN.

Pourvu que vous n'alliez pas vous oublier au milieu de

la contredanse et faire quelque pirouette ou quelque gargouillade.

CÉLINDE.

N'ayez pas peur. J'aurai bien vite désappris ces grâces factices, ces pas étudiés. J'étais née pour être bergère.

SAINT-ALBIN.

Labourer la terre, garder les troupeaux, c'est la vraie destination de l'homme... — Paris, ville de boue et de fumée, que ne puis-je te quitter pour jamais!

CÉLINDE.

Fuyons loin d'une société corrompue.

SAINT-ALBIN.

J'aurais cependant bien voulu me commander une veste tourterelle et quelques habits printaniers assortis à notre nouvelle existence. Ces tailleurs de village sont si maladroits! Mais qu'importe au bonheur la coupe d'un vêtement? La vertu seule peut rendre l'homme heureux.

CÉLINDE.

La vertu... accompagnée d'un peu d'amour... Venez, cher Saint-Albin: ma voiture nous attend au bout de la ruelle.

SAINT ALBIN.

Il faudra que j'écrive à la famille dont j'élève les enfants d'après la méthode de l'*Émile* qu'une nécessité impérieuse me force à renoncer à ces fonctions philosophiques.

CÉLINDE.

Vous aurez peut-être plus tard l'occasion d'exercer vos talents dans notre ermitage... Ah! Saint-Albin, je ne serai pas une mère dénaturée;... notre enfant ne sucera pas un lait mercenaire!

Ils sortent.

SCÈNE V

Un mois après. — Un ermitage près de Montmorency.

SAINT-ALBIN, CÉLINDE.

SAINT-ALBIN.

Comment vous habillerez-vous pour aller à cette fête champêtre? Il y aura quelques femmes de la ville. Mettrez-vous vos diamants?

CÉLINDE.

Les fleurs des champs formeront ma parure. Je ne veux pas de ces ornements fastueux, qui me rappelleraient ce que je dois oublier. J'ai renvoyé les écrins à ceux qui me les avaient donnés.

SAINT-ALBIN.

Sublime désintéressement! — (A part.) C'est dommage, j'aime les folles bluettes que les belles pierres lancent aux feux des bougies. — (Haut.) Et vos dentelles?

CÉLINDE.

Je les ai vendues, et j'en ai donné l'argent aux pauvres. Elles se seraient déchirées aux ronces des buissons, aux piquants des églantiers.

SAINT-ALBIN.

Des dentelles font bien au bas d'une robe.

CÉLINDE.

Irai-je traîner des falbalas dans la rosée des prairies? Un fourreau de toile anglaise rayée de rose, un chapeau de paille sur l'oreille, voilà ma toilette.

SAINT-ALBIN.

Il faudra vous farder un peu; je vous trouve pâle.

CÉLINDE.

L'onde cristalline des sources suffira pour raviver les couleurs de mes joues.

SAINT-ALBIN.

Je suis d'avis pourtant qu'une touche de rouge sous l'œil allume le regard, et qu'une assassine, posée au coin de la lèvre, donne du piquant à la physionomie... Prendrez-vous votre sachet de peau d'Espagne? Ces bons villageois ont quelquefois l'odeur forte.

CÉLINDE.

La violette des bois, attiédie sur mon cœur, sera notre seul parfum.

SAINT-ALBIN.

J'apprécie la violette; mais le musc et l'eau de Portugal ont bien leur charme.

CÉLINDE.

Un charme perfide, qui enivre et qui trouble... La nature repousse tous ces vains raffinements.

SAINT-ALBIN.

Vous ferez comme vous voudrez, vous serez toujours jolie.

Il prend son chapeau.

CÉLINDE.

Vous sortez encore?

SAINT-ALBIN.

Je n'ai pas mis les pieds dehors depuis un siècle.

CÉLINDE.

Vous êtes resté absent hier toute la journée.

SAINT-ALBIN.

Est-ce hier que je suis allé à Paris... pour ces affaires que vous savez?... Il me semblait qu'il y avait plus longtemps.

CÉLINDE.

Ce n'est pas galant, ce que vous dites là.

SAINT-ALBIN.

Vous avez vraiment un mauvais caractère. J'ai parlé sans

intention... Adieu, je vais faire un tour de promenade et méditer au fond des bois sur la vraie manière de rendre les hommes heureux.

SCÈNE VI

FLORINE, CÉLINDE, SUZON.

FLORINE.

O la méchante bête que cette vilaine vache rousse! elle a enlevé mon bonnet d'un coup de corne, et d'un coup de pied renversé le seau de lait dans l'étable! Nous n'aurons pas de crème pour le fromage, et il faudrait faire deux lieues pour s'en procurer d'autre. Vive Paris, pour avoir ce qu'on veut!

CÉLINDE, rêveuse.

Il doit y avoir opéra aujourd'hui.

FLORINE.

Oui, et la Rosimène danse le pas de madame dans *les Indes galantes*.

CÉLINDE.

La Rosimène... danser mon pas!... — Une créature pareille... tout au plus bonne à figurer dans l'espalier.

FLORINE.

Elle a tant intrigué, qu'elle a passé premier sujet.

CÉLINDE.

Qui t'a dit cela? C'est impossible.

FLORINE.

Vous savez, ce jeune peintre décorateur qui me trouvait gentille, je l'ai rencontré l'autre jour dans le bois, il m'a proposé de faire une étude d'arbre d'après moi, et, pendant que je posais, il m'a raconté toutes les histoires des coulisses.

CÉLINDE.

Mais elle n'est pas seulement *en dehors*; elle a volé deux balustres à quelque balcon pour s'en faire des jambes.

FLORINE.

M. de Vaudoré fait des folies pour elle ; il lui a donné un hôtel dans le faubourg, une argenterie magnifique de Germain, et, l'autre jour, elle s'est montrée au Cours-la-Reine en voiture à quatre chevaux soupe-de-lait, avec un cocher énorme, et trois laquais gigantesques par derrière. Un train de princesse du sang !

CÉLINDE.

C'est une horreur! un morceau de chair taillé à coups de serpe !

FLORINE.

Quand je pense que madame, qui est si bien faite, s'est ensevelie toute vive dans un affreux désert par amour pour un petit jeune homme, assez joli, il est vrai, mais sans la moindre consistance...

CÉLINDE, effrayée.

Florine, Florine, regarde !

FLORINE.

Qu'y a-t-il ?

CÉLINDE.

Un crapaud qui est entré par la porte ouverte, et qui s'avance en sautelant sur le parquet.

FLORINE.

L'affreuse bête ! avec ses gros yeux saillants, il ressemble à faire peur à M. de Vaudoré.

CÉLINDE.

Je vais m'évanouir; Florine, ne m'abandonne pas dans ce péril extrême.

FLORINE.

Où sont les pincettes, que je l'attrape par une patte, et que je le jette délicatement par-dessus le mur ?

CÉLINDE.

Prends garde qu'il ne te lance son venin à la figure.

FLORINE.

Ne craignez rien, je suis brave. Nous voilà débarrassées d ce visiteur importun.

CÉLINDE.

Je respire. Dans les descriptions d'ermitages et de chaumières, les auteurs ne parlent pas de crapauds qui veulent se glisser dans votre intimité.

FLORINE.

Je l'ai toujours dit à madame, que les auteurs étaient des imbéciles. La campagne est faite pour les paysans et non pour les personnes bien élevées.

CÉLINDE.

Grand Dieu! une guêpe qui se cogne en bourdonnant contre les vitres! Si elle allait me piquer!

FLORINE.

Avec deux ou trois coups de mouchoir, je vais tâcher de la faire tomber à terre; nous l'écraserons ensuite.

Elle tue la guêpe.

CÉLINDE.

Quel aiguillon et quelles pinces! C'est affreux d'être ainsi poursuivie par les animaux malfaisants; hier, j'ai trouvé une araignée énorme dans mes draps.

FLORINE.

Il faut bien que les champs soient peuplés par les bêtes, puisque les hommes comme il faut sont à la ville.

CÉLINDE.

Il me semble que la peau me cuit; j'ai peur d'avoir attrapé un coup de soleil, j'ai arrosé les fleurs dans le jardin sans fichu.

FLORINE.

La peau de madame est toujours d'une blancheur éblouissante.

CÉLINDE.

Tu trouves?

FLORINE.

Ce n'est pas comme cette Rosimène, avec son teint bis et sa nuque jaune! Je voudrais avoir l'argent qu'elle dépense en blanc de perles et en céruse.

CÉLINDE.

J'entends les sabots de Suzon qui accourt en toute hâte. Il faut qu'il y ait quelque chose d'extraordinaire.

Entre Suzon.

SUZON.

Madame, faites excuse d'entrer comme ça tout droit, sans dire gare, dans votre belle chambre comme dans une étable à pourceaux. Il y a là un beau mossieu qui voudrait parler à vous.

FLORINE.

Fais entrer le beau monsieur.

CÉLINDE.

Non! non!...

FLORINE.

Cela nous amusera. — Je serais si contente d'apercevoir un visage humain!

SCÈNE VII

CÉLINDE, FLORINE, LE DUC.

CÉLINDE.

Ciel! le duc!

FLORINE.

Monseigneur! quoi! c'est vous?

LE DUC.

Moi-même,... charmante sauvage, je vous trouve enfin!

Voilà trois semaines que mes grisons battent la campagne pour vous déterrer.

FLORINE.

Le fait est que nous étions au bout du monde.

LE DUC.

Vous me haïssez donc bien, mauvaise, que vous vous êtes expatriée pour ne plus me voir ! A propos, voilà l'écrin que vous m'avez renvoyé, comme si j'étais un traitant. — Un homme de qualité ne reprend jamais ce qu'il a donné.

CÉLINDE

Monsieur !

FLORINE.

Il n'y a que les gens de race pour avoir de ces procédés-là.

LE DUC.

Vous aviez un caprice pour ce petit freluquet ; ce n'était pas la peine de vous enfuir pour cela. — Un homme d'esprit comprend tout. Je me serais arrangé de façon à ne pas rencontrer Saint-Albin, ou plutôt il fallait me le présenter. Je l'aurais poussé s'il avait eu quelque mérite. Une jolie femme peut avoir un philosophe comme elle a un carlin, cela ne tire pas à conséquence.

CÉLINDE.

Saint-Albin a su m'inspirer l'amour de la vertu.

LE DUC.

Lui ! Je n'en voudrais pas dire du mal, car j'aurais l'air d'un rival éconduit ; mais ce cher monsieur n'est pas ce qu'il paraît être, comme on dit dans les romans du jour, ou je me trompe fort.

FLORINE.

Je suis de l'avis de M. le duc, M. Saint-Albin a des allures qui ne sont pas claires pour un homme patriarcal et bocager.

CÉLINDE.

Florine...

LE DUC.

Ma chère Célinde, je vous aime plus que vous ne sauriez le croire d'après mon ton léger et mes manières frivoles. Je ne vous ai jamais dit de phrases alambiquées : — pourtant j'ai fait pour vous des sacrifices devant lesquels reculeraient bien des amants ampoulés et romanesques. Sans parler de deux ou trois coups d'épée que j'ai donnés et que j'aurais pu recevoir, — pour que vous pussiez écraser toutes vos rivales, pour que votre vanité féminine ne souffrît jamais, j'ai engagé le château de mes pères, le manoir féodal peuplé de leurs portraits, dont les yeux fixes semblent m'accabler de reproches silencieux. Les juifs ont entre leurs sales griffes les nobles parchemins, les chartes constellées de sceaux armoriés et d'empreintes royales ; mais Célinde a pu faire ferrer d'argent ses fringants coursiers, mais sa beauté, fleur divine, a pu s'épanouir splendidement au milieu des merveilles du luxe et des arts, ce joyau sans prix a vu son éclat doublé par la richesse de la monture. Et moi, l'air dédaigneux et le cœur ravi, tout en ne parlant que de chiens et de chevaux anglais, j'ai joui de ce bonheur si doux pour un galant homme d'avoir réparé une injustice du sort en faisant une reine... d'opéra de celle qui eût dû naître sur un trône.

FLORINE.

Comme monsieur le duc s'exprime avec facilité, bien qu'il n'emprunte rien au jargon des livres à la mode ! — Je n'aime pas les amoureux qui donneraient leur vie pour leur maîtresse, et qui lui refusent cinquante louis ou la quittent pour quelque plat mariage.

CÉLINDE.

Cher duc, ah ! si j'avais pu savoir !... Hélas ! il est trop tard... Saint-Albin m'adore... je dois finir mes jours dans cette retraite... loin du bruit, loin du monde, loin des succès.

LE DUC.

Renoncer ainsi à l'art, à la gloire, à l'espoir de se faire un nom immortel pour un grimaud qui vous trompe, j'en suis sûr... Laisser cette grosse Rosimène faire craquer sous son poids les planches que vous effleuriez si légèrement du bout de votre petit pied, c'est impardonnable! Le public a si mauvais goût, qu'il serait capable de l'applaudir.

CÉLINDE.

Le parterre prend souvent l'indécence pour la volupté et la minauderie pour la grâce.

LE DUC.

Vous n'auriez qu'à reparaître pour la faire rentrer parmi les figurantes à vingt-cinq sous la pièce, dont elle n'aurait jamais dû sortir.

CÉLINDE.

Pourquoi parler de cela, puisque mon sort est à jamais fixé?

LE DUC.

Ce sont là des mots bien solennels.

SUZON, une lettre à la main.

Madame, voilà une lettre qu'un petit garçon m'a donnée pour vous.

CÉLINDE.

C'est l'écriture de Saint-Albin... Qu'est-ce que cela signifie? Il vient de sortir à l'instant : que peut-il avoir à me dire? Je tremble... rompons le cachet. — Duc, vous permettez.

LE DUC.

Comment donc!

CÉLINDE lit.

« MA CHÈRE CÉLINDE,

« Ce que j'avais à vous dire était tellement embarrassant,
« que j'ai pris le parti de vous en informer par une lettre.
« Vous allez m'appeler perfide, je ne fus qu'imprudent; la
« destinée qui s'acharne sur moi ne veut pas que je sois heu-

« reux selon le vœu de mon cœur. — Homme simple et ver-
« tueux, j'étais fait pour le bonheur des champs, et voici qu'un
« événement, que j'aurais dû prévoir, me rappelle à la ville.
« — Vous savez, Célinde, que, partageant les idées de Jean-
« Jacques, je formais à la vertu une jeune âme dans le sein
« d'une famille riche. Mon élève avait une sœur qui venait
« souvent écouter mes leçons ; comme Saint-Preux, mon mo-
« dèle, mon héros, j'avais besoin d'une Julie pour admirer la
« lune sur le lac et me promener dans les bosquets de Cla-
« rens... Que vous dirai-je ? j'imitai si fidèlement mon type
« d'adoption, que bientôt ma Julie ne put cacher que, mépri-
« sant de vils préjugés, elle avait cédé aux doux entraîne-
« ments de la nature, et se trouvait dans la position de don-
« ner un citoyen de plus à la patrie. Les parents, s'étant
« aperçus de l'état de leur fille, me sommèrent de réparer
« l'outrage fait à son honneur, en sorte que je me suis vu
« forcé de promettre d'épouser une héritière qui n'a pas moins
« de cent mille écus de dot... Cela n'est-il pas tout à fait con-
« trariant pour moi, qui fais profession de mépriser les riches-
« ses et qui ne demande qu'un lait pur sous un toit de chaume ?
« O Célinde ! ne m'en voulez pas. Le destin impérieux m'en-
« traîne, tâchez de m'oublier : vous êtes heureuse, vous, rien
« ne vous empêche de couler dans la retraite, au sein des
« plaisirs simples, des jours exempts d'orages.

« Adieu pour jamais,

 « Le malheureux Saint-Albin. »

CÉLINDE.

Le scélérat ! comme il m'a trompée ! Oh ! j'étouffe de douleur et de rage !

LE DUC.

Qu'est-ce donc ?

CÉLINDE.

Lisez.

LE DUC.

Cela n'a rien qui m'étonne. Les gens romanesques font toujours des folies avec les riches héritières.

FLORINE.

C'était un gueux, un libertin, un hypocrite ; je ne l'ai jamais dit à madame, mais il m'embrassait toujours dans le corridor sombre, et si j'avais voulu... Heureusement j'ai des principes.

CÉLINDE.

Et j'ai pu le préférer à vous !

LE DUC.

Tant pis pour lui s'il ne ressemblait pas à votre rêve.

FLORINE.

Maintenant nous n'avons plus de raison de rester dans les terres labourées ; si nous retournions un peu voir en quel état est le pavé de Paris ?...

CÉLINDE.

Adieu, marguerites à la couronne d'argent, aromes du foin vert, fumées lointaines montant du sein des feuillages, ramiers qui roucoulez sur la pente des toits couverts de fleurs sauvages ; mon cœur a connu des plaisirs trop irritants pour pouvoir goûter votre charme doux et monotone.

LE DUC.

Votre églogue est donc terminée ?

CÉLINDE.

Oui. — Donnez-moi la main et conduisez-moi.

LE DUC.

J'ai précisément ma voiture au coin de la route.

FLORINE.

Vivat ! Pour une soubrette, il vaut mieux porter des billets doux que traire des vaches.

Ils sortent.

SCÈNE VIII

Le foyer de la danse de l'Opéra.

LA ROSIMÈNE, LE COMMANDEUR, LE CHEVALIER, M. DE VAUDORÉ, L'AVERTISSEUR.

LA ROSIMÈNE.

Cet imbécile de Champagne qui n'a pas mis d'eau dans mon arrosoir!... J'ai manqué choir en faisant des battements. Ma place était claire et luisante comme un parquet ciré!

M. DE VAUDORÉ.

Je ferai bâtonner ce drôle en rentrant.

LE CHEVALIER.

Mademoiselle Rosimène est mise avec un goût exquis.

LA ROSIMÈNE.

Ma jupe coûte mille écus. M. de Vaudoré fait bien les choses.

LE COMMANDEUR.

Nous irons souper chez vous après le ballet. J'ai envoyé ce matin une bourriche de gibier et la recette pour les cailles à la Sivry.

LA ROSIMÈNE.

Ah! j'adore le gibier.

LE CHEVALIER, à part.

Elle adore tout!

LA ROSIMÈNE.

Je ne suis pas bégueule comme Célinde, moi; je mange et je bois, c'est plus gai.

LE COMMANDEUR.

A propos... que devient Célinde?

M. DE VAUDORÉ.

Elle se livre aux plaisirs champêtres, et se nourrit de crème dans une laiterie suisse.

LE COMMANDEUR.

Mauvaise nourriture qui débilite l'estomac! c'est assez de teter quand on est petit enfant.

LA ROSIMÈNE.

Je préfère les fortifiants, les mets relevés. Après ça, Célinde a toujours eu des idées romanesques. Elle avait le défaut de lire. Je vous demande un peu à quoi ça sert?

LE CHEVALIER.

Rosimène, vous êtes ce soir d'une verve, d'un mordant; c'est incroyable comme vous vous formez!

LA ROSIMÈNE.

Je dois cela à mon gros vieux Crésus. — Il me paye des maîtres de toutes sortes. Je ne les reçois pas, mais je leur donne leur cachet, et c'est comme si j'avais pris ma leçon.

M. DE VAUDORÉ.

Elle deviendra une Ninon, une Marion Delorme, une Aspasie! — Je ferai les fonds nécessaires.

L'AVERTISSEUR.

Madame, on va commencer.

LA ROSIMÈNE.

C'est bon ; c'est bon... Le public peut bien attendre. Il faut que je me mette en train. Je n'ai pas travaillé aujourd'hui.

SCÈNE IX

LES MÊMES, CÉLINDE, LE DUC.

CÉLINDE.

Ma chère petite, ne vous échauffez pas si fort. Votre corsage est déjà tout mouillé de sueur.

TOUS.

Célinde !

CÉLINDE.

Vous ne dansez pas ce soir ; je reprends mon service.

LA ROSIMÈNE.

C'est une indignité ; c'est une horreur ! J'ai des droits que je ferai valoir ; et mon costume, qui me coûte les yeux de la tête !

CÉLINDE.

Cela regarde M. de Vaudoré.

LE CHEVALIER, s'avançant vers Célinde.

Est-ce à votre ombre que je parle, Célinde ? En tous cas, on n'aurait jamais vu plus gracieux revenant.

CÉLINDE.

C'est bien moi, chevalier. Commandeur, je vous invite pour ce soir. Nous ferons des folies jusqu'au matin ; je tâcherai que vous ne vous endormiez pas.

LE COMMANDEUR, quittant la Rosimène.

Je serai plus éveillé qu'un émerillon.

CÉLINDE.

Marquis, j'ai à me faire pardonner bien des torts. J'ai calomnié l'autre fois votre esprit et vos mollets. — Venez, je serai charmante comme une coupable.

LE MARQUIS. Il passe du côté de Célinde.

Un sourire de votre bouche fait oublier bien des paroles piquantes.

CÉLINDE, à part.

Lui prendrai-je son Vaudoré ? Non, il est trop laid et trop bête. Laissons-le-lui ; la clémence sied aux grandes âmes.

L'AVERTISSEUR.

Madame, c'est à vous.

CÉLINDE.

Adieu, messieurs, à bientôt... Duc, venez me prendre après mon pas, — vous me conduirez chez moi.

LE CHEVALIER.

Je vous avais bien dit que ces bergeries-là ne dureraient point... Bon sang ne peut mentir.

1846.

FIN DE LA FAUSSE CONVERSION.

L'AMOUR SOUFFLE OU IL VEUT

COMÉDIE EN 3 ACTES ET EN VERS

(Fragment inédit.)

ACTE PREMIER

Un salon ouvrant sur une serre.

SCÈNE PREMIÈRE

GEORGES, DAFNÉ.

GEORGES.

Ces bruyères du Cap sont toutes défleuries ;
Ôtez-les.

DAFNÉ.

Oui, monsieur.

GEORGES.

      Sous ses grappes flétries,
Ce lilas blanc de Perse a l'air le plus piteux ;
Arrachez-le.

DAFNÉ.

C'est fait.

GEORGES.

Je ne vois, c'est honteux,
Dans ce lieu que mon cœur voudrait plein de merveilles,
Qu'un printemps négligé fait de fleurs déjà vieilles.

DAFNÉ.

Des fleurs de ce matin !

GEORGES.

Qu'on dirait d'hier soir.
J'ôte aux mains de Dickson la bêche et l'arrosoir.
Un autre désormais prendra soin de la serre.
Pour mon Ève, il me faut un paradis sous verre
Ce salon est affreux.

DAFNÉ.

Ce salon tout doré ?

GEORGES.

L'architecte est un sot et je le changerai ;
Il ne m'a pas compris ; c'est froid, vide, sans âme :
Un salon de banquier et non de jeune femme.

DAFNÉ.

Monsieur est difficile.

GEORGES.

A mon rêve d'amant
J'aurais voulu pouvoir construire un nid charmant.
Ce luxe est sans esprit, ces tentures sont bêtes ;
Pourquoi les tapissiers ne sont-ils pas poëtes ?
Mon Dieu ! que ces rideaux font de stupides plis !
Il aurait fallu là des pétales de lis,
Et non ce lourd damas à vingt-cinq francs le mètre.
A la place indiquée, a-t-on eu soin de mettre
Le piano d'Érard et les partitions ?

DAFNÉ.

Oui.

GEORGES.

Les livres sont-ils rangés sur les rayons

DAFNÉ.

Tout est prêt.

GEORGES.

Bien. Allez dire à mademoiselle
Que j'attends au salon qu'il fasse jour chez elle.

SCÈNE II.

GEORGES, PAUL.

PAUL.

Personne ! — Un vrai palais des contes de Perrault,
Et je vais d'un baiser éveiller en sursaut,
Dans la tour où l'enchaîne un sommeil léthargique,
Le belle au bois dormant de ce logis magique.
Diable ! quelqu'un !

GEORGES.

Un homme ! à cette heure, en ce lieu !
Que faites-vous ici, monsieur? Parlez, mordieu !

PAUL.

Oui, mais n'étranglez pas l'orateur dès l'exorde.
Tiens ! Georges !

GEORGES.

Paul ! avec une échelle de corde,
En paletot, couleur de muraille. — Chez qui,
Par cette ascension de madame Saqui,
Croyais-tu pénétrer ? — Toujours trop prompt à naître,
Gageons que ton amour s'est trompé de fenêtre.

PAUL.

Tu sauras tout. — Ta main.

GEORGES.

Mes bras te sont ouverts.

PAUL.

Cher ami !

GEORGES.

D'où viens-tu ?

PAUL.

Je viens... de l'univers.
Comme Ulysse, j'ai vu les villes et les hommes,
J'ai perdu des cheveux et j'ai gagné des sommes.

GEORGES.

Depuis six ans ton front s'est un peu déplumé.

PAUL.

Pour avoir trop souffert, pour avoir trop aimé !
Les neveux ont toujours un oncle qui les mate ;
Le mien m'a revêtu d'un frac de diplomate ;
J'étais né pour porter l'habit bleu de Werther.

GEORGES.

Ce costume, en effet, t'eût donné fort grand air,
Avec la botte à cœur et surtout la culotte ;
J'aurais voulu te voir auprès d'une Lolotte
Te disant : « O Klosptock ! »

PAUL.

Tu ris, mauvais sujet,
Mais l'unique bonheur auquel mon cœur songeait
Était un pur amour, à la mode allemande,
Pour une vierge blonde, aux doux yeux en amande,
Parlant de clair de lune et de vergiss-mein-nicht.
Mon rêve, je le vis, un soir, chez Metternich,
Qui walsait, à deux temps, avec un feld-zeugmestre,
Berçant sa nonchalance au rhythme de l'orchestre.
Au second tour, ses yeux dans les miens avaient lu
Et notre mariage allait être conclu,
Quand mon gouvernement, dans sa faveur maussade
Pour me faire avancer, me changea d'ambassade :
Il fallut quitter Vienne et me rendre à Madrid.

L'AMOUR SOUFFLE OU IL VEUT.

J'aurais été constant, mais l'amour s'amoindrit
Quand l'objet adoré demeure à huit cents lieues ;
A la fin j'oubliai les petites fleurs bleues
Et la walse et Schubert, — héros de Florian,
Némorin obligé de vivre en don Juan.
Je faussai ma parole; hélas ! ces Madrilènes
Savent si bien poser, au bord de leurs grands peignes,
La mantille de blonde ! Elles ont de tels yeux
Que le noir de l'enfer y vaut l'azur des cieux !
Casilda n'était pas jaune comme une orange,
Mais elle était charmante et d'une grâce étrange.
J'envoyai des bouquets et j'offris des bonbons ;
Je fis en espagnol des vers qu'on trouva bons.
Un beau soir, je risquai mon aveu. — D'un air tendre,
Sans me répondre rien, elle daigna me tendre
L'œillet rouge piqué dans ses cheveux de jais,
Et je formais déjà mille riants projets,
Quand la fortune infâme, et qui de moi se joue,
Fit sur mon pauvre cœur encor passer sa roue.
Une seconde fois, ce bonheur désastreux,
Qui me poursuit partout, m'empêcha d'être heureux ;
J'avais fait un rapport, plein de phrases banales,
Sur quelques questions internationales ;
Le ministre charmé me nomma, le bourreau,
Plénipotentiaire à Rio-Janeiro.
Je refusai, disant ma poitrine affectée,
Mais ma démission ne fut pas acceptée;
Mon oncle prétendit que cela n'était rien,
Et ne me cacha pas qu'il laisserait son bien,
A des sociétés pour le rachat des nègres,
Ou pour l'engraissement des danseuses trop maigres,
Si je ne m'empressais, par le premier steamer,
D'aller représenter mon monarque outre-mer.
Ce sont là des chagrins qui font chauve avant l'âge.

GEORGES.

Officiellement forcé d'être volage,
Pauvre Paul, je te plains ; mais je voudrais savoir
Ce qui m'a procuré le plaisir de te voir,
Avec effraction, bris de vitre, escalade,
Menus détails qui font en panier à salade,
De Mazas au palais se promener les gens
Quand ils ont par hasard été vus des sergens.

PAUL.

Je t'expliquerai tout. — Martyr diplomatique,
Pour ce poste malsain et trop transatlantique,
Je partis et mes pleurs tombaient au gouffre amer,
Du bord où me penchait un affreux mal de mer.
Casilda ! vainement j'évoquai ta pensée ;
Mon amour se noya pendant la traversée.
A ses serments encor mon faible cœur manqua,
Et bientôt je devins épris d'une Ourika.
— La Vénus de Milo copiée en ébène, —
Un astre aux rayons noirs !

GEORGES.

      Je remarque avec peine,
Paul, que ton idéal, blond primitivement,
En courant les chemins s'est hâlé diablement,
A l'Allemande rose, à l'Espagnole brune,
Succède une Africaine au teint couleur de prune !

PAUL.

C'est le gouvernement qu'il en faut accuser.
Ce nœud un coup du sort vint encore le briser.
Une lettre me vint, de cent timbres salie,
Qui m'annonçait la mort d'un oncle... d'Australie,
Une variété d'oncle à succession,
Imaginée exprès pour ma damnation.
Je reconnus bien là mon guignon ordinaire;
Mais le défunt était six fois millionnaire.

J'interrompis tout net mon roman africain,
Et par le *Washington*, clipper américain,
Libre à jamais du joug de la diplomatie,
A Melbourne j'allai chez Brown et Mackensie,
En bons sur l'échiquier, poudre et pépites d'or,
Prendre possession du monstrueux trésor.
N'est-ce pas désolant?

GEORGES.

Oui, ton malheur me navre.

PAUL.

Un autre paquebot me pose au quai du Havre
Où l'express me reprend et me jette à Paris.
Désabusé de tout, l'âme et le cœur flétris.
En arrivant, je cours à ta demeure ancienne;
La porte était fermée et close la persienne.
Je fais quatre cents tours au boulevard de Gand
Où passe chaque soir quiconque porte un gant;
Pas de Georges, et rien qui me met sur ta piste.
Chacun disait son mot : tu t'étais fait trappiste,
Tu t'étais engagé comme simple spahi
Pour des peines d'argent ou quelque amour trahi.
Ceux-ci te prétendaient mari d'une négresse,
Ceux-là gendarme en Chine ou bien corsaire en Grèce,
D'autres marchand de peaux de lapin au Congo.

GEORGES.

Tout cela ne dit pas pourquoi, bel hidalgo,
Par l'échelle enlevée aux balcons des Lucindes,
Sur les murs mitoyens, en plein jour, tu te guindes,
Au risque de tomber sur un mari jaloux
Ou de rester le pied pris dans un piège à loups.

PAUL.

N'ayant pas une pierre où reposer ma tête,
D'un hôtel de garçon je m'étais mis en quête,
Et j'errais au hasard, par ce quartier perdu,

Le nez en l'air, lisant chaque écriteau pendu :
J'avise une maison de celle-ci voisine.
Tu vois — ce fronton grec qui là-bas se dessine, —
Tranquille j'y vivais depuis quelque huit jours,
De compagnie avec un pot de graisse d'ours,
Deux flacons d'eau de Lob et d'huile athénienne ;
Ma mèche de cheveux napoléonienne
S'épaississait déjà sur mon front mieux garni ;
La fraîcheur revenait à mon teint rajeuni
Et le calme du cœur dans mon âme apaisée,
Quand je vis, m'accoudant un jour à la croisée,
Dans le jardin voisin où plongeait mon regard,
Assise sur un banc, et lisant à l'écart,
Une fée, une grâce, un astre, une merveille !
Rose comme Psyché quand l'Amour se réveille,
Blanche comme la neige au sommet du mont Blanc,
Qui tournait les feuillets d'un pouce nonchalant,
Et semblait dans le ciel où son œil bleu se lève,
Suivre, à travers l'auteur, sa pensée ou son rêve !
— C'était mon idéal, mais le vrai cette fois, —
J'envoyai des baisers avec le bout des doigts,
Et lançai des poulets que le vent sur son aile
Emporta par-dessus la plaine de Grenelle.

GEORGES.

Elle te remarqua sans doute et tu lui plus.

PAUL.

Hélas ! non ; au jardin elle ne revint plus.
Le cerbère tenté montra des crocs de dogue,
La duègne refusa mes louis d'un air rogue ;
Il fallut en venir alors aux grands moyens,
Danser la cachucha sur les murs mitoyens,
Se suspendre à l'échelle en galant de Séville
Pour venir se planter devant la jeune fille,
Dans la pose classique, une main sur le cœur,

Et lui dire... tu sais... la phrase de rigueur.
Non sans m'être écorché sur les tessons de verre,
Je descends... j'aperçois une porte de serre,
J'entre ; je m'oriente et tombe entre tes bras
Par un imbroglio que tu m'expliqueras.
Suis-je ici chez toi, George, ou bien suis-je chez elle ?
Et quel est le secret que ce logis recèle ?
Où, franchissant un mur et faisant un détour,
Je trouve l'amitié quand je cherchais l'amour !
J'ai bien peur qu'il ne faille encore que je parte.

GEORGES.

Reste... tu sauras tout...

SCÈNE III

GEORGES, PAUL, ANTOINE.

ANTOINE.

Monsieur...

GEORGES.

Qu'est-ce ?

ANTOINE.

Une carte

GEORGES.

Donne...

ANTOINE.

D'un étranger qui désire savoir
Si monsieur est visible et le peut recevoir.

GEORGES.

Lord Clarence Durley, duc et pair d'Angleterre.
Tu le connais ?

PAUL.

Beaucoup. Ce fut dans le cratère

Du Vésuve qu'eut lieu la présentation,
Par un tiers avec nous faisant l'ascension.
Notre amitié devint bientôt assez étroite ;
C'est le cœur le plus noble et l'âme la plus droite,
Joints au plus vif esprit qu'on puisse rencontrer.
Un parfait gentleman.

GEORGES.
C'est bien, faites entrer.

SCÈNE IV

GEORGES, PAUL, ANTOINE, LORD DURLEY.

ANTOINE.
Lord Durley !

PAUL, s'avançant vers le nouveau venu.
Laissez-moi présenter, cher Clarence,
Mon ami d'Angleterre à mon ami de France :
— Lord Clarence Durley, — comte Georges d'Elcy. —

GEORGES, saluant.
Mylord...

LORD DURLEY, même jeu.
Monsieur... pardon... mais... je cherchais ici
Monsieur d'Elcy le père, et je vois un jeune homme...

GEORGES.
De ce nom, par malheur, nul que moi ne se nomme.
— A Votre Grâce, puis-je être agréable en rien ?

LORD DURLEY.
Faites-moi la faveur d'un moment d'entretien.

GEORGES.
Très-volontiers.

PAUL.
Faut-il que je batte en retraite ?

LORD DURLEY.

Non, Paul, restez, — je sais votre amitié discrète :
(A Georges.)
Vous êtes le tuteur de miss Lavinia?

GEORGES, surpris et troublé.

Quel démon ou quel traître ainsi le renseigna?
Oui, mylord; mais ce nom qui vous l'a fait connaître?

PAUL, à part.

Sur le jardin de George aurait-il sa fenêtre!

LORD DURLEY.

Un pur hasard. — J'étais, en simple désœuvré,
Pour y voir les tableaux, dans une église entré,
A cette heure où toujours la solitude y règne;
Une jeune personne, à côté de sa duègne,
S'était agenouillée et priait au saint lieu.
— Où je venais pour l'art, elle venait pour Dieu. —
Son beau front, ses cheveux en bandeaux sur ses tempes
La faisaient ressembler aux vierges des estampes
Dont elle avait la douce et tranquille fierté;
Vrai type italien à Paris transporté.
Sans qu'elle m'aperçût, car la nef était sombre,
Elle sous un rayon, et moi voilé par l'ombre;
Je contemplai longtemps son front pur, que le jour,
En le dorant, semblait désigner à l'amour.
Tout en la regardant, mon âme sentait fondre
Cet ennui froid et noir comme un brouillard de Londre,
Et que j'ai d'Angleterre en France rapporté.
Mon cœur, d'entre les morts, était ressuscité!
Son oraison finie, elle ajusta sa mante
Et sortit à pas lents, sérieuse et charmante.
Jusque sous le portail, de loin je la suivis;
Un coupé l'attendait aux marches du parvis;
Mais si rapidement que partit la voiture,
Moi, je tenais un fil pour nouer l'aventure.

Depuis je l'ai revue à Saint-Germain-des-Prés
Examinant les murs de fresques diaprés
De l'œil intelligent dont regarde une artiste,
Mais elle ne sait pas seulement que j'existe.

PAUL, à part.

Le sort de la bataille à prévoir est aisé
Entre ton amour chauve et cet amour frisé.

LORD DURLEY.

Sous la voilette bleue et la capote verte,
J'avais pu reconnaître, heureuse découverte !
Près de la belle enfant, miss Lucy Caméron,
Chez ma sœur autrefois lectrice et chaperon,
A qui je paye encore une petite rente,
— Chose en soi naturelle et fort indifférente ;
Mais en touchant la somme hier, elle signa :
Reçu tant. Miss Lucy, chez miss Lavinia.
Par l'indication de sa nouvelle adresse.
Donnant, sans le vouloir, celle de sa maîtresse,
Et ce renseignement qui les renferme tous,
M'a fourni le moyen d'arriver jusqu'à vous.

GEORGES.

Ce récit est vraiment très-poétique et montre
Votre talent à peindre une heureuse rencontre ;
Mais quel en est le but ?

PAUL, à part.
        D'ici je le prévois.

LORD DURLEY.

Monsieur d'Elcy, j'ai dû me marier trois fois,
Et trois fois s'est rompu ce projet éphémère :
La première, ce fut à cause de la mère;
La seconde du père, et la troisième enfin
De la tante, de l'oncle et du petit cousin.
Je n'aime pas du tout la famille... des autres.

PAUL.

Mes penchants sociaux là-dessus sont les vôtres.

LORD DURLEY.

Lavinia n'a pas de parents?

GEORGES.

Non, mylord.
Mais vous parlez en sphinx, et j'ai beau faire effort,
Pour moi, tout ce discours est un profond mystère.

LORD DURLEY.

J'ai vingt-six ans, — je suis duc et pair d'Angleterre,
Et je porte de gueule à trois léopards d'or,
Avec cette devise: *Ex sanguine splendor*.
J'ai tout ce qu'ici-bas l'homme rêve ou désire:
Hôtel dans le West-End, manoir dans le Yorkshire,
Villa de marbre blanc au bord du lac Majeur,
Et l'été, quand me pousse un instinct voyageur,
Un yacht de bois de teck, dont je jette l'amarre,
Aux rives de Ceylan ou de Castellamare.
Si vous ne voyez pas, comte Georges d'Elcy,
Pourquoi, moi, lord Durley, je vous dis tout ceci,
C'est que votre pupille est jeune, belle, seule,
Sans cortége de père, ou de tante, ou d'aïeule,
Et que je viens ici par le plus droit chemin,
En loyal gentleman vous demander sa main.

GEORGES.

Je repousse à regret une offre qui l'honore,
Lavinia n'est pas à marier... encore.

LORD DURLEY.

Pour qu'elle le devienne, il suffit d'un époux.

PAUL, à part.

Il garde son trésor comme un griffon jaloux.

GEORGES.

Elle est trop jeune.

LORD DURLEY.

Elle a seize ans bientôt, cher comte,
Et l'amour sur ses doigts en souriant les compte.

PAUL, à part.

Cardillac ne veut pas lâcher son diamant.

LORD DURLEY.

Elle ne peut rester fille éternellement,
A voir pâlir sa joue et sa beauté décroître,
Et votre intention n'est pas qu'elle entre au cloître?

GEORGES.

Ce n'est pas une affaire à conclure en un jour.

LORD DURLEY.

Non, mais en attendant je puis faire ma cour.
Quelle objection faire à ma demande? aucune;
Honorabilité, rang, titre, âge, fortune,
J'ai tout ce qu'on exige, et je puis sans orgueil,
Frapper à toute porte, étant sûr de l'accueil.

GEORGES.

Lavinia ne voit ni ne reçoit personne.

LORD DURLEY.

Ah! je devine. — Ainsi que plus d'un le soupçonne,
Vous êtes marié — morganatiquement
Et chez vous, le tuteur prête un masque à l'amant :
J'y songe tard! Pardon pour tant de maladresse.
Le tuteur est amant, la pupille est maîtresse !
Et, Rosine changeant les groupes du tableau,
Du comte Almaviva rit avec Bartholo.
Dans un bonheur caché j'entre et je le dérange.
Pardon!

GEORGES.

Que dites-vous! ma pupille est un ange,
Pure comme celui qui veille à son côté ;
Elle en a l'innocence ainsi que la beauté.

LORD DURLEY.

J'en crois votre parole et ses yeux francs où brille
Une honnête fierté de chaste jeune fille ;
Si son cœur n'a pas fait, pour mon malheur, un choix,
Je demande sa main une seconde fois.

GEORGES.

Une seconde fois, moi, je vous la refuse.

LORD DURLEY.

Alors, ne soyez pas surpris, monsieur, si j'use
Des armes que fournit l'arsenal amoureux
Contre l'entêtement des tuteurs rigoureux
J'y déterrerai bien quelque vieux stratagème
Pour voir Lavinia, lui dire que je l'aime
Et, mettant à ses pieds ma fortune et mon nom,
Savoir si, comme vous, elle répondra non.

GEORGES.

Je vous empêcherai.

LORD DURLEY.

Ce sera difficile.
Un tuteur ne peut pas séquestrer sa pupille ;
Elle habite un hôtel et non pas une tour,
Avec pont-levis, herse et fossés tout autour,
Et, comme au temps jadis, y fût-elle murée,
Je n'aurai de repos que l'en ayant tirée.
— Une clef d'or crochette une porte d'airain ;
Si la porte tient bon, je creuse un souterrain,
Et si la sape manque, à temps contre-minée,
Je descends par le toit ou par la cheminée.

GEORGES.

Je l'enverrai plutôt au bout du monde.

PAUL, à part.

Bien !

LORD DURLEY.

J'en suis charmé. — Je sais la route, car j'en vien.

Oh! nous autres, Anglais, lorsque par une idée,
Nous avons la cervelle ou l'âme possédée,
Nous allons jusqu'au bout de notre entêtement.
Et nous devenons fous mathématiquement.
Les jours de fine pluie où le ciel gris tamise.
Ce spleen qui fait courir aux ponts de la Tamise,
Chercher les pistolets dans le fond des tiroirs,
Ou, comme Castlereagh, repasser ses rasoirs,
Il faut pour nous sauver quelque étrange manie,
Quelqu'entreprise folle et qu'on veut voir finie,
Quelqu'amour insensé donnant une raison
De remettre à demain noyade ou pendaison ;
Heureux quiconque alors se crée un but à suivre !
Eh bien, moi, j'ai trouvé mon prétexte de vivre.
Lavinia ! — J'étais lugubre, — il avait plu
Et j'allais, comme on fait d'un roman déjà lu,
Dans un accès d'ennui, sans cette circonstance,
Au chapitre vingt-six jeter mon existence.
J'ai repris le volume et j'irai jusqu'au bout,
Car l'héroïne a mis de l'intérêt partout.

GEORGES.

Biffez Lavinia de ce charmant poëme,
Mylord.

LORD DURLEY.

Pour quel motif?

GEORGES.

Eh ! parce que je l'aime !
Avec ce beau sang-froid, courtoisement moqueur,
Ce que vous demandez, c'est mon sang, c'est mon cœur,
Mon âme, mon trésor, mon rêve, ma chimère,
Plus qu'en prenant la fille on n'enlève à la mère.

LORD DURLEY.

Eh bien, épousez-la puisqu'il en est ainsi ;
Qu'elle soit, devant tous, la comtesse d'Elcy.

Et ne l'exposez plus par un titre équivoque,
Aux brusques passions que sa beauté provoque.
Pourtant j'aurais voulu, plus rayonnante encor,
Sous l'hermine ducale et la couronne d'or,
La voir, lady Durley, dans son carrosse à glace,
Allant au *Drawing room* de *Buckingham's palace !*
Le *Times* à l'article : « *High life and fashion,* »
Eût conté longuement sa présentation,
Et doublant sa beauté de toute ma richesse,
J'eusse fait à la reine envier ma duchesse.
Mais vous avez pour vous l'antériorité ;

. . . .

. . . .
. . . .

LORD DURLEY.

Cependant il me vient un scrupule suprême ;
Est-il sûr que vraiment Lavinia vous aime,
Avez-vous échangé de mutuels aveux
Ou l'espoir seul tout bas répond-il à vos vœux ?

GEORGES, à part.

Dans mon cœur il éveille une angoisse mortelle :
M'aime-t-elle en effet ? — (Haut.) Une insistance telle
Me gêne.

LORD DURLEY.

    Un galant homme, en cette extrémité,
Doit même à son rival toute la vérité ;
Pour moi qu'un *non* condamne et qu'un *oui* fait renaître,
C'est une question de ne pas être ou d'être.

GEORGES.

Sur l'honneur, je ne puis dire que mon amour,
Dans le vrai sens du mot, soit payé de retour.

LORD DURLEY.

Éclaircissez ce point, et je viens dans une heure,
Savoir de vous s'il faut que je vive ou je meure.

GEORGES.

Ne revenez, milord, ni ce soir, ni demain,
Car jamais, moi vivant, vous n'obtiendrez sa main.

LORD DURLEY.

Pourtant, si sa réponse à vos vœux est contraire?

GEORGES.

Je la refuserais même alors à mon frère,
Si j'en possédais un qui d'elle fût épris,
Et verrais sans pitié ses larmes et ses cris.

LORD DURLEY.

Vous dépassez le Turc en fait de jalousie.
J'agirai.

GEORGES.

    Voyez-vous, j'aime avec frénésie
D'un amour aujourd'hui plus grand encor qu'hier,
Vaste comme le ciel, profond comme la mer;
Ce n'est pas la banale et passagère ivresse
Qu'inspire à tout jeune homme une belle maîtresse!
Oh! que non pas, — mais bien l'ardente affection
Que le créateur porte à sa création,
Le père à son enfant, l'auteur à son poëme,
L'avare à son trésor, le dévot à Dieu même.
Vous parliez de mourir! De mon espoir sevré,
Ce n'est pas vous mylord, c'est moi qui me tuerai.

LORD DURLEY.

A la bonne heure! Enfin vous voilà raisonnable.
Vous vous tuez, — très-bien, — c'est décent, convenable,
Original. — Alors, moi, j'essaye à mon tour,
Et si Lavinia repousse mon amour,
Je lui lègue mes biens et puis je m'intoxique
D'un verre d'eau sucrée à l'acide prussique.

PAUL.

Pour un millionnaire excentrique et blasé,
Se tuer n'est pas neuf.

LORD DURLEY.

Mais vivre est bien usé.
Repoussé, je m'immole à votre humeur jalouse;
Mais si je suis choisi, vous mourrez et j'épouse.
C'est dit. — Adieu !

SCÈNE V

GEORGES, PAUL.

GEORGES.

Non, non, cent fois non !

PAUL.

Calme-toi

GEORGES.

Avec son flegme anglais, il m'a mis hors de moi.
Que Dieu damne ses yeux, que le diable l'emporte !
Un mot de plus, j'allais le jeter à la porte.

PAUL.

Là, là, Georges, tout beau ! modère ce courroux,
Ne pleure pas ; voyons : tu seras son époux ;
Lord Durley ne l'a pas dans sa poche enlevée,
Et pour moi, je renonce à l'union rêvée.
Tu l'aimes donc beaucoup ?

GEORGES.

Comme un fou, comme un sot.
Je vivrais d'un sourire et je mourrais d'un mot.

PAUL.

Comme on change ! D'ailleurs tu n'as rien vu qui puisse
Faire croire qu'elle aime un autre ou te haïsse ?

GEORGES.

Rien; c'est vrai. — Je me suis emporté sans raison.

PAUL.

Eh bien, mariez-vous et faites un garçon ;
Je serai son parrain, nous vivrons en famille ;
Mais, à propos, qui donc est cette jeune fille,
Et comment se fait-il que tu sois son tuteur?

GEORGES.

Un enfant à qui j'ai servi de bienfaiteur.

PAUL.

C'est très-beau! — Qui t'aurait, avant cette œuvre pie,
Soupçonné de morale et de philanthropie!

GEORGES.

Ma disparition, dont on a tant parlé,
Par là s'explique.

PAUL.

Où diable étais-tu donc allé?

GEORGES.

A ma terre d'Elcy. — Là, travaillant sans trêve
Sept ans, comme un sculpteur, j'ai modelé mon rêve.

PAUL.

Pour te faire une femme en marbre ; — c'est bien dur,
Bien blanc, bien nu, bien froid et tout aussi peu sûr :
Comment ce beau projet te vint-il à la tête?

GEORGES.

Tu venais de partir pour Vienne. — Une coquette
Avait à mon orgueil joué l'un de ces tours
Que d'avance on prévoit, mais qui blessent toujours.
J'étais seul. Cette vie à soi-même pareille
Où l'on fera demain ce qu'on a fait la veille,
Me fatiguait. — J'avais assez d'entendre, au son
Des pièces d'or, chanter la banale chanson,
Et mon spleen s'ennuyait de demander asile
Au temple hospitalier de la Vénus facile.

PAUL.

Le vice te donnait soif d'ingénuité,
Comme après une orgie on désire du thé.

GEORGES.

Certain soir, ne sachant que faire de moi-même,
Au Théâtre-Français j'entrai, moi quatrième.
Je m'assis dans un coin mi-veillant, mi-dormant,
Et j'écoutais la pièce assez distraitement
— Un chef-d'œuvre! un joyau de l'ancien répertoire —
Comme d'un vieil ami l'on écoute l'histoire.
Les beaux vers cependant produisant leur effet,
Je me sentis bientôt réveillé tout à fait.

PAUL.

Que donnait-on?

GEORGES.

Le Legs et *l'École des femmes.*
Arnolphe, dont tous deux souvent nous nous moquâmes,
Cette fois me parut plein de sens et d'esprit.
Au lieu de m'égayer, son malheur m'attendrit;
Mon cœur pour le vieillard prit parti contre Horace,
J'entrai dans son idée, et marchant sur sa trace,
Quoique l'expérience ait eu peu de succès,
Je voulus me créer à mon tour une Agnès.
Me disant que le tort d'Arnolphe était son âge,
Et qu'un jeune homme eût fait un autre personnage;
Il me plut, en dehors du monde et de sa loi,
D'aimer un être unique et fait pour moi par moi.

PAUL.

Pour un ancien roué la fantaisie est rare.
Don Juan continuer Arnolphe!

GEORGES.

Moins bizarre
Qu'on ne pense: don Juan à travers tout poursuit
Et demande au hasard l'idéal qui le fuit;

Arnolphe à la maison auprès de lui l'élève :
Les moyens sont divers, mais c'est le même rêve,
Un type souhaité hors de qui rien n'est bon ;
Comme j'avais l'Agnès, j'imitai le barbon.

PAUL.

Tu l'avais ?

GEORGES.

Tu sais bien, — cette fille adoptée...

PAUL.

Quelque Aîssé moderne, au bazar achetée,
Que, voyageur imbu des mœurs de l'Orient,
Tu gardais pour plus tard comme un morceau friand,
Libertin !

GEORGES.

Pas du tout. Je l'avais d'aventure
Ramassée en chemin et mise en ma voiture,
Comme je l'aurais fait d'une levrette.

PAUL.

Où ? quand ?

GEORGES.

A Naples où j'allais voir fumer le volcan,
Tandis que tu restais lâchement à Florence,
Sous prétexte d'attendre une lettre de France ;
Mais en réalité pour la Zambinella,
Beau talent que chacun siffle à la Pergola,
Et que tu t'entêtais par amour ou caprice
A proclamer partout sublime cantatrice.

PAUL.

Mon brevet d'attaché m'arriva, quand son cœur
Allait récompenser en moi l'amour claqueur ;
Ainsi furent perdus bouquets, rappels, cabales,
Bravos à dominer le fracas des timbales,
Sonnets sur satin rose et pigeons blancs lâchés,
Sous leur aile portant des madrigaux cachés ;

Mais poursuis...
GEORGES.
J'allais seul à Sorrente en calèche :
Les petits mendiants que l'étranger allèche,
En haillons et pieds nus sur le pavé brûlant,
Trottaient à ma portière et chantaient d'un ton lent
Pour provoquer le sou, rançon de leur silence :
— « *Signor, la limosina, per mangiar Excellence!* » —
Une petite fille à l'air timide et doux
En souriant, jeta juste sur mes genoux
Sans mêler sa voix pure à ces voix enrouées,
Trois fleurs de laurier rose avec un jonc nouées
Humble fierté du pauvre, au riche s'adressant
Noble mendicité, par le don commençant ;
Un vieux jupon trop court, une étroite brassière,
Une chemise usée et de trame grossière
Formaient tout son costume, et l'on eût dit vraiment
Que l'amour mendiait sous ce déguisement.
Tandis que je lançais quelques pièces de cuivre
Pour éloigner la troupe obstinée à me suivre,
Elle près des chevaux trottait, trottait toujours,
Et j'admirais sa joue aux suaves contours
Où la santé brillait fraîche sous un teint pâle,
Et ses bras blancs encor malgré leurs gants de hâle.
Et ses yeux d'un bleu noir, et ses cheveux bouclés
Par l'agitation de la course mêlés :
Voici de l'or pour toi, tends tes mains que je verse,
Lui disais-je, sans voir venir en sens inverse
Malgré le bruit de fouet et le son du grelot,
Un coucou du pays, nommé corricolo
Qui passa près de nous et si près et si vite,
Que sa roue écarlate eût broyé la petite
Si je ne l'avais pas, avec un cri d'effroi,
Par les bras enlevée et mise devant moi.

L'enfant, d'être en voiture étonnée et joyeuse,
Riait, passait ses doigts sur l'étoffe soyeuse
Et m'amusait avec son babil enfantin
Et son charmant petit patois napolitain.
Son père était pêcheur et sa mère était morte ;
Elle, pour travailler trop jeune ou trop peu forte,
Tendait sur les chemins des bouquets aux passants ;
Lavinia — c'était son nom — avait dix ans :
J'aurais pu la descendre au milieu de la route,
Lui mettant dans la main un louis, que sans doute
Son père eût dépensé le soir au cabaret ;
Mais je sentais pour elle un plus vif intérêt,
Car sa misère avait coudoyé ma richesse
Dans ma calèche assise en fille de duchesse,
Et je ne voulais pas rendre à la pauvreté
L'ange par le hasard entre mes bras jeté.
Le pêcheur me céda ses droits pour une somme.
J'emmenai la petite en France, et le cher homme
Accoutumé d'enfance à l'inanition,
Creva bientôt après d'une indigestion.

PAUL.

Que le macaroni lui soit léger ! — Ensuite !

GEORGES.

A ma terre d'Elcy, Lavinia conduite
Fut confiée aux soins de Lucy Caméron.
Lorsque je l'allais voir, vite, sur le perron,
Sitôt que de ma chaise elle entendait les roues,
Elle accourait m'offrant les roses de ses joues ;
Comme à Naples jadis elle m'offrait ses fleurs.
Au teint de bistre avaient succédé des couleurs ;
Les mains brunes étaient des mains patriciennes
Que veinait le sang bleu des familles anciennes,
Ou mieux le pur sang grec qui coule à Procida.
La soirée aux Français de mon sort décida ;

Las d'actrices, plus las encore de grandes dames,
Je fis mon sixième acte à l'*École des femmes*,
Arnolphe à cheveux bruns, mais comme lui jaloux,
J'élevai mon Agnès, en serre, loin de tous,
Comme dans un harem une Circassienne
Qui ne voit les passants qu'à travers sa persienne :
Depuis tantôt huit jours nous sommes à Paris,
Et tout paraît étrange à ses regards surpris.

PAUL.

Est-elle au moins capable, en sa candeur extrême,
De mettre au corbillon cette tarte à la crème
Qui semblait détestable à monsieur le marquis,
Et qu'Arnolphe charmé trouve d'un goût exquis?

GEORGES.

Je ne suis pas encor tout à fait un Géronte,
Et dégrader un être ainsi m'aurait fait honte.
Son éducation a reçu tous mes soins,
Et si c'est dans un but égoïste, du moins
Je n'ai pas écrasé, précaution infâme,
Sur le front de Psyché, le papillon de l'âme ;
J'ai voulu que son cœur fût grand, afin qu'un jour
Avec plus de pensée, il y eût plus d'amour.
J'ai confié les clefs de toutes les serrures
A ses petites mains, qui n'en sont pas moins pures.
Elle lit dans Shakspear, Raphaël et Mozart.
Riche, je lui permets le luxe comme un art,
Comme une fleur de plus dont sa grâce est parée ;
Et dans cette humble enfant de la fange tirée,
Vil caillou dont j'ai fait un diamant sans prix,
Pétrarque verrait Laure et Dante Béatrix.
Célimène naïve, Agnès spirituelle,
Elle est intelligente, elle est jeune, elle est elle.

PAUL.

A ce monstre charmant fait de perfections,

Je voudrais un défaut, comme une ombre aux rayons,
J'ai peur pour toi. — Crois-moi, n'anime pas ton marbre,
On poursuit une nymphe et l'on attrape un arbre.
Tous ces plans concertés manquent ; mieux vaut, sans art,
Laisser l'arrangement de sa vie au hasard ;
Toute jeune fille est plus ou moins romanesque ;
Il faut se présenter, comme Egmont ou Fiesque,
Le pourpoint de satin et la plume au chapeau ;
Brandissant une épée, agitant un drapeau...
Mais, ton amour est-il connu de la petite ?

GEORGES.

Dans un fauteuil, auprès du lit de Marguerite,
Goëthe nous montre Faust rêveur et contemplant
En silence la chambre et le petit lit blanc,
Comme Faust arrêté sur un seuil sans défense,
J'ai, dans son pur sommeil, su respecter l'enfance.
Attendant le réveil de ce cœur endormi
Pour ôter à l'amour le masque de l'ami,
En moi Lavinia n'a jamais vu qu'un frère.

PAUL.

Tant pis, ce précédent à l'amour est contraire ;
Je crains que tu ne sois, pour ta discrétion,
Prématurément pris en vénération,
Et que la belle enfant, qui t'eût aimé peut-être
Dans ton fauteuil de Faust voie un fauteuil d'ancêtre.

GEORGES.

J'espère bien que non. — Je ne suis pas si vieux
Que déjà l'on m'assoie au fauteuil des aïeux ;
Mais peut-être ai-je trop différé. — Son œil brille,
Son front rêve : hier enfant, aujourd'hui jeune fille ;
Il faut que l'amitié, chaste sœur de l'amour,
S'éloigne, et que le frère à la fin ait son tour.
Ce lord Durley m'excède et le doute me tue.

PAUL.

Allons, porte la flamme au flanc de la statue !

SCÈNE VI

GEORGES, PAUL, DAFNÉ.

DAFNÉ.

Mademoiselle est là qui voudrait vous parler.

PAUL.

Je te quitte. — Surtout ne vas pas te troubler !
Frappe, le marbre est dur, que rien ne te désarme.
Je reviendrai tantôt.

SCÈNE VII

GEORGES, seul.

O moment plein de charme
Et d'angoisse où le cœur palpite à se briser
Quand la création va se réaliser !
Enfin Pygmalion a fait sa Galatée
Et Pandore muette est devant Prométhée.
L'un a prié Vénus, l'autre a volé le feu,
Et tous deux sont tremblants, le mortel et le dieu.
Comme eux, j'ai modelé le rêve de mon âme,
Et fait une statue où sommeille une femme ;
La verrai-je tremblante et rouge d'embarras
Quitter son piédestal et tomber dans mes bras ?

ACTE DEUXIÈME

SCÈNE PREMIÈRE

GEORGES, LAVINIA.

LAVINIA.

Bonjour, Georges.

GEORGES.

Bonjour, Lavinia.

LAVINIA.

De grâce,
Promets-moi, si tu veux que je t'aime et t'embrasse,
Une faveur.

GEORGES.

Laquelle?

LAVINIA.

Ordonne à miss Lucy,
Fidèle à son bonnet de vieux tulle roussi,
De mettre un ruban jaune à la place d'un rose.

GEORGES.

Moqueuse!

LAVINIA.

Et de changer deux fois par an de pose,
Car au monde il n'est rien qui soit plus ennuyeux,
Plus monotone à l'âme et plus maussade aux yeux
Qu'un horizon toujours borné par une Anglaise,
Faisant du petit point sur une grande chaise.

GEORGES.

Lavinia, ménage un peu ton chaperon...
Qu'as-tu fait ce matin?

LAVINIA.

D'abord j'ai lu Byron,
J'ai joué des morceaux de la marche funèbre
Et l'*Invitation à la walse* de Webre,
Puis, pour me dérider, passant à Rossini
Avec sa tarentelle à six-huit, j'ai fini
Mamma mia, mamma mia! — Je me croyais encore
A Sorrente et mes pieds, sur le rhythme sonore,
Dansaient en même temps ce que chantaient mes mains.
Montons-nous à cheval aujourd'hui?

GEORGES.

Les chemins
Sont rompus et le ciel est tout haché de pluie.

LAVINIA.

Quel dommage!

GEORGES.

Rester à la maison t'ennuie?

LAVINIA.

Auprès de toi, jamais, cher Georges; — seulement
Cela m'eût fait plaisir de sortir ma jument
Et d'essayer au bois mon amazone neuve.
Affreux climat! il faut qu'il neige ou bien qu'il pleuve!
O mon beau ciel de Naples immuablement pur,
Qu'un flot moins bleu que lui berce dans son azur!

GEORGES.

Le regretterais-tu?

LAVINIA.

Non, ta France chérie
Est maintenant pour moi comme une autre patrie;
Je ne regrette rien.

GEORGES.
Tu m'aimes donc beaucoup?
LAVINIA.
Certe, et je te le prouve en te sautant au cou.
GEORGES.
Enfant!... Mais tu n'es plus une petite fille,
Et tu me traites trop en père de famille.
LAVINIA.
En père! — Non, monsieur, mais en frère adoré;
C'est un titre charmant, amical et sacré.
GEORGES.
Sans doute, mais l'on peut en trouver un plus tendre,
Et je te le dirais si tu voulais l'entendre.
LAVINIA.
Je doute qu'il en soit un plus plein de douceur
Pour moi, jadis ta fille et maintenant ta sœur.
GEORGES.
Celui de mari?
LAVINIA.
Non; je ne sens nulle envie
De laisser pénétrer brusquement dans ma vie
Cet inconnu d'hier, époux du lendemain,
Qui pose à tout hasard votre main dans sa main.
Un frère vaut bien mieux, surtout s'il te ressemble.
Le monde est comme un livre où nous lisons ensemble,
Fronts penchés l'un vers l'autre et mêlant nos cheveux.
Tu connais mes secrets, je devine tes vœux;
Il existe entre nous de longues sympathies,
Une communauté de choses ressenties,
Des souvenirs d'un charme intime et pénétrant
Où le présent qui rêve au passé se reprend;
L'époux ignorerait ma vie antérieure,
Toute une part de moi, peut-être la meilleure;

Je ne veux pas jeter à quelque sot mari
Mon âme, ton ouvrage, ô mon frère chéri !
GEORGES.
Tu n'aimes donc personne?
LAVINIA.
     Eh si, puisque je t'aime.
GEORGES.
D'amour ou d'amitié?
LAVINIA.
     Je n'en sais rien moi-même.
Je ne connais l'amour, ne l'ayant pas senti,
Que comme l'on connaît les mœurs de Taïti
Sur les récits de Cook et de Dumont d'Urville,
Ou la mer, par Gudin, quand on reste à la ville;
Me trouvant bien chez moi, je n'ai pas voyagé.
GEORGES.
Tu n'en as pas l'envie?
LAVINIA.
     Et pourquoi faire? — J'ai,
C'est toi qui l'as permis, lu les chants des poëtes,
Des mystères du cœur fidèles interprètes,
Dans leurs livres, que nul n'a fermé sans émoi,
Plus d'un groupe idéal a passé devant moi,
Souriant ou pensif et les mains enlacées :
Francesca, Paolo, chères ombres blessées,
Herminie et Tancrède, Angélique et Médor,
Aminte et son berger, et bien d'autres encor;
Près d'Hamlet, Ophélie effeuillant sa couronne,
Juliette penchée au balcon de Vérone
A qui Roméo dit : « Ne crains rien, mon amour,
Ce n'est pas l'alouette et ce n'est pas le jour! »
Faust au jardin de Marthe emmenant Marguerite,
Virginie avec Paul qu'un seul jupon abrite?
Saint-Preux et sa Julie aux bosquets de Clarens,

Miss Harlowe, qui songe entre ses vieux parents
Aux moyens d'envoyer sa lettre à Lovelace;
Mais leurs feux m'ont laissée aussi froide que glace,
Et mon cœur, préservé par quelque talisman,
S'en tient, en fait d'amour, aux amours de roman.
Encor souvent trouvai-je avec leurs hyperboles
Les héros enragés, les héroïnes folles,
Et je pense que Dieu là-haut me prépara
Pour être le Kaled d'un vertueux Lara.
Je te suivrai partout sous un habit de page,
Et nous courrons le monde en galant équipage.

GEORGES.

Eh quoi! tu n'as jamais éprouvé ces langueurs
Que la brise d'avril apporte à tous les cœurs,
Cette délicieuse et tendre inquiétude
Qui, par la rêverie interrompant l'étude,
Vous fait rester l'œil fixe et le coude appuyé
Sur Shakspeare incompris ou Mozart oublié?

LAVINIA.

Non; quand mon piano, quand mes livres m'ennuient,
Je me mets à broder et les heures s'enfuient.

GEORGES.

Jamais tu n'as senti, le soir, sur ton bras nu,
L'invisible baiser de l'amant inconnu
Se poser, comme fait un papillon qui joue,
Et le sang de ton cœur te monter à la joue?

LAVINIA.

J'arrange ma cornette et roule mes cheveux,
Je me couche, et ne sens aucun frisson nerveux.

GEORGES.

Jamais tu n'as couru, la figure embrasée,
Aux fleurs de ta fenêtre où perle la rosée,
Y rafraîchir ton front lourd de rêves brûlants,

Ni poussée au jardin par de brusques élans,
Quitté, pendant la nuit, la couche où tu reposes
Pour dire ton secret à l'oreille des roses?

LAVINIA.

Je dors jusqu'au matin sans déranger les fleurs,
Puis je m'éveille aux cris des oiseaux querelleurs,
Qui dans l'arbre voisin font un joyeux tapage,
Et ma vie, en riant, tourne encor une page;
Une page où se lit un seul nom...

GEORGES.

Et lequel?

LAVINIA.

Le tien.

GEORGES.

Vraiment.

LAVINIA.

Mais oui. N'est-ce pas naturel?
Pour moi n'es-tu pas tout, et famille et patrie!
Que suis-je? A ton caprice une forme pétrie,
Que tu douas d'une âme et que, bon comme Dieu,
Tu mis dans un charmant et splendide milieu,
Lui livrant ton Éden en toute confiance,
Sans excepter le fruit de l'arbre de science.
Mais Ève n'a pas pris la pomme et s'en repent.
Elle eût dû, sur l'amour, consulter le serpent?
Cher Georges, si mon cœur quelque jour prenait flamme,
Je ne confesserais mon âme qu'à ton âme!

GEORGES.

Qui croirait que l'amour t'intéresse si peu,
Fille d'un sol de lave et d'un climat de feu?

LAVINIA.

Oh, maintenant je suis une Parisienne.
Je n'ai plus cette nuque aux tons terre de Sienne,
Ces maigres bras brûlés par un âcre soleil,

Et mon sang est moins chaud sous mon teint plus vermeil ;
Ce qui n'empêche pas que je n'aime mon George,
Non comme l'idéal absurde que se forge
Sur les têtes de cire aux montres des coiffeurs,
Une pensionnaire aux petits airs rêveurs,
Mais comme le garçon le meilleur de la terre,
D'une amitié que rien ne balance et n'altère,
Et pour qui, s'il fallait à sa place mourir,
On me verrait gaîment à l'échafaud courir !

GEORGES, à part.

O mon cœur bat moins fort. (Haut.) Du moins, enfant cruelle,
Avez-vous réfléchi combien vous êtes belle !

LAVINIA, souriant.

Je n'ai pas réfléchi, non vraiment, mais ce soir
Je questionnerai là-dessus mon miroir.

GEORGES.

Dieu parfois met devant ceux qu'il affectionne
La beauté, lampe d'or, qui sur l'âme rayonne !

LAVINIA.

Bonne précaution, car plus d'un œil distrait
A côté du trésor, sans rien voir, passerait.

GEORGES, à part.

Essayons d'un moyen pour savoir si l'amie
Cache sous sa froideur une amante endormie ;
Sur ce marbre insensible, où mon ciseau glissa,
Posons la jalousie en guise de moxa.
(Haut.) — N'as-tu pas remarqué cette jeune personne
Hier, aux Bouffes...

LAVINIA.

Blonde, avec une couronne
De feuilles d'un vert glauque à brindilles d'argent ;
On eût dit une ondine en sa source nageant,
A la voir ondoyer au bord de sa baignoire,
Plus blanche mille fois que sa robe de moire.

GEORGES.

Comment la trouves-tu?

LAVINIA.

Charmante de tout point.

GEORGES.

Si je l'aimais cela ne te fâcherait point?

LAVINIA.

En rien.

GEORGES.

C'est ma cousine; on veut que je l'épouse.

LAVINIA.

Elle te plaît? Prends-là.

GEORGES.

Tu n'es donc pas jalouse?

LAVINIA.

Non; la femme ne peut faire ombrage à la sœur,
Elle prend le foyer, et je garde le cœur.

GEORGES, à part.

Elle n'a ni rougi ni pâli sous l'atteinte,
Et sa tranquillité par malheur n'est pas feinte;
Envolez-vous espoirs; doux projets, croulez bas!
Elle ne m'aime pas! Elle ne m'aime pas[1]!

. . . .
. . . .

---

[1] La suite a été égarée et n'a pas encore pu être retrouvée.

LE
TRICORNE ENCHANTÉ

BASTONNADE EN UN ACTE ET EN VERS, MÊLÉE D'UN COUPLET

(En collaboration avec M. Paul Siraudin)

Représentée pour la première fois sur le théâtre des Variétés le 7 avril 1845, et reprise au théâtre de l'Odéon le 30 novembre 1872.

PERSONNAGES :

	1845	1872
GÉRONTE.	MM. LEPEINTRE JEUNE.	MM. N. MARTIN.
VALÈRE.	LIONEL.	BAILLET.
FRONTIN.	LAFONT.	POREL.
CHAMPAGNE.	NEUVILLE.	ROGER JEUNE.
INEZ.	Mmes PITRON.	Mmes JEANNE BERNHARDT.
MARINETTE.	BRESSANT.	COLAS.

La scène se passe devant la maison de Géronte, sur une place publique.

SCÈNE PREMIÈRE

FRONTIN, MARINETTE.

FRONTIN, entrant, à part.

Quoi ! Marinette ici !

MARINETTE, même jeu.

Frontin ! quelle rencontre !

FRONTIN, de même.

La coquine!

MARINETTE, de même.

Le drôle!

FRONTIN, de même.

Il faut que je me montre.
Elle m'a vu...

Haut.

Bonjour, Marinette.

MARINETTE.

Bonjour,
Frontin... Ce cher ami, le voilà de retour!

FRONTIN.

Oui, d'hier, seulement... J'étais à la campagne,
Dans mes terres...

MARINETTE.

Et moi qui te croyais au bagne!

FRONTIN.

Tu me flattes!... Mais, toi, qui donc m'a raconté
Que, faute de château pour passer ton été,
— N'en rougis pas, la chose arrive aux plus honnêtes!...
Pendant six mois, tu pris l'air... aux Madelonnettes?

MARINETTE.

D'où je sortis le jour que, par malentendu
Sans doute, en plein marché ton oncle fut pendu...

FRONTIN.

Hélas! de compagnie avec monsieur ton père...
Quel brave homme! Le ciel l'enviait à la terre,
Si bien qu'il a fallu le mettre entre les deux!
Hi! hi! hi! hi!

MARINETTE.

Cessons des propos hasardeux.
A quoi bon rappeler de semblables vétilles?
Chacun a ses malheurs, et si dans nos familles

Il s'est trouvé parfois de ces rares esprits,
Par des juges mesquins, méconnus, incompris,
Faut-il l'aller crier sur la place publique?
Non, ce n'est pas ainsi qu'entre amis l'on s'explique!

FRONTIN.

C'est juste. Mais changeons d'entretien. Que fais-tu
Maintenant?

MARINETTE.

Rien qui soit contraire à la vertu.

FRONTIN.

Ah! bah!

MARINETTE.

De mes conseils j'aide une demoiselle
Charmante, sur qui pèse une affreuse tutelle.

FRONTIN.

Qui donc t'a procuré de bons certificats?

MARINETTE.

Insolent!

FRONTIN.

La, tout doux! Je fais le plus grand cas
De toi... je plaisantais.

MARINETTE.

Trêve de raillerie!
Sur quel pied, dans ce monde, est Votre Seigneurie?

FRONTIN.

Je sers un gentilhomme amoureux, — l'animal!
J'ai très-peu de profits; mais j'ai beaucoup de mal.
Il faut tout faire! Ah! si le sort m'avait fait naître
Situé de façon à pouvoir être maître,
Je ne l'aurais pas pris pour valet, à coup sûr!
N'est pas valet qui veut! C'est un métier fort dur;
On exige de nous tant de vertus... pratiques!
Bien des héros seraient de piètres domestiques;
Les maîtres! que feraient sans nous ces marauds-là?

MARINETTE.

Mais si quelqu'un au tien allait dire cela?...

FRONTIN.

Il n'en ferait que rire ; il m'aime. J'ai des vices..

MARINETTE.

Lesquels rendent aux siens de précieux services!

FRONTIN.

C'est vrai! Je suis adroit ; mais il est amoureux,
Et ces deux grands défauts se consolent entre eux!

MARINETTE.

C'est comme moi, Frontin ; si j'étais trop naïve,
De quoi donc servirais-je à mon Agnès craintive?

FRONTIN.

Je m'en rapporte à toi pour faire ton devoir,
Marinette... A propos, je voudrais bien savoir
Pour quel motif tu viens, à ces heures sauvages,
Mystérieusement rôder dans ces parages?

MARINETTE.

Ainsi que toi, je suis dans la position,
Cher Frontin, de commettre une indiscrétion ;
— Je la commets. — Pourquoi venir ici, vieux drôle,
La toque sur les yeux, le manteau sur l'épaule?

FRONTIN.

Réponds, je répondrai.

MARINETTE.

Tu sais qu'en demandant
L'on n'obtient rien de moi. J'ai des mœurs.

FRONTIN.

Cependant
Il n'en fut pas toujours ainsi...

MARINETTE.

Fat!

FRONTIN.

Oublieuse!

MARINETTE.

Impertinent !

FRONTIN.

Méchante !

MARINETTE.

Indiscret !

FRONTIN.

Curieuse !

MARINETTE.

Chut ! quelqu'un vient.

FRONTIN.

Eh ! c'est Champagne, le valet
De Géronte... A-t-il l'air d'un oison !

MARINETTE.

Est-il laid !

SCÈNE II

LES MÊMES, CHAMPAGNE.

FRONTIN.

Hé ! Champagne !

CHAMPAGNE.

Hé ! Frontin !

FRONTIN.

Dis-nous comment se porte
Monsieur Géronte.

CHAMPAGNE.

Il va d'une admirable sorte !
A moins qu'on ne l'assomme, il ne mourra jamais.

MARINETTE.

Il est encore très-vert...

CHAMPAGNE.
Un peu jaune.
MARINETTE.
Très-frais...
CHAMPAGNE.
Oui, rempli de fraîcheurs !
MARINETTE.
Très-ingambe.
CHAMPAGNE.
Sans doute,
Quand il a son bâton et qu'il n'a pas sa goutte.
MARINETTE.
Il est, ma foi, très-bien, et je l'aimerais mieux
Qu'un tas de jeunes gens qui font les merveilleux.
FRONTIN.
A quoi s'occupe-t-il, ce digne maître ?
CHAMPAGNE.
Il grille,
Verrouille, cadenasse et clôture une fille
Fort jolie ! un jeune ange aux yeux perçants et doux,
Mademoiselle Inez, dont il est si jaloux,
Que pour elle il a fait, malgré sa ladrerie,
Des prodigalités...
FRONTIN.
Bah !
CHAMPAGNE.
De serrurerie !
MARINETTE.
C'est d'un homme prudent et d'un sage tuteur.
FRONTIN.
Et réussit-il ?
CHAMPAGNE.
Peu. Le côté séducteur
N'est pas son fort ! Il est, pour un objet si rare,

Trop vieux, trop laid, trop sot, et surtout trop avare !
FRONTIN.
Le ciel évidemment ne l'avait pas formé
Pour jouir ici-bas du bonheur d'être aimé.
CHAMPAGNE.
Personne n'a jamais aimé monsieur Géronte.
FRONTIN.
Pas même sa femme ?
CHAMPAGNE.
Elle ? allons donc !
FRONTIN.
A ce compte...
CHAMPAGNE.
Monsieur Géronte était, sois-en bien convaincu...
FRONTIN.
Ce qu'en termes polis on appelle... *trompé !*
CHAMPAGNE.
C'était moi qui portais les billets à madame.
Elle est morte ; que Dieu veuille prendre son âme !
L'heureux temps ! je buvais à tire-larigot,
Et du port des poulets je me fis un magot,
Lequel est dans les mains de Géronte, mon maître,
Qui, voulant le garder, me garde aussi peut-être :
Car, de nature, il est lent à rendre l'argent,
Bien qu'à le recevoir il soit fort diligent...
Au reste, il me nourrit plus mal qu'un chien de chasse,
De mes gages déduit les cannes qu'il me casse
Sur le dos, et m'habille avec de tels lambeaux,
Que je fais d'épouvante envoler les corbeaux !
Quel sort ! Ah ! je suis né sous un astre bien chiche !
FRONTIN.
Si tu veux me servir, moi je te ferai riche.
MARINETTE.
Et moi, je t'aimerai.

CHAMPAGNE.

Non... je suis vertueux,
Et ne donne les mains à rien de tortueux ;
Car, s'il en avait vent, le sieur Géronte est homme
A me mettre dehors en retenant ma somme !

FRONTIN.

Ainsi tu dis non ?...

CHAMPAGNE.

Oui, je dis non.

FRONTIN, le battant.

Ah ! gredin !
Ah ! maroufle ! ah ! veillaque ! en veux-tu du gourdin ?
En voilà !

CHAMPAGNE.

Aïe ! aïe ! aïe ! on me roue, on m'échine !
Marinette me pince, et Frontin m'assassine !

FRONTIN.

Entre dans mes projets ; à tes yeux éblouis
Va rayonner soudain un rouleau de louis.

CHAMPAGNE.

Donne.

FRONTIN.

Sers-moi d'abord.

CHAMPAGNE.

Pour qui me prends-tu ?

FRONTIN.

Traître !
Tu veux rester honnête et fidèle à ton maître !
Tiens !

Il le bat de nouveau.

SCÈNE III

LES MÊMES, GÉRONTE.

GÉRONTE.

Qu'est-ce ? on bat Champagne ?

FRONTIN.

Il l'a bien mérité,
Et je voudrais l'avoir encor plus maltraité !

GÉRONTE.

Qu'a-t-il fait ?

FRONTIN.

Rien, monsieur, et c'est son plus grand crime:
Un laquais fainéant est indigne d'estime ;
Car il est bien prouvé qu'on ne l'engage pas
Pour cracher dans les puits et se croiser les bras.

GÉRONTE.

Mon domestique oisif ! ah ! le lâche courage !
Tu me frustres !

CHAMPAGNE.

Monsieur, j'ai fini mon ouvrage.

GÉRONTE.

Recommence-le !

FRONTIN.

Au lieu de garder la maison,
Il boit au cabaret à perdre la raison !

MARINETTE.

Voyez plutôt : le vin illumine sa trogne.
Et sur son nez écrit en couleur rouge : Ivrogne:

CHAMPAGNE.

Si j'ai bu, les poissons dans la Seine sont gris.

GÉRONTE.

Est-ce pour te soûler, goinfre, que je t'ai pris?

CHAMPAGNE.

Je suis à jeun.

FRONTIN, le poussant.

Le sol, à son pied qui chancelle
Semble, par un gros temps, le pont d'une nacelle.

MARIETTE, même jeu.

Il ne danserait pas sur la corde, bien sûr!

FRONTIN, même jeu.

Pour t'appuyer, veux-tu que je t'apporte un mur?

CHAMPAGNE.

Ne me pousse donc pas!

GÉRONTE.

Sac à vin? brute immonde!

MARINETTE.

En cet affreux état pendant qu'il vagabonde,
Quelqu'un de ces blondins, hirondelles d'amour
Qui rasent les balcons sur le déclin du jour,
N'aurait qu'à pénétrer jusqu'à votre pupille!

FRONTIN.

Quelqu'un de ces gaillards de morale facile,
N'aurait qu'à se glisser jusqu'à votre trésor!

GÉRONTE.

Ciel! que dites-vous là? Ma pupille! mon or!
Les galants, les voleurs! Ah! j'en perdrai la tête!
Je te chasse, brigand!

CHAMPAGNE.

Monsieur, je vous répète
Que...

GÉRONTE.

Pas un mot de plus, ou je t'assomme!

CHAMPAGNE.

Au moins,

LE TRICORNE ENCHANTÉ.

Rendez-moi mon argent.

GÉRONTE.

Tu n'as pas de témoins :
Ton argent ! pour les frais de dépôt, je le garde,
Sors d'ici, scélérat !

Tous tombent sur Champagne.

CHAMPAGNE, *se sauvant.*

Au secours ! à la garde !

SCÈNE IV

GÉRONTE, FRONTIN, MARINETTE.

GÉRONTE.

Me voilà délivré de ce fieffé vaurien !
Il aura beau crier, je ne lui rendrai rien ;
Car comment a-t-il pu, même étant économe,
Moi ne le payant pas amasser cette somme ?

FRONTIN.

Il vous a détroussé.

MARINETTE.

C'est limpide.

FRONTIN.

L'argent
Du drôle est vôtre. Un maître un peu moins indulgent
L'enverrait, sur la mer, écrire avec des plumes
De quinze pieds, coiffé, dans la crainte des rhumes,
D'un superbe bonnet du rouge le plus vif.

MARINETTE.

Vous tromper ! c'est affreux ! Vous si bon ! si naïf !

GÉRONTE.

Je suis assez vengé si je n'ai rien à rendre,
Et j'aime autant qu'il aille ailleurs se faire pendre.

FRONTIN.

Très-bien ! mais vous voilà sans valet maintenant.

GÉRONTE.

Sans valet, tu l'as dit. O revers surprenant !
Un homme comme moi sans valet ! quelle honte !

FRONTIN.

De ses augustes mains, certes, monsieur Géronte
Ne peut pas, aux regards des voisins ébaubis,
Peindre en noir sa chaussure et battre ses habits.

GÉRONTE.

Non ; l'on ferait sur moi cent brocards, cent risées.

MARINETTE.

Qui suifera, le soir, vos boucles défrisées ?

GÉRONTE.

Dans quel gouffre de maux suis-je tombé, grand Dieu !

MARINETTE.

Qui viendra, le matin, vous allumer du feu ?

GÉRONTE.

Je me sens affaissé... la tristesse me gagne ;
Ah ! Champagne, mon bon, mon fidèle Champagne,
Tu me manques !

FRONTIN.

Un sot !

MARINETTE.

Un ivrogne !

FRONTIN.

Un voleur !

GÉRONTE.

D'accord ; mais, s'il volait, j'étais le recéleur ;
Et, désormais, le fruit de ses... économies.
Il le déposera dans des mains ennemies.

FRONTIN.

C'est vraiment douloureux ; mais, puisqu'il est chassé,
N'y pensez plus.

GÉRONTE.

Par qui sera-t-il remplacé ?

Hélas ?

FRONTIN.

Par moi.

MARINETTE.

Par moi.

GÉRONTE.

Frontin ou Marinette ?
Quel choix embarrassant !

FRONTIN.

Monsieur, je suis honnête
Actif, intelligent, mangeant peu, buvant moins.

MARINETTE.

Pour un maître, monsieur, j'ai mille petits soins :
Je bassine son lit, je chauffe ses pantoufles,
Je lui tiens son bougeoir, je lui fa's...

FRONTIN.

Tu t'essouffles,
Ma chère ! Laisse-moi la parole un moment.
Si je m'offre, monsieur, c'est par pur dévouement ;
Je ne veux rien de vous, rien, ou fort peu de chose ;
Vingt écus !

GÉRONTE.

Ce garçon plaide fort bien sa cause.
Je te prends.

MARINETTE.

Quinze écus, et l'honneur d'être à vous,
De mes peines seront un loyer assez doux ;
Car je sers pour la gloire.

GÉRONTE.

Elle est, ma foi, gentille ;
J'aime sa bouche en cœur et son œil qui scintille.
Je te prends.

FRONTIN.

Dix écus, monsieur, me suffiront.

GÉRONTE.

Je te retiens.

MARINETTE.

Monsieur, ne soyez pas si prompt.
Je tiens plus, près d'un maître, aux égards qu'au salaire.
Donnez-moi cinq écus, et je fais votre affaire.

GÉRONTE.

C'est conclu, Marinette.

FRONTIN.

Une minute ; moi,
Je ne demande rien du tout !

GÉRONTE.

Alors, c'est toi
Que je choisis.

MARINETTE.

Je fais de plus grands avantages :
Au lieu de moi, c'est vous qui recevrez des gages,
Et je vous donnerai cent pistoles par an !

GÉRONTE.

Ce mode est le meilleur. Marinette, viens-t'en.

FRONTIN.

J'offre deux cents !

MARINETTE.

Trois cents !

FRONTIN.

Les profits !

MARINETTE.

La défroque !

GÉRONTE, à part.

Tant de zèle à la fin me paraît équivoque :
Et quel but peut avoir un tel acharnement ?

MARINETTE.

Ne vous empêtrez pas d'un pareil garnement.

FRONTIN.

Par bonté d'âme il faut que je vous avertisse...

MARINETTE.

Vous allez, avec lui, prendre à votre service
Une collection de penchants dissolus.

FRONTIN.

Elle a tous les défauts, et quelques-uns de plus !

GÉRONTE.

Au fait, elle a bien l'air d'une franche coquine.

FRONTIN.

C'est sa seule franchise.

MARINETTE.

Et lui, voyez sa mine,
Son œil d'oiseau de proie et son teint basané :
C'est un coupe-jarret authentique et... signé !

GÉRONTE.

Marinette, Frontin, je vous crois l'un et l'autre ;
Et sur chacun de vous mon avis est le vôtre.
Mon choix entre vous deux hésite suspendu ;
Aussi, tout bien pesé, bien vu, bien entendu,
J'aime encor mieux Champagne, et vais à sa recherche
Dans le cabaret louche où d'ordinaire il perche.

Il sort.

SCÈNE V

MARINETTE, FRONTIN.

FRONTIN.

Diantre ! le vieil oison s'envole effarouché !

MARINETTE.

Frontin, ai-je été sotte?

FRONTIN.

Ai-je eu l'esprit bouché, Marinette?

MARINETTE.

D'abord, j'aurais dû te comprendre.

FRONTIN.

Et nous nous sommes nui, faute de nous entendre!

MARINETTE.

J'ai défait ton ouvrage.

FRONTIN.

Et moi détruit le tien.

MARINETTE.

Au lieu de nous prêter un mutuel soutien!

FRONTIN.

C'est trop de deux fripons pour la même partie.

MARINETTE.

Toujours par l'un des deux la dupe est avertie.

FRONTIN.

Jouons cartes sur table, et parlons sans détour,
Tu machinais ici pour des choses d'amour!

MARINETTE.

Sans doute; — comme toi?

FRONTIN.

Tu venais pour l'amante?

MARINETTE.

Oui; — toi, pour l'amant?

FRONTIN.

Oui.

MARINETTE.

La rencontre est charmante!

FRONTIN.

Pour Inez?

MARINETTE.

Pour Valère !

FRONTIN.

Assez ! embrassons-nous !
Unissons nos moyens et concertons nos coups !

SCÈNE VI

LES MÊMES, VALÈRE.

FRONTIN.

Mais j'aperçois de loin venir monsieur Valère,
Mon nouveau maître.

MARINETTE.

Il a tout ce qu'il faut pour plaire :
Beauté, jeunesse...

FRONTIN.

Oui, tout, hormis l'essentiel :
L'argent.

A Valère.

Qu'apportez-vous ?

VALÈRE.

Pas un sol.

FRONTIN.

Terre et ciel !
A quoi vous sert d'avoir un oncle ridicule ?

VALÈRE.

Sois plus respectueux pour Géronte.

FRONTIN.

Scrupule
Touchant ! Un oncle affreux qui vous laisse nourrir
Par les juifs, et s'entête à ne jamais mourir !

VALÈRE.

Il m'a déshérité.

FRONTIN.

C'est différent : qu'il vive !

VALÈRE.

Et toi, qu'as-tu fait ?

FRONTIN.

J'ai dans l'imaginative
Certain tour fort subtil, d'un effet assuré.

VALÈRE.

Raconte-moi la chose.

FRONTIN.

Oh ! non ; je suis muré.
Le secret est beaucoup dans un tel stratagème,
Et vous ne saurez rien que par le succès même.

Inez paraît à son balcon.

SCÈNE VII

LES MÊMES, INEZ, au balcon.

MARINETTE.

Monsieur de ce côté veuillez tourner les yeux :
C'est Inez qui paraît.

VALÈRE.

Je vois s'ouvrir les cieux !

FRONTIN.

Les cieux ! — Une fenêtre à carreaux vert bouteille !

VALÈRE.

L'Aurore resplendit, souriante et vermeille...

FRONTIN.

L'aurore se met donc au balcon ce matin ?

VALÈRE.

Faisant pâlir la rose à l'éclat de son teint !

FRONTIN.

Pardon, monsieur. — Ce style est trop métaphorique.
Et vous perdez le temps en fleurs de rhétorique :
L'occasion est femme, et ne nous attend pas...
Marinette, aux aguets cours te mettre là-bas.
Au pied du mur, je vais faire la courte échelle,
Afin de vous hausser jusques à votre belle.

VALÈRE.

Comment payer...?

FRONTIN.

Plus tard, quand vous serez en fonds?

VALÈRE.

Frontin, ô mon sauveur !

FRONTIN.

Allons, vite, grimpons !
Une ! deux !

VALÈRE, sur le dos de Frontin.

M'y voilà !

FRONTIN.

Tenez-vous au balustre.

VALÈRE, à Inez.

Pour s'élever à vous, il faudrait être illustre,
Inez, être le fils des rois ou des héros.

FRONTIN.

Il suffit d'un Frontin qui vous prête son dos...

VALÈRE.

Je sens tout mon néant et toute ma misère !
Je n'ai rien, je le sais, qui soit fait pour vous plaire
Mais vos yeux, à la fois charmants et meurtriers,
Ont des traits à percer les plus durs boucliers.
Ne vous offensez pas des soupirs qui s'échappent
Du sein des malheureux que, par mégarde, ils frappent ;

8.

Ne vous offensez pas d'un téméraire espoir,
Et ce cœur tout à vous daignez le recevoir !
INEZ.
Le pardon est aisé quand l'offense est si douce !
VALÈRE.
Croyez que mon amour... Diantre ! quelle secousse !
J'ai failli choir !
FRONTIN.
        Monsieur, vous pesez comme un plomb,
Achevez, et, pour Dieu, ne soyez pas si long !
INEZ.
Valère, je vous crois ; Valère, je vous aime,
Je vous l'avoue ici beaucoup trop vite même ;
Mais la gêne où je vis excuse cet aveu,
Qu'une autre moins gardée eût fait attendre un peu.
Ces vieux barbons jaloux, avec toutes leurs grilles,
A ces extrémités forcent d'honnêtes filles !
VALÈRE.
Votre franchise, Inez, augmente mon respect.
MARINETTE.
Garde à vous ! un objet monstrueux et suspect.
S'avance à l'horizon.
FRONTIN.
        Vite, qu'Inez se penche ;
Dressez-vous et baisez le bout de sa main blanche.
MARINETTE.
C'est Géronte !
FRONTIN.
    Abrégeons.
INEZ.
        Adieu, Valère, adieu !
FRONTIN.
Vous autres, maintenant, changeons d'air et de lieu !

Ils sortent.

SCÈNE VIII.

GÉRONTE, seul.

Quel est donc le fossé, quelle est donc la muraille
Où gît, cuvant son vin, cette brave canaille?
O Champagne! es-tu mort? As-tu pris pour cercueil
Un tonneau défoncé de brie ou d'argenteuil?
Modèle des valets, perle des domestiques,
Qui passais en vertu les esclaves antiques,
Que le ciel avait fait uniquement pour moi,
Par qui te remplacer, comment vivre sans toi?
— Parbleu! si j'essayais de me servir moi-même!
Ce serait la façon de trancher le problème.
Je me commanderais et je m'obéirais;
Je m'aurais sous la main, et, quand je me voudrais,
Je n'aurais pas besoin de me pendre aux sonnettes.
Nul ne sait mieux que moi que j'ai des mœurs honnêtes.
Que je me suis toujours conduit loyalement;
Ainsi donc je m'accepte avec empressement.
Ah! messieurs les blondins, si celui-là me trompe,
Vous le pourrez aller crier à son de trompe;
J'empocherai votre or, et me le remettrai:
Vos billets pleins de musc, c'est moi qui les lirai.
D'ailleurs, je prends demain, qu'on me loue ou me blâme
Mademoiselle Inez, ma pupille, pour femme.
Elle me soignera dans mes quintes de toux,
Et, près d'elle couché, je me rirai de vous,
Les Amadis transis, les coureurs de fortune,
Gelant sous le balcon par un beau clair de lune;
Et, quand j'apercevrai mon coquin de neveu,
De deux ou trois seaux d'eau j'arroserai son feu...

SCÈNE IX

GÉRONTE, VALÈRE.

GÉRONTE.

Eh quoi! c'est vous encor?

VALÈRE.

Mon oncle, je l'avoue,
C'est moi.

GÉRONTE.

Vos pieds prendront racine dans la boue;
Au même endroit planté vous restez trop longtemps,
Mon cher, et vous aurez des feuilles au printemps,

VALÈRE.

Je venais pour...

GÉRONTE.

C'est bien ; allez-vous-en!

VALÈRE.

De grâce!

GÉRONTE.

Pas de grâce!

VALÈRE.

Mon oncle! ah! que je vous embrasse!

GÉRONTE.

Non! non! quel embrasseur que monsieur mon neveu!

VALÈRE.

Mon oncle, il faut qu'ici je vous fasse un aveu...

GÉRONTE.

Je refuse l'ouïe à tout aveu!

VALÈRE.

Mon oncle!...

GÉRONTE.

Au beau milieu du nez qu'il me pousse un furoncle,
Si j'écoute jamais rien de ce que tu dis !
Je t'ai déshérité : de plus, je te maudis !...

VALÈRE.

J'aime...

GÉRONTE.

Jeune indécent, quel mot cru sur ma nuque
Vos impudicités font rougir ma perruque !

VALÈRE.

Oui j'aime Inez...

GÉRONTE.

Assez ! Si je vous vois encor
Dans ces lieux... Regardez ce jonc à pomme d'or !

Valère s'éloigne. Entre Frontin, qui échange avec lui un signe
d'intelligence.

VALÈRE.

Mon oncle, vous avez des façons violentes.

GÉRONTE.

Décampe... j'ai les mains de colère tremblantes.

VALÈRE.

Calmez-vous... je m'en vais... maintenant mon destin
Dépend de l'heureux sort des ruses de Frontin.

SCÈNE X

GÉRONTE, FRONTIN.

FRONTIN, à part.

Décidément Géronte est un oncle farouche.
Vieillard dénaturé, puisque rien ne te touche,
Je m'en vais te donner une bonne leçon,

Et te servir tout chaud un plat de ma façon.

Haut et s'avançant.

Monsieur, qu'avez-vous donc? vous avez l'air tout chose!

GÉRONTE.

J'étrangle de colère.

FRONTIN.

Et le pourquoi?

GÉRONTE.

La cause
Qui peut faire passer de l'écarlate au bleu
Un oncle modéré, quelle est-elle?

FRONTIN.

Un neveu.

GÉRONTE.

Sous prétexte qu'il est un peu fils de mon frère,
Ce Valère maudit me damne et m'exaspère.

FRONTIN.

Heureux, trois fois heureux, qui n'a pas de parents!

GÉRONTE.

Sous le balcon d'Inez tous les jours je le prends,
Brassant quelque projet, dressant quelque machine...

FRONTIN.

La tulipe se plaît aux vases de la Chine,
La marguerite aux prés, la violette aux bois,
L'iris au bord des eaux, la giroflée aux toits;
Mais la fleur qui le mieux vient sous une fenêtre,
C'est un amant; Inez l'a remarqué, peut-être.

GÉRONTE.

Je saurai nettoyer et sarcler le terrain...
Mais, Frontin, couvre-toi; tu prendras le serein,
Si tu restes ainsi sans chapeau dans la rue.

FRONTIN.

Si je mets mon chapeau, j'échappe à votre vue,
Je m'éclipse...

GÉRONTE.
Comment ?

FRONTIN.
Je disparais tout vif !

GÉRONTE.
Que me chantes-tu là ?

FRONTIN.
Rien que de positif.
Avec attention examinez ce feutre.

GÉRONTE.
Il est d'un poil douteux et d'une teinte neutre.

FRONTIN.
Dites qu'il est déteint, bossué, crasseux, gras ;
Que le soleil, la pluie et les ans l'ont fait ras ;
J'en conviens. Mais jamais sur la terre où nous sommes,
Depuis les temps anciens que se coiffent les hommes,
Bien qu'il soit déformé, sans ganse et tout roussi,
Il n'exista chapeau pareil à celui-ci !

GÉRONTE.
J'en ai vu d'aussi laids, mais non pas de plus sales !

FRONTIN.
D'où pensez-vous qu'il vienne ?

GÉRONTE.
Eh ! des piliers des halles !

FRONTIN.
Fi donc ! c'est le chapeau de Fortunatus.

GÉRONTE.
Ça ?

FRONTIN.
Ça ! le chapeau qui rend invisible. Il passa
Dans mes mains par un tas de hasards incroyables,
D'événements trop vrais pour être vraisemblables.

GÉRONTE.
Quand on a ce chapeau sur la tête, dis-tu,

Personne ne vous voit?

FRONTIN.

Oui, telle est sa vertu.

GÉRONTE.

J'ai confiance en toi... Mais je ne puis te croire;
Un tel prodige veut une preuve notoire.

FRONTIN.

Vous l'aurez.

GÉRONTE.

Sur-le-champ?

FRONTIN.

Tenez, regardez bien...

GÉRONTE.

Oui... oui...

FRONTIN, passant derrière Géronte, et le tenant par la basque de son habit.

Le tour est fait. — Que voyez-vous? Plus rien.

GÉRONTE.

Où donc est-il passé? C'est incompréhensible!

FRONTIN, même jeu.

Nulle part; je suis là, devant vous, invisible.

GÉRONTE.

Il faut que je te trouve absolument.

FRONTIN, même jeu.

Cherchez, Gros homme!

GÉRONTE.

Je n'ai pas pourtant les yeux bouchés.

FRONTIN, même jeu.

Je le lui donne en cent. Je le tiens par la basque
De son habit! Monsieur, vous courez comme un Basque,
Ménagez-vous.

GÉRONTE.

Prodige étrange à concevoir!

Il est là qui me parle, et je ne puis le voir !
Où donc es-tu, Frontin ? A gauche ?

FRONTIN, même jeu.

Non, à droite.

GÉRONTE.

Par ici ?

FRONTIN, même jeu.

Non, par là. — Va, marche ; je t'emboîte !

GÉRONTE.

Ouf ! je suis tout en nage !

FRONTIN.

Êtes-vous satisfait ?
Êtes-vous convaincu pleinement ?

GÉRONTE.

Tout à fait.

FRONTIN.

Or çà, reparaissons.

Il passe devant Géronte.

GÉRONTE.

Je te vois à merveille.

FRONTIN.

Pardieu !

GÉRONTE.

C'est étonnant ! je ne sais si je veille,
Ou si je dors. — Veux-tu me donner ce chapeau ?

FRONTIN.

Je voudrais bien, monsieur, vous en faire cadeau :
Mais, vraiment, je ne puis... Ce chapeau, c'est mon gîte,
Ma cave, ma cuisine...

GÉRONTE.

Il te sert de marmite !
Je ne suis plus surpris alors qu'il soit si gras !
Fait-il de bon bouillon ?

FRONTIN.

Vous ne comprenez pas.
Quand l'heure du dîner me carillonne au ventre,
J'enfonce mon castor jusqu'au sourcil et j'entre
Chez quelque rôtisseur, invisible pour tous.
Là, parmi les poulets, colorés de tons roux,
J'avise le plus blond, je le prends et le mange,
Les pieds sur les chenets, où nul ne me dérange.
Puis au bouchon voisin, pour arroser mon rôt,
Je sable du meilleur, sans payer mon écot.

GÉRONTE.

C'est merveilleux !

FRONTIN.

J'en use avec la friperie
Comme avec la taverne et la rôtisserie.
Demandez-moi mes yeux, demandez-moi ma peau,
Ma femme, mes enfants, mais non pas mon chapeau.

GÉRONTE.

De ce feutre coiffé, qu'il me serait facile
De savoir ce que font Valère et ma pupille !

FRONTIN.

Pour un tuteur hors d'âge, amoureux et jaloux,
Ce moyen est plus sûr que grilles et verrous,
Avec un tel trésor, plus de ruse possible ;
Devant le criminel vous surgissez, terrible,
Au moment périlleux, sans que l'on sache d'où,
Comme un diable à ressort qui jaillit d'un joujou !

GÉRONTE.

Je te l'achète.

FRONTIN.

Non. — Vous êtes trop avare !
Ce feutre me fait roi de France et de Navarre,
Et vous m'en offririez des prix déshonorants.

GÉRONTE.

Cent écus, est-ce assez ?

FRONTIN.

C'est peu... mais je les prends.

GÉRONTE.

Je voudrais bien, avant de te donner la bourse,
Essayer...

FRONTIN.

Comment donc !

GÉRONTE, à part, mettant le chapeau.

Je vais prendre ma course.
Et j'aurai le chapeau sans qu'il m'en coûte un sou !
Il ne me verra pas.

FRONTIN, à part.

J'ai compris, vieux filou.

Haut.

Ah ! monsieur, c'est très-mal de frustrer un pauvre homme !
Une telle action me renverse et m'assomme ;
C'est affreux... Il ne peut encore être bien loin ;
Afin de le trouver, bâtonnons chaque coin :
Tapons, faisons des bleus sur le dos de l'espace ;
Dans notre moulinet il faudra bien qu'il passe !
Frappons à tout hasard.. Pan ! pan ! pan !... pif ! paf ! pouf !
En long, en large, en haut, en bas, en travers...

GÉRONTE.

Ouf !...
Ah ! la cuisse ! ah ! le bras ! ah ! le dos ! ah ! l'épaule !

FRONTIN.

Je m'escrimerai tant du bout de cette gaule,
Que je l'attraperai. — Si je ne le vois pas,
Je l'entends qui renifle et geint à chaque pas...

A part.

D'un revers de bâton faisons cesser le charme.

Il fait tomber le chapeau.

GÉRONTE, à part.

Je suis tigré, zébré !

FRONTIN.

Çà, déposons notre arme ;
Votre éclipse m'avait vraiment inquiété ;
Je vous cherchais partout. Vous aurais-je heurté ?

GÉRONTE.

Nullement.

FRONTIN.

J'aurais pu vous faire quelque bosse.

GÉRONTE, à part.

Je suis dur. Je paierai quelqu'un pour qu'il te rosse,
Assassin !

FRONTIN, lui présentant le chapeau.

Achevons promptement le marché.
Nous sommes confiants... Quand vous aurez lâché,
Je lâcherai.

GÉRONTE, lui donnant une bourse.

C'est fait.

FRONTIN.

Heureux mortel ! Le monde
Est à vous maintenant, moins cette bourse ronde.

Il l'empoche.

Vous êtes comme l'air ; vous entrez en tout lieu ;
Homme, vous possédez la science d'un dieu !
Rien ne vous est caché, vous lisez dans les âmes,
Et, ce que nul n'a fait, vous connaissez les femmes...
Marinette à propos se dirige vers nous ;
Disparaissez, je vais la confesser sur vous.

Géronte se coiffe du chapeau.

SCÈNE XI

LES MÊMES, MARINETTE.

FRONTIN.

Qu'as-tu donc, mon enfant?

MARINETTE, feignant de ne pas voir Géronte.

Je n'ai rien.

FRONTIN.

Si; ta mine,
Qu'un sourire joyeux d'ordinaire illumine,
Est lugubre, aujourd'hui, comme un enterrement,
On dirait que tu viens de perdre ton amant.

MARINETTE, même jeu.

Pour le perdre, il faudrait l'avoir eu... Je suis sage,
Et n'admets que soupirs tendant au mariage,
Frontin !

GÉRONTE, à part.

Où diable va se nicher la vertu?

FRONTIN.

Mais alors, d'où te vient cet air morne, abattu?

MARINETTE, même jeu.

D'une tout autre cause. A me flatter trop prompte,
J'avais l'espoir de plaire au bon monsieur Géronte,
Et d'entrer, pour tout faire, en service chez lui...
Tu sais le résultat, et j'en ai de l'ennui.

GÉRONTE, même jeu.

Je suis vraiment fâché de ne l'avoir pas prise.

MARINETTE, même jeu.

Maintenant, il est seul. Qui le coiffe et le frise?
Qui lui met sa cravate et lui cherche ses gants!

Moi, j'aurais eu pour lui tous ces soins fatigants,
Et je l'aurais choyé comme une fille un père !

GÉRONTE, même jeu.

Ce que je n'ai pas fait, je puis encor le faire.

MARINETTE.

C'est un homme si doux, si poli, si charmant !

FRONTIN.

Je ne partage pas du tout ton sentiment.
Un vieux...

GÉRONTE, bas à Frontin.

Comment ?

FRONTIN.

Laid, sot...

GÉRONTE, même jeu.

Gredin!

FRONTIN.

Acariâtre...

GÉRONTE, de même.

Bandit !

FRONTIN.

Crasseux !...

GÉRONTE, de même.

Je vais te battre comme un plâtre,
Si...

FRONTIN, bas à Géronte.

C'est pour l'éprouver, monsieur ; tenez-vous coi !
Tu le trouves donc bien ?

MARINETTE.

Il a je ne sais quoi
De franc, d'épanoui, qui me plaît et m'enchante.
Ah ! que de le servir j'aurais été contente !

GÉRONTE, à part.

Quel bon cœur ! Je me sens le coin de l'œil mouillé,

Et par l'émotion j'ai le nez chatouillé.

Il éternue.

MARINETTE.

J'entends éternuer, et je ne vois personne !

GÉRONTE.

C'est moi qui...

MARINETTE.

Mais quelle est cette voix qui résonne ?
Un fantôme, un esprit !...

GÉRONTE.

Eh ! non ; c'est moi.

MARINETTE.

Qui donc ?

GÉRONTE.

Géronte.

MARINETTE.

Et votre corps, où donc est-il ?

FRONTIN, *décoiffant Géronte.*

Pardon !
Monsieur, vous oubliez que pour être visible
Il faut vous décoiffer.

MARINETTE.

Ah ! quelle peur horrible,
Monsieur, vous m'avez faite ?

GÉRONTE.

Allons, rassure-toi ;
Je vais en quatre mots dissiper ton effroi :
Ce chapeau, qu'il suffit d'ôter et de remettre,
Me fait à volonté paraître et disparaître !

MARINETTE, *à part.*

Feignons d'être timide et jouons l'embarras.

GÉRONTE.

La place que tu veux, mon enfant, tu l'auras.

MARINETTE.

Vous étiez là, monsieur? Vous m'avez entendue?...
Le trouble... la pudeur... Ah! je suis confondue!

GÉRONTE.

Ton dévouement pour moi s'est fait connaître ainsi.

FRONTIN.

Pendant que nous voilà, si nous tentions aussi,
Avec ce talisman, une autre expérience,
Pour savoir ce qu'Inez sur votre compte pense?

GÉRONTE.

Pourquoi faire, Frontin? Je ne suis pas aimé!

FRONTIN.

Si, vous l'êtes. Le cœur est un livre fermé;
Il faut qu'il soit ouvert pour qu'on y puisse lire.

MARINETTE.

Voulez-vous qu'une femme aille d'abord vous dire
Les feux dont en secret elle brûle pour vous?

GÉRONTE.

Mais elle m'a vingt fois refusé pour époux!

FRONTIN.

Et vous vous arrêtez à de telles vétilles?
Le véritable sens du non des jeunes filles,
C'est oui!

MARINETTE.

Monsieur, je suis de l'avis de Frontin:
Mademoiselle Inez vous aime, c'est certain.

GÉRONTE.

Prends ma clef, Marinette; ouvre, entre et fais en sorte
Sous un prétexte en l'air, que ma pupille sorte.

Marinette entre dans la maison.

SCÈNE XII

GÉRONTE, FRONTIN.

FRONTIN.
Grâce à votre chapeau, triomphant et vainqueur,
Vous lirez votre nom dans ce cher petit cœur.
GÉRONTE.
Je tremble d'y trouver Valère en toutes lettres !
FRONTIN.
Les femmes n'aiment pas ces frêles petits-maîtres...
Mais les voici... Mettez vite votre chapeau.

SCÈNE XIII

LES MÊMES, INEZ, MARINETTE.

MARINETTE, à Inez.
Faisons deux ou trois tours dehors. Il fait si beau !
INEZ.
Je le veux bien ; je sors si rarement !
MARINETTE.
        Valère
Est peut-être par là.
INEZ.
    Lui ! s'il voulait me plaire,
Il devrait bien cesser ses importunités ;
Il est pour ses soupirs assez d'autres beautés.
MARINETTE.
J'avais jusqu'à présent pensé, mademoiselle,
Que vous récompensiez son feu d'une étincelle.

INEZ.

Je faisais à ses soins un accueil assez doux;
Faut-il se gendarmer et se mettre en courroux,
Pour les efforts que fait à nous être agréable
Un jeune homme galant et de figure aimable?

GÉRONTE, à lui-même.

Certainement.

FRONTIN, bas.

Monsieur, ne criez pas si fort.

INEZ.

Il me plaisait assez.

GÉRONTE, à Frontin.

Soutiens-moi, je suis mort!

INEZ.

Mais, depuis, j'ai bien vu que ses galanteries
N'étaient que faux semblants et pures tromperies.

GÉRONTE, à part.

Je renais!

INEZ.

J'ai compris, en le connaissant mieux,
Que c'était à mon bien qu'il faisait les doux yeux.

FRONTIN, bas à Géronte.

Que vous avais-je dit?

MARINETTE.

Fi! l'âme intéressée!

INEZ.

Et vers un autre amour j'ai tourné ma pensée.
Un homme...

FRONTIN, de même.

Écoutez bien.

GÉRONTE.

J'écoute.

INEZ.

D'âge mûr...

FRONTIN.

C'est vous.

GÉRONTE.

Tais-toi !

INEZ.

Brûlait pour moi d'un feu plus pur.

MARINETTE.

Son nom ?

INEZ.

Je n'ose pas...

GÉRONTE.

Le cramoisi me monte

A la figure !

MARINETTE.

Allons...

GÉRONTE.

Je frissonne.

INEZ.

Géronte !

GÉRONTE.

Je suis au paradis ! aux anges !

FRONTIN.

Est-ce clair ?

Cent écus... Trouvez-vous que mon chapeau soit cher ?

GÉRONTE.

Frontin ! mon seul ami !

FRONTIN, à part.

Je vais dire à mon maître
Que pour jouer son rôle il est temps de paraître.

INEZ.

Géronte, mon tuteur, qui sera mon mari,
Et qui, seul, maintenant règne en mon cœur guéri.

GÉRONTE.

Pauvre petit bouchon, va !

MARINETTE.

    La chose est certaine,
On ne sait pas aimer avant la soixantaine.
Où l'aurait-on appris ? au collége ?

GÉRONTE.

      Bien dit,
Ma fille ! Qui vient là ! C'est Valère ! Ah ! bandit !..

FRONTIN.

Calmez-vous...

GÉRONTE.

   Mais il va parler à ma pupille !

FRONTIN.

Eh bien ?

GÉRONTE.

   Comment ! eh bien ? Tu m'échauffes la bile !

FRONTIN.

Vous parlez en tuteur, et vous êtes l'amant ;
Les rôles sont changés !

SCÈNE XIV

LES MÊMES, VALÈRE.

INEZ.

     Valère, en ce moment,
Ici ?

VALÈRE, feignant de ne pas voir Géronte, pendant toute la scène.

 Rassurez-vous ; je ne suis plus le même ;
Je ne viens pas vous dire, Inez, que je vous aime !
Mon cœur est revenu de ces frivolités.

INEZ.

En me parlant ainsi, monsieur, vous m'enchantez.

VALÈRE.

Je ne veux pas lutter contre un oncle adorable...

INEZ.

Adoré!

FRONTIN, à Géronte.

Vous voyez.

VALÈRE.

Mille fois préférable
A son neveu...

GÉRONTE.

C'est vrai.

VALÈRE.

Qui n'a que ses vingt ans...

MARINETTE.

Mérite qui décroît et passe avec le temps.

GÉRONTE, à Frontin.

Cette fille a du sens.

FRONTIN, à Géronte.

Continuons l'épreuve.

VALÈRE.

Vous épousez Géronte!

INEZ.

Oui.

VALÈRE.

Je sais une veuve,
Belle de deux maisons et de cent mille francs;
Quels yeux à ses appas seraient indifférents?

INEZ.

C'est un fort bon parti : Faites ce mariage.

GÉRONTE.

Le monde va finir; mon neveu devient sage!

VALÈRE.

Cet hymen m'enrichit, et j'en veux profiter,
Comme tout bon neveu le doit, pour acquitter,

Sans y jeter les yeux, les comptes de tutelle
De mon oncle.

GÉRONTE.

C'est grand!

INEZ.

Une femme peut-elle
Abandonner ses biens à l'époux de son choix?

VALÈRE.

Assurément.

INEZ.

Je cède à Géronte mes droits.

GÉRONTE.

Ah! quel beau trait!

FRONTIN.

Fort beau!

INEZ.

Mes deux fermes en Brie,
Mes terres au soleil, tant en bois qu'en prairie,
Mes rentes, ma maison sur le pont Saint-Michel,
Mes nippes, mes bijoux...

GÉRONTE.

Poursuis, ange du ciel!

INEZ.

J'en veux faire présent à Géronte.

VALÈRE.

J'approuve
Le dessein.

GÉRONTE.

Cher neveu!

INEZ.

Si mon tuteur me trouve
Digne d'être sa femme, ayant déjà mon bien,
Alors à mon bonheur il ne manquera rien.

GÉRONTE.

Quelle délicatesse !

INEZ.

Et je serai bien sûre,
Étant pauvre, que c'est par affection pure.

GÉRONTE.

Va, je t'épouserai, sois tranquille.

FRONTIN.

Comment
Reconnaître jamais un pareil dévouement ?

INEZ.

Faut-il faire un écrit ?

VALÈRE.

Pour qu'elle soit exacte,
De la donation on dresse un petit acte.
Chez un notaire avec deux témoins pour signer,
Marinette et Frontin vont nous accompagner.

GÉRONTE.

Si l'on faisait venir le notaire ?

FRONTIN.

Non, certe,
On n'instrumente pas sur une place ouverte.

GÉRONTE.

Au théâtre pourtant cela se fait ainsi.

FRONTIN.

Mais nous ne jouons pas la comédie ici.

Ils sortent.

SCÈNE XV

GÉRONTE, puis CHAMPAGNE.

GÉRONTE.

Frontin avait raison; c'est moi qu'elle préfère :
L'oncle bat le neveu! Géronte bat Valère!
Ils me donnent leurs biens! Grâce à ce vieux chapeau,
Le monde m'apparaît sous un jour tout nouveau!

CHAMPAGNE, ivre et chantant.

Quand sous la treille,
Une bouteille,
Blonde ou vermeille,
M'a fait asseoir,
Ma foi, j'ignore
Si c'est l'aurore
Qui la colore
Ou bien le soir.

GÉRONTE, mettant son chapeau.

Il est comme une grive au temps de la vendange.
Très-soûl.

CHAMPAGNE.

Bonjour, monsieur.

GÉRONTE.

Hein! Bonjour! C'est étrange!
Faquin, tu me vois donc?

CHAMPAGNE.

Pardieu, si je vous vois!

GÉRONTE.

Pourtant, je suis couvert.

CHAMPAGNE.

Je vous verrai deux fois

Plutôt qu'une, ayant bu; tout homme ivre voit double,
C'est un fait avéré.

GÉRONTE.

Ce qu'il a dit me trouble.

CHAMPAGNE.

Dieu n'a fait qu'un soleil, et le vin en fait deux...
Heuh!

GÉRONTE.

Je ne me suis pas assez méfié d'eux!
Tu ne peux pas me voir, car je suis invisible,
En vertu d'un chapeau magique.

CHAMPAGNE.

C'est possible,
Mais voici votre dos...

Il lui donne un coup.

Ai-je bien attrapé?

GÉRONTE.

Très-bien.

CHAMPAGNE.

Votre gros ventre...

GÉRONTE.

Oh!

CHAMPAGNE.

Me suis-je trompé?

GÉRONTE.

Non pas.

CHAMPAGNE.

Ce coup de pied, ce n'est pas votre tête
Qui le reçoit?

GÉRONTE.

Oh! non! Grands dieux! ai-je été bête!
Je suis dupé, volé, joué comme un enfant!

CHAMPAGNE, à part.

Qu'a-t-il donc à pousser des soupirs d'éléphant?

GÉRONTE.

On m'a pris cent écus ! on m'a pris ma pupille !
A l'assassin ! au feu !

SCÈNE XVI

LES MÊMES, FRONTIN.

FRONTIN.

Quel vacarme inutile !
Ils ne sont pas perdus ! Tiens, Champagne ! A propos,
Devant un homme gris il fallait deux chapeaux ;
J'aurais dû vous le dire. Il vous a vu, sans doute ?

GÉRONTE.

Puisse le ciel, croulant, t'écraser sous sa voûte !
Filou, galérien, faussaire, empoisonneur !

FRONTIN.

Que de titres, monsieur, vous me faites honneur !
Inez revient avec Valère et Marinette.
Tenez !

SCÈNE XVII

LES MÊMES, INEZ, VALÈRE, MARINETTE.

GÉRONTE.

D'où sortez-vous ?

MARINETTE.

D'un endroit fort honnête.

VALÈRE.

Nous avons fait dresser, chez le tabellion,
Un acte en bonne forme.

GÉRONTE.

Oui, la donation.

VALÈRE.

Non pas! mais un contrat...

GÉRONTE.

Comment!...

VALÈRE.

De mariage,
Entre Madame et moi!

GÉRONTE.

J'éclaterai de rage!

VALÈRE.

Nous avons réfléchi que l'amour et l'hymen
Peuvent marcher ensemble en se donnant la main.

GÉRONTE.

C'était moi qu'elle aimait.

MARINETTE.

Femme souvent varie,
A dit un roi de France, et bien fou qui s'y fie!

FRONTIN.

Faites le mouvement de bénir les époux.

GÉRONTE.

Si tu railles encor, je t'éreinte de coups!

MARINETTE.

Valère est si gentil!

GÉRONTE.

Gourgandine! carogne!

CHAMPAGNE.

Monsieur, reprenez-moi.

GÉRONTE.

Que me veut cet ivrogne?
Des calottes? J'en ai !

11 le soufflette.

CHAMPAGNE.

Ma place ou mon argent !

GÉRONTE.

Je t'ai ramassé nu comme un petit saint Jean,
Et t'ai payé fort mal des gages très-minimes.
Comment as-tu gagné cet argent ? Par quels crimes ?

CHAMPAGNE.

Monsieur, c'était du temps que vous étiez... cocu...

GÉRONTE.

Je te reprends !

CHAMPAGNE.

Oh ! si Madame avait vécu !

GÉRONTE.

Tais-toi.

MARINETTE.

Ne soyez pas un oncle coriace !
A ce couple charmant, de bon cœur, faites grâce !

GÉRONTE.

Jamais !

INEZ.

Mon cher tuteur, nous vous aimerons bien.

GÉRONTE.

Point.

FRONTIN.

En faveur du but, oubliez le moyen.

VALÈRE.

Mon oncle !

GÉRONTE.

Mon neveu, vous êtes un fier drôle :
Mais je suis un Géronte, il faut jouer mon rôle...
Je pardonne !

TOUS.

Merci.

FRONTIN.

AU PUBLIC

Fais ton rôle à ton tour,
Public, pardonne-nous... sois oncle... pour un jour,
Accorde tes bravos à cette comédie ;
En tout temps et partout elle fut applaudie :
C'est l'oncle et le valet, la pupille et l'amant ;
Le sujet qui fera rire éternellement !
Oiseaux de gai babil et de brillant plumage,
Nous différons des geais et des merles en cage.
Les auteurs font pour nous de la prose et des vers ;
Mais sans être sifflés nous apprenons nos airs.
Bien que nous n'ayons point pris le nom de Molière,
Ne va pas nous traiter de façon cavalière :
Tu nous connais déjà, nous sommes vieux amis,
Et tu peux nous claquer sans être compromis.

FIN DU TRICORNE ENCHANTÉ.

PIERROT POSTHUME

ARLEQUINADE EN UN ACTE ET EN VERS

(En collaboration avec M. Paul Siraudin)

Représentée pour la première fois sur le théâtre du Vaudeville le 4 octobre 1847, reprise sur le même théâtre le 30 août 1864.

PERSONNAGES :

	184	186
ARLEQUIN.	MM. Tétard.	MM. Grivot.
PIERROT.	Bache.	Saint-Germain.
LE DOCTEUR.	Amant.	Ricquier.
COLOMBINE.	Mme Doche.	Mlle Bianca.

Le théâtre représente une rue. — Au fond, en face du public, la maison d'Arlequin ; à droite, celle du docteur ; à gauche, celle de Colombine.

SCÈNE PREMIÈRE

ARLEQUIN, COLOMBINE.

ARLEQUIN.

Colombine, un mot !

COLOMBINE.

Non !

ARLEQUIN.

Demeurez.

COLOMBINE.

Point.

ARLEQUIN.

De grâce !
J'ai là certain cadeau qu'il faut que je vous fasse.

COLOMBINE.

Un cadeau ? Je m'arrête. Est-ce une chaîne d'or ?
Une bague ? une montre ? Y suis-je ?

ARLEQUIN.

Pas encor.

COLOMBINE.

Une pièce bien lourde en bonne argenterie ?
Un nœud de diamants ?

ARLEQUIN.

Fi ! ma galanterie
Ne s'en va pas donner dans ces luxes grossiers,
Bon pour les parvenus et pour les financiers ;
Je me garderais bien d'humilier les femmes
Par l'insultant excès de ces présents infâmes ;
Car dans tous les pays, chez les plus gens de goût,
On dit qu'en ces régals c'est le choix qui fait tout.

COLOMBINE.

Vous me faites languir ; dépêchez, voyons, qu'est-ce ?

ARLEQUIN.

Regardez, s'il vous plaît, cette petite caisse.

COLOMBINE.

Cette caisse ?

ARLEQUIN.

Oui.

COLOMBINE.

Grands dieux ! que vois-je ? une souris,
Certes, le don est rare et d'un merveilleux prix !

ARLEQUIN.

Très-rare ; une souris plus blanche qu'une hermine,

Gaie, alerte, l'œil vif comme une Colombine :
La femme est une chatte et sa griffe nous tient ;
Une souris est donc un présent qui convient.
COLOMBINE.
Un écrin me plaît mieux que trente souricières ;
Je vous en avertis, ce sont là des manières
A ne réussir point près des cœurs délicats,
Et vous vous brouillerez avec messieurs les chats.
ARLEQUIN.
Cette pauvre souris, tournant dans cette boîte,
Représente mon âme allant à gauche, à droite,
S'agitant sans repos dans la captivité
Où depuis si longtemps la tient votre beauté ;
C'est mon cœur, prenez-le, Colombine fantasque,
Car je pâlis d'amour sous le noir de mon masque,
Je maigris, desséché par le feu des désirs,
Et les moulins à vents tournent à mes soupirs.
COLOMBINE.
Arlequin, quoi ! c'est vous qui tenez ce langage ?
A ma pudicité cessez de faire outrage !
Renfoncez vos soupirs, n'ajoutez pas un mot,
Et respectez en moi la femme de Pierrot !
ARLEQUIN.
Mais Pierrot, délaissant les rives de la Seine,
Dont l'habitation lui devenait malsaine,
A fait rencontre, en mer, de pirates d'Alger,
Et vu d'un nœud coulant son destin s'abréger.
Ne pouvant pas payer de rançon aux corsaires,
Il trouva la potence en fuyant les galères.
COLOMBINE.
En ce bas monde, hélas ! nul n'évite son sort !
ARLEQUIN.
Donc je puis vous aimer ; car la femme d'un mort
En tout pays du monde a qualité de veuve.

COLOMBINE.

Du trépas de Pierrot nous n'avons pas la preuve;
S'il allait reparaître, ainsi qu'un chien perdu !
S'il n'avait pas été suffisamment pendu !

ARLEQUIN.

Bah ! rien n'est plus certain : son extrait mortuaire,
Sur le premier feuillet de tout dictionnaire,
Se voit lisiblement écrit ou parafé,
Au-dessous d'un pierrot au gibet agrafé.

COLOMBINE.

Ce sont titres fort bons qu'on ne saurait produire
Quand devant le notaire il me faudra conduire ;
Car je pense, Arlequin, pour l'honneur de vos vœux,
Qu'ils tendent à serrer le plus sacré des nœuds.
Par un certificat, en forme légitime,
Démontrez-moi qu'on peut les accueillir sans crime,
Je vous accorderai très-volontiers ma main,
Mais, jusque-là, néant !... je passe mon chemin.

SCÈNE II

ARLEQUIN, seul.

Quoi ! vous fuyez, méchante, avec cet air si tendre !
Et la souris, hélas ! vous partez sans la prendre !
Ah ! les femmes !... pourquoi faut-il que nous soyons
Toujours acoquinés après leurs cotillons !
Tout irait mieux, si Dieu ne t'avait fait d'un geste
Sortir du flanc d'Adam, côtelette funeste !

Il met la souricière à terre, près de la maison de Colombine.

Cette preuve, où l'avoir ?... Je ne puis, comme un sot,
Aller chez ces païens m'enquérir de Pierrot.
Des registres civils aux États barbaresques !

L'imagination, certe, est des plus grotesques!
Je souffre, et je voudrais voir mon destin fini,
D'un excès de polente ou de macaroni.
Mais qui vient? le docteur....

SCÈNE III

ARLEQUIN, LE DOCTEUR.

ARLEQUIN.

Docteur, je suis malade!...

LE DOCTEUR.

Qu'avez-vous!... Trouvez-vous le vin amer ou fade?

ARLEQUIN.

Je le trouve excellent!

LE DOCTEUR.

Et le rôti!

ARLEQUIN.

Fort bon!

LE DOCTEUR.

Que vous dirait le cœur en face d'un jambon?

ARLEQUIN.

Il me dirait, je crois, d'en couper une tranche.

LE DOCTEUR.

Montrez-moi votre langue... Elle est rouge et non blanche.
Tout ce diagnostic démontre que le mal,
A ne pas en douter, est purement moral.

ARLEQUIN.

Votre sagacité pénètre au fond des choses
Et va donner du nez droit dans le pot aux roses :
Oui, mon mal est moral, immoral bien plutôt;
Car je suis amoureux de madame Pierrot!

LE DOCTEUR.

De cette affection je connais le remède,
Tarissez ce flacon, qu'à prix d'or je vous cède,
Pour elle votre amour se trouvera guéri
Comme si vous fussiez devenu son mari.

ARLEQUIN.

Je n'en crois pas un mot; cette liqueur vermeille
Qui rit dans le cristal à travers la bouteille,
Qu'est-ce ?

LE DOCTEUR.

C'est l'élixir de longue vie.

ARLEQUIN.

Eh bien,
Puisque je veux mourir, cela ne me vaut rien.

LE DOCTEUR.

Bon ! tuez-vous d'abord, et dites qu'on infiltre,
Vous mort, entre vos dents, trois gouttes de mon philtre,
Plus dispos que jamais vous ressusciterez;
En revenant au jour quel effet vous ferez !
Par ce trépas galant Colombine attendrie
Vous tend sa blanche main, avec vous se marie,
Et vous avez bientôt, heureux et triomphants,
Comme aux contes de fée, une masse d'enfants !

ARLEQUIN.

Grand merci ! si la drogue allait être éventée ?
Mais, docteur, dites-moi, par qui fut inventée
Cette rare liqueur, dont les philtres si forts
Conservent les vivants, rendent la vie aux morts ?

LE DOCTEUR.

Chez nous, de père en fils, on en sait la recette;
Et depuis cinq cents ans nous la tenons secrète.

ARLEQUIN.

Vos grands parents alors ont dû vivre bien vieux ?
Sans doute vous avez encor tous vos aïeux ?

LE DOCTEUR.

Nous ne pourrions jamais hériter de la sorte !
Et, comme de la vie il faut que chacun sorte,
Pour n'être pas contraints de nous assommer tous,
C'est chose convenue et réglée entre nous :
Aux vieillards, à cent ans, l'élixir se retranche,
Et, comme des fruits mûrs, ils tombent de la branche.

ARLEQUIN.

C'est très-joli...

LE DOCTEUR.

Prenez mon flacon...

ARLEQUIN.

Non vraiment !
Je préfère mourir en véritable amant,
Et je cours me tuer, au seuil de Colombine,
D'un coup de coutelas ou bien de carabine.

LE DOCTEUR.

Et moi, je vais ailleurs chercher quelque nigaud
Qui veuille pour ma fiole échanger son magot.

Le docteur rentre chez lui, Arlequin sort par la gauche. A ce moment, Pierrot paraît au fond du théâtre.

SCÈNE IV

PIERROT, seul.

Mouillez-vous, ô mes yeux ! et toi, lèvre attendrie,
Baise, sur le pavé, le sol de la patrie !
Aspirez, mes poumons, l'air du natal ruisseau !
Bonjour, Paris !... Salut, rue où fut mon berceau !...
Le cabaret encor rit et jase à son angle :
A ce cher souvenir l'émotion m'étrangle ;
Mon nez qui se dilate aspire avec douceur

Les parfums que répand l'étal du rôtisseur ;
Rien n'est changé... Voici la maison de ma femme,
Pauvre femme !... J'ai dû faire un vide en son âme !
Il le fallait ; j'ai fui... Je ne sais pas pourquoi
La justice s'était prise d'un goût pour moi ;
Elle s'inquiétait de mes chants à la lune,
De mes moyens de vivre et de chercher fortune ;
Pour lui faire sentir son indiscrétion,
Je rompis, un beau jour, la conversation ;
Et j'allai, n'aimant pas qu'en route on m'accompagne,
Errer incognito sur les côtes d'Espagne,
Où je fis connaissance avec d'honnêtes gens,
Très-peu questionneurs et très-intelligents.
Nous menions, sur la mer, une charmante vie,
Quand notre barque fut aperçue et suivie
Par un corsaire turc plus fin voilier que nous.
Mes braves compagnons se firent hacher tous !
Comme il faisait très-chaud, moi, de crainte du hâle,
J'étais allé chercher de l'ombre à fond de cale ;
Mais bientôt, de mon coin brutalement extrait,
Je sentis à mon col un nœud qui le serrait.
Ma pose horizontale en perpendiculaire
Se changea. J'aperçus, dans l'onde bleue et claire,
Un reflet s'agiter et s'allonger en *i*,
Je fis un entrechat, et couac... tout fut fini !
Quel moment !... Mais le ciel dans sa miséricorde,
Voulut que l'on coupât un peu trop tôt la corde,
Je tombai dans la mer, et, des vagues poussé,
Par des pêcheurs je fus, près du bord, ramassé.
C'est jouer de bonheur ! Pourtant cette aventure
Me donne, dans le monde, une étrange posture ;
Et c'est une apostrophe à rester confondu,
Si quelqu'un me disait : Voyez Pierrot pendu !

SCÈNE V

PIERROT, ARLEQUIN.

ARLEQUIN, qui est entré sur le dernier vers de Pierrot.
Hein!... que dites-vous?...

PIERROT.
Quoi?...

ARLEQUIN.
Vous parliez, ce me semble,
De Pierrot?

PIERROT.
J'en parlais...

ARLEQUIN, à part.
D'émotion, je tremble!...

Haut.
Vous le connaissez donc?...

PIERROT, à part.
C'est d'un bête inouï;
Il me demande à moi si je me connais?

Haut.
Oui!...
Intimement, monsieur.

ARLEQUIN.
Bien; vous savez sans doute
Qu'il voyagea beaucoup et se fit pendre en route?

PIERROT.
Il fut pendu, c'est vrai!...

ARLEQUIN.
Cela me charme fort!

PIERROT.
Monsieur...

ARLEQUIN.

S'il fut pendu, j'en conclus qu'il est mort.

PIERROT.

Vous croyez?...

ARLEQUIN.

Quel bonheur!... Il faut que j'exécute,
Pour son *De profundis,* ma plus belle culbute!

PIERROT, à part.

Ce qu'il dit m'a troublé.

Haut.

Monsieur, modérez-vous!

ARLEQUIN.

Laissez-moi me livrer aux transports les plus fous!...
Pierrot est mort!... vivat!...

PIERROT, à part.

Quel air de certitude!
En mon esprit je sens naître une inquiétude;
J'ai le droit d'être mort, si je n'en use pas;
Plusieurs sont enterrés pour de moindres trépas.

ARLEQUIN.

Du décès de Pierrot vous rendrez témoignage.

PIERROT.

Mais...

ARLEQUIN.

Répondez...

PIERROT.

Pardon, cette démarche engage;
J'ai besoin d'y songer, et je ne voudrais point
Sur ce grave sujet faire erreur d'un seul point.

ARLEQUIN.

Si vous l'avez vu pendre, il ne faut d'autre preuve;
Ah! prenez en pitié les ennuis de sa veuve!

PIERROT.

Vous me fendez le cœur! J'espère qu'il est mort...

Et s'il ne l'était pas, certe il aurait bien tort;
Mais je veux consulter un homme de science
Pour savoir...

ARLEQUIN.

Le docteur est plein d'expérience;
Il demeure ici près... là...

Il désigne la maison de droite.

PIERROT.

J'y vais de ce pas.

ARLEQUIN.

Puis-je compter sur vous ?

PIERROT.

Oh! oui... n'y comptez pas.

Il entre chez le docteur.

SCÈNE VI

ARLEQUIN, seul.

Ciel ! que je suis heureux ! Courons vers Colombine...
Ne courons pas...Pensons. Avoir joyeuse mine,
Moi, son futur époux, au lieu d'un air marri,
En venant lui conter la mort de son mari,
Ce serait lui donner un exemple funeste;
Un trépas conjugal est chose grave. Peste !
Elle pourrait en prendre à mon intention
Trop de facilité de consolation.
Donc, revêtant l'aspect congruant à la chose,
Pleurons Pierrot défunt par l'œil et par la pose.

Il sort par le fond.

SCÈNE VII

PIERROT, sortant de la maison du docteur.

Je suis mort!... Arlequin disait la vérité.
La pendaison n'est pas bonne pour la santé;
Je m'explique à présent pourquoi j'ai le teint blême.
Pauvre Pierrot, allons, conduis ton deuil toi-même.
Mets un crêpe à ton bras, arrose-toi de pleurs,
Prononce le discours, et jette-toi des fleurs;
Orne ton monument d'un *ci-gît* autographe,
Et, poëte posthume, écris ton épitaphe,
Qu'y mettrai-je?... voyons... « Ici dort étendu... »
Non... ce mot fait venir la rime de pendu...
Couché vaut mieux... « Pierrot... il ne fit rien qui vaille
Et vécut sans remords en parfaite canaille! »
C'est plus original que bon fils, bon époux,
Bon père, *et cætera*, comme les morts sont tous.
Fais ta nécrologie et l'envoie aux gazettes.
Ces choses sont toujours par soi-même mieux faites.
Quel ami je m'enlève, et quel bon compagnon,
Content de mon bonheur, triste de mon guignon!
Comme je me regrette, et comme je me manque!
La douleur me pâlit, la tristesse m'efflanque,
En songeant qu'allongé dans le fond d'un trou noir,
Je ne jouirai plus du bonheur de me voir.
Quel coup! moi qui m'étais si dévoué, si tendre,
Si plein d'attentions, si prompt à me comprendre!
Aussi, reconnaissant de mes bontés pour moi,
Je me ferai le chien de mon propre convoi;
Et j'irai, me couchant sur ma tombe déserte,
Mourir une autre fois du chagrin de ma perte.

SCÈNE VIII

PIERROT, LE DOCTEUR.

LE DOCTEUR.
Vous êtes encor là ?

PIERROT.
Mais à ce qu'il paraît.

LE DOCTEUR.
Vous sembliez tantôt prendre un vif intérêt
A l'ami pour lequel vous consultiez...

PIERROT.
Sans doute :
Avec ses dents j'ai fait sauter plus d'une croûte.
Et le vin que je bois passe à travers son cou ;
Comme vous l'avez dit, il me touche beaucoup.

LE DOCTEUR.
C'était vous, cet ami !

PIERROT.
Je n'en eus jamais d'autre.

LE DOCTEUR.
Pauvre monsieur Pierrot, quel malheur est le vôtre !
Je vous plains ; être mort de la sorte, c'est dur.

PIERROT.
De mon trépas, docteur, vous êtes donc bien sûr ?

LE DOCTEUR, à part.
Est-il bête !

Haut.
J'en ai la triste certitude.
J'ai de semblables cas fait une longue étude,
Et les pendus jamais n'ont bien longtemps vécu.

Mais, pour que vous soyez pleinement convaincu,
Je vais vous disséquer...

PIERROT.

Non, non...

LE DOCTEUR.

Afin qu'on voie
La aléthore du cœur, l'engorgement du foie,
La dislocation des muscles cervicaux,
Et la congestion des lobes cérébraux.

PIERROT.

Je veux bien être mort, mais pas d'anatomie !

LE DOCTEUR.

Comment expliquez-vous cette face blémie !
Ce nez cadavérique et cet œil sépulcral ?
Vous êtes un vrai spectre !

PIERROT.

Ah ! je me sens plus mal.

LE DOCTEUR.

La strangulation pousse à l'apoplexie,
Et de l'apoplexie à la catalepsie
Il n'est qu'un pas.

PIERROT.

Cessez ce discours inhumain.

LE DOCTEUR.

De la catalepsie à la mort, le chemin
Est plus court. Ce chemin, vous l'avez fait, jeune homme.

PIERROT.

Grands dieux ! soutenez-moi, je tombe.

LE DOCTEUR.

Autre symptôme !
Les morts sentent mauvais... Vous ne sentez pas bon.

PIERROT. Il sent son bras.

C'est vrai, je m'empoisonne.

LE DOCTEUR, à part.

On n'est pas plus oison!

PIERROT.

A cet affreux état savez-vous un remède?

LE DOCTEUR.

Peut-être; la nature opère quand on l'aide,
Des miracles...

PIERROT.

Eh bien, qu'elle en fasse un pour moi!

LE DOCTEUR.

Les miracles sont chers et veulent de la foi.

PIERROT.

J'ai la foi.

LE DOCTEUR.

Mais l'argent?

PIERROT.

A travers mes désastres.
Dans ma ceinture en cuir j'ai sauvé quelques piastres.

LE DOCTEUR.

Montrez.

PIERROT.

Voilà.

LE DOCTEUR.

C'est peu... Donner mon élixir,
Que ne pourraient payer les trésors d'un vizir,
Mon élixir divin, pour une ou deux poignées
De monnaie exotique et de piastres rognées,
C'est un marché de dupe...

PIERROT.

Hélas! J'ai bien encor
Dans mon bouton, cousue, une pistole d'or

LE DOCTEUR.

Bon! gracieusement déployez la pistole
D'une main, et de l'autre empoignez cette fiole.

C'est la vie en bouteille, et, quand vous la boirez,
Fussiez-vous plein de vers, vous ressusciterez.

Il sort.

SCÈNE IX

PIERROT, il débouche la bouteille et flaire.

Pouah! l'immortalité n'a pas l'odeur suave;
J'aimerais mieux du vin d'Alicante ou de Grave.
Mais que vois-je? ma femme en petit casaquin,
Qui sautille pendue au bras de l'Arlequin!
Cachons-nous...

SCÈNE X

PIERROT, à l'écart; ARLEQUIN, COLOMBINE.

ARLEQUIN.

Mon infante, enfin vous êtes veuve?

COLOMBINE.

Un deuil! moi qui voulais mettre ma robe neuve
En satin bleu de ciel à paillettes d'argent!
Que je suis malheureuse!

Elle pleure.
Hi! hi!

PIERROT, à part.

C'est affligeant.

ARLEQUIN.

Mais cependant ce deuil vous fait libre, madame.

COLOMBINE.

C'est vrai. D'ailleurs le noir sied aux blondes...

PIERROT, à part.

Quelle âme !
Quel cœur !

COLOMBINE.

Et vous avez la preuve de sa mort ?

ARLEQUIN.

Je l'ai.

COLOMBINE.

Pauvre Pierrot, hi ! hi ! Je l'aimais fort !

PIERROT, à part.

Tais-toi ; tu m'attendris.

COLOMBINE.

Il avait la peau blanche.
La taille fine...

PIERROT, à part.

Bien !

COLOMBINE.

L'humeur joyeuse et franche,
L'œil pétillant.

PIERROT, à part.

Très-bien ! Qui jamais aurait cru,
Moi mort, que mes beautés eussent ainsi paru !

ARLEQUIN.

La douleur vous égare : il était maigre, blême,
Gai comme un fossoyeur qui s'enterre lui-même ;
Et, quant à cet œil vif qui vous semble si beau,
Dans sa face de plâtre on eût dit un pruneau !

PIERROT, à part.

Drôle !

COLOMBINE.

Au fait, il avait le regard noir et louche,
Et certain tic nerveux dans le coin de la bouche...

PIERROT, à part.

Tu quoque, Brute !

ARLEQUIN.

L'âme était digne du corps !
Il ne valait pas mieux au dedans qu'au dehors :
C'était un paresseux.

COLOMBINE.

Un gourmand.

ARLEQUIN.

Un ivrogne.

COLOMBINE.

Un poltron.

ARLEQUIN.

Un voleur.

COLOMBINE.

Un hâbleur sans vergogne.

ARLEQUIN.

Un fort piètre sujet.

COLOMBINE.

Pitoyable.

PIERROT, à part.

Parbleu !
J'ai bien fait de mourir, puisque je vaux si peu !

ARLEQUIN.

Mais laissons de côté cette triste mémoire.
Dites-moi, m'aimez-vous, malgré ma face noire ?

COLOMBINE.

Cela me changera, mon défunt était blanc ;
Foin d'un nouvel époux à l'ancien ressemblant !

PIERROT, à part.

Coquine !

ARLEQUIN.

Je puis donc sans qu'elle me repousse
A mes lèvres porter ta main fluette et douce ?

COLOMBINE.

Portez.

PIERROT, à part.

Hai !

ARLEQUIN.

Sans frayeur tu verras mon museau
Mettre un baiser d'ébène aux roses de ta peau ?...

COLOMBINE.

Je suis brave, essayez...

Pendant le couplet qui suit, Arlequin caresse Colombine.

PIERROT, à part.

Ah ! la chienne ! ah ! l'infâme !
Mais que dis-je ? Moi mort, elle n'est plus ma femme ;
Elle est veuve. J'allais faire un coup maladroit :
D'embrasser Arlequin, certe, elle a bien le droit ;
Comme ils s'aiment ! J'ai là dans ce flacon la vie.
Si je le débouchais ! Non, chassons cette envie ;
Un mari n'est trompé que lorsqu'il est vivant.
La scène chauffe fort, je cours risque en buvant
De me ressusciter précisément pour être...
Restons mort, c'est plus sûr... sauf plus tard à renaître.

COLOMBINE.

Calmez-vous, Arlequin.

ARLEQUIN.

Non, encore un baiser !

COLOMBINE.

Point.

ARLEQUIN.

Si fait, rien qu'un seul !

COLOMBINE.

Voulez-vous me laisser ?

ARLEQUIN.

Non..

PIERROT, à part.

Arlequin va bien ; je suis content en somme,
Et j'ai pour successeur au moins un galant homme.

COLOMBINE.

Courez chez le notaire afin de le prier
De dresser le contrat et de nous marier;
Ce sera de vos feux la plus croyable preuve.

Arlequin sort.

SCÈNE XI

COLOMBINE, seule.

Comment m'habillerai-je ? En blanc ? Non, je suis veuve.
De le faire pourtant j'aurais presque le droit,
Car Pierrot, mon défunt, fut un mari bien froid.
En rose ? c'est trop vif ; en bleu clair ? c'est trop tendre ;
Lilas réunit tout, c'est lilas qu'il faut prendre.

Elle va pour sortir ; en se retournant, elle rencontre Pierrot.
En croirai-je mes yeux ? Ciel ! Pierrot ! mon époux !

SCÈNE XII

COLOMBINE, PIERROT.

PIERROT.
Non je ne le suis plus... J'ai tout vu.
COLOMBINE.
Vieux jaloux !
PIERROT.
Moi, jaloux ?... Insensible aux plaisirs comme aux peines,
Je ne puis plus souffrir des passions humaines.
Je suis mon spectre.
COLOMBINE.
Ah bah !

PIERROT.
J'apparais, je reviens,
Pur esprit dégagé des terrestres liens,
Et tout tranquillement, devant qu'il fasse sombre,
Au soleil de midi je réchauffe mon ombre.
COLOMBINE.
Je t'avais vu, Pierrot, et j'ai voulu, par jeu
Au moyen d'Arlequin te tourmenter un peu.
PIERROT.
Qui, moi, m'inquiéter de ces billevesées?
Dans l'autre monde on a de plus graves pensées!
COLOMBINE.
Je t'aime.
PIERROT.
Je suis mort.
COLOMBINE.
Allons donc!
PIERROT.
J'ai vécu.
COLOMBINE.
Embrasse-moi.
PIERROT.
Fi donc! Faire Arlequin cocu?
C'est votre époux! j'irais commettre un adultère,
Et, funèbre galant sorti de dessous terre,
Faire, en flagrant délit de conversation
Criminelle, surprendre une apparition?
Non, je suis trop moral.
COLOMBINE.
Quelle étrange folie
Laisse-toi caresser.
Pierrot fait un geste de dénégation.
Ne suis-je plus jolie,
Que ta petite femme, hélas! ne te plaît plus?

PIERROT.

Si fait, mais mon état rend tes soins superflus.

COLOMBINE.

En Espagne, sans doute, une brune coquine
Retient ta fantaisie aux plis de sa basquine,
Ou bien quelque Moresque aux yeux de noir cernés
A suspendu ton cœur à l'anneau de son nez,
Et tu reviens ici, sec, n'ayant plus que l'âme,
Jouer le rôle d'ombre et de mort pour ta femme.

PIERROT.

Je suis sec, mais vit-on jamais squelette gras ?

COLOMBINE.

Sans rancune, cher mort, mais tu me le paîras !
Elle sort.

SCÈNE XIII

PIERROT, puis ARLEQUIN.

PIERROT, seul.

Que je suis satisfait, en ce conflit néfaste,
Légitime Joseph, d'être demeuré chaste !
En laissant mon manteau je me suis en allé.
Honneur à moi !... Pourtant j'étais ému, troublé ;
J'ai senti, pour un mort, un mouvement étrange ;
Mais c'est que la diablesse est faite comme un ange !
Quel sourire câlin ! quel petit air mignon !
Oui, je fus un grand sot de lui répondre : Non !

ARLEQUIN, entrant, à part.

La Colombine vient, en sortant, de me dire
Que c'était son mari, cette face de cire,
Ce Pierrot dépendu qu'on devrait pendre encor !

PIERROT.
Mais j'y songe, j'ai là dans ma poche un trésor.
Ce flacon... l'élixir de longue vie.

ARLEQUIN, à part.
Ah! diantre!

PIERROT.
Et je vais m'en fourrer deux bons coups dans le ventre.
De trois cents ans chacun.

ARLEQUIN, à part.
Tâchons de l'empêcher.

PIERROT.
Cette fiole n'est pas aisée à déboucher.

ARLEQUIN.
Ma ruine dépend de cette réussite!
Hélas! Arlequin meurt si Pierrot ressuscite!
Trouvons quelque moyen qui ne soit pas commun
Pour l'aborder. Hum! hum!

PIERROT, se retournant.
J'entends tousser quelqu'un.

ARLEQUIN.
Bonjour, seigneur Pierrot.

PIERROT.
Cachons bien la bouteille.

ARLEQUIN, à part.
Le flacon sort son col de sa poche; à merveille!
Haut.
Et comment menons-nous cette chère santé?

PIERROT.
Mais, pour un trépassé, pas mal en vérité.

ARLEQUIN.
Vous avez l'air gaillard.

PIERROT.
Oui. Pourtant, tout à l'heure,
J'espère bien jouir d'une santé meilleure.

Avec l'eau du docteur je veux faire un essai ;
Arlequin, vous aimez ma femme ?

ARLEQUIN.

Oh !...

PIERROT.

Je le sai...
Ne vous défendez pas, mon cher... Elle est charmante !...
Arlequin, jurez-moi d'épouser votre amante ;
Si l'élixir n'a pas l'effet que j'en attends,
Mes mânes sur ma tombe erreront plus contents.

ARLEQUIN.

Oui, je l'épouserai.

PIERROT.

Jurez-le sur mes cendres !
Pour elle ayez toujours les égards les plus tendres !
Ne la battez jamais... que quand vous serez gris...

Arlequin, pendant ce discours, tire le flacon de la poche de Pierrot, boit l'élixir et met à la place la souris qui est dans la boîte, au seuil de la maison de Colombine.

ARLEQUIN, à part.

Le tour est fait, et toi, ma petite souris,
Changeant de possesseur comme de souricière,
Au lieu de l'élixir, coule-toi dans ce verre.

PIERROT.

Ne m'abandonne pas à l'instant solennel !
En buvant je remeurs ou deviens éternel !
Salut, ou bien adieu, ciel à la voûte bleue !

Il boit.

Quel prodige !... le baume avait donc une queue !...
Je la sens frétiller dans ma bouche !...

ARLEQUIN.

Pierrot,
Lorsque vous avalez vous vous dépêchez trop...
Vous venez d'opérer...

PIERROT.
Je frémis d'épouvante!...
ARLEQUIN.
L'ingurgitation d'une souris vivante!...
PIERROT.
Je la sens qui remue... et dans mon estomac
Ses évolutions font un affreux mic-mac...
Comme dans une cage, elle tourne, elle tourne...
ARLEQUIN.
Quand un endroit lui plaît, longtemps elle y séjourne.
PIERROT.
Croire avaler la vie et boire une souris !
ARLEQUIN.
Sans doute vous avez chicané sur le prix...
Le docteur mécontent d'une somme incomplète,
Veut orner son armoire avec votre squelette.
PIERROT.
Vous êtes consolant!... Oh ! quel saut elle a fait !...
ARLEQUIN, riant.
Ha ! ha ! ha ! l'élixir eût produit moins d'effet!...
PIERROT.
Tu railles, scélérat! tu ris de mes tortures !
ARLEQUIN.
Hi! hi! vit-on jamais plus grotesques postures?
PIERROT.
Misérable !
ARLEQUIN, ressentant les effets de l'élixir.
Aie! aie! aie! ai-je pris du poison?
Je me sens travaillé d'une étrange façon...
Je suis comme l'on est les jours de médecine...
Ah! traîtresse liqueur!... Ah! boisson assassine!
PIERROT.
Je la sens, sous ma peau, marcher, trotter, courir,
Comme dans un buffet que je ne puis ouvrir;

Elle monte et descend, elle ronge, elle gratte...
Ah! maudite souris! ah! bête scélérate!...
Mais vous ne riez plus...

ARLEQUIN.

Si, je ris comme un fou!

PIERROT.

Si je pouvais au corps m'introduire un matou!
Que ne suis-je un moment chanteur à voix fêlée,
Pour voir cette souris par un chat étranglée!
Le sérieux vous prend, vous, naguère si gai?

ARLEQUIN.

D'un sot rire bientôt le sage est fatigué...

PIERROT.

Vous avez, à présent, l'air tout mélancolique!...

ARLEQUIN.

Ah! la tranchée affreuse!... ah! l'atroce colique!...

PIERROT.

Que vous arrive-t-il?

ARLEQUIN.

Je n'y puis plus tenir!...
Je retourne chez moi...

PIERROT.

Si vite?

ARLEQUIN.

Pour finir...

PIERROT.

Ne vous en allez pas... Vos départs sont trop brusques...

ARLEQUIN.

Un travail très-pressé sur les vases étrusques...

Il sort par le fond.

SCÈNE XIV

PIERROT, seul.

Me voilà dans le monde assez mal situé,
Par ces damnés païens ai-je été bien tué?
Suis-je vivant ou mort? c'est ce qui m'embarrasse.
Si je suis mort, un point entre autres me tracasse :
Pourquoi mon estomac a-t-il plus que souvent,
Bien qu'estomac défunt, un appétit vivant,
Et pourquoi mon gosier, qui devrait être sobre,
S'ouvre-t-il si béant au jus que presse octobre?
En attendant, mangeons ce poulet que j'ai pris,
Et puis buvons un coup pour noyer la souris...
Éprouver les besoins qu'on a quand on existe,
La faim, la soif, l'amour, étant mort, c'est fort triste!
Le docteur est un gueux payé par Arlequin ;
Il m'a trompé, c'est clair! Sur cet affreux coquin
Je voudrais, si j'étais un corps et non une ombre,
Appliquer à pleins poings des gourmades sans nombre,
De ses griffes tirer le ducat qu'il m'a pris,
Et lui coucher au nez son infâme souris.
Je battrais Arlequin, je reprendrais ma femme...
Mais comment? avec quoi? Je ne suis plus qu'une âme,
Un être de raison, tout immatériel ;
L'hymen veut du palpable et du substantiel...
On se rirait de moi, mon trépas est notoire,
Et c'est un fait acquis désormais à l'histoire.
Pourquoi vouloir, objet de risée ou d'effroi,
Rester dans ce bas monde où je n'ai plus de moi?
Quelle perplexité! pour sortir de ces doutes,
Suicidons-nous, là, mais une fois pour toutes.

Voyons. Si je prenais la corde? non, vraiment.
Le chanvre ne va pas à mon tempérament...
Si je sautais d'un pont? Non, l'eau froide m'enrhume..
Ou si je m'étouffais avec un lit de plume?
Fi donc! je suis trop blanc pour singer Othello...
Ainsi, ni le cordon, ni la plume, ni l'eau;
L'arme à feu souvent rate et veut beaucoup d'adresse,
Si je m'asphyxiais par une odeur traîtresse?...
Pouah! tous ces trépas-là ne sont pas ragoûtants,
Bon, m'y voilà : j'ai lu dans un conte du temps,
L'histoire d'un mari qui chatouilla sa femme,
Et la fit, de la sorte, en riant rendre l'âme...
Cette mort me convient; c'est propre, gai, gentil.
Allons, chatouillons-nous; d'un mouvement subtil,
Que ma main sur mes flancs en tous sens promenée,
Imite avec ses doigts les pas de l'araignée.

Il se chatouille.

Ouf! je ferais des sauts comme en font les cabris,
Si je ne m'empêchais... Continuons... je ris.
J'éclate! maintenant, passons aux pieds. — Je pâme,
J'ai des fourmillements, je suis dans une flamme!
Hi! hi! l'univers s'ouvre à mes yeux éblouis
Ho! ho! je n'en peux plus et je m'évanouis.

SCÈNE XV

PIERROT, COLOMBINE.

COLOMBINE.

Quel est donc ce nigaud qui se pince pour rire?

PIERROT.

C'est un mort qui se tue.

COLOMBINE.

Ose encore le redire.
Ou, malgré la maigreur dont tu fais embarras,
Je saurai te trouver assez de chair au bras
Pour te faire mal...

<small>Elle le pince.</small>

PIERROT.

Aïe!

COLOMBINE.

Imbécile, maroufle,
Ta face existe assez pour un coup de pantoufle.
Tiens, bélître!

<small>Elle lui donne un soufflet avec sa mule.</small>

PIERROT.

Ouf!

COLOMBINE.

Ma main, alerte à souffleter,
Ne négligera rien pour te ressusciter.
Ah! gueux, tu ne veux pas revivre à mes caresses,
Et, mort, à l'étranger tu nourris des maîtresses!
Puisque de mes baisers tu ne fais aucun cas,
Que tu n'es pas sensible aux moyens délicats,
J'abandonne ton cœur, et vais sur ton épaule
Faire dialoguer ton cuir avec ma gaule.

<small>Elle le bat.</small>

Ton dos est-il content de ce petit discours?

PIERROT.

On m'échine! on m'assomme! à la garde! au secours!

COLOMBINE.

Quel cadavre douillet!

<small>Elle continue de le battre.</small>

PIERROT.

Oh!

COLOMBINE.

Qu'as-tu donc à braire?
Tu sors du rôle; un mort ne sent rien...

PIERROT.

Au contraire!

COLOMBINE.

Faut-il continuer plus longtemps sur ce ton?

PIERROT.

Grâce!

COLOMBINE.

Que répond l'ombre à ces coups de bâton!

PIERROT.

L'ombre répond qu'elle est un corps qu'on martyrise.

COLOMBINE.

Si ta conviction n'était pas bien assise,
L'on peut...

PIERROT.

Non pas, je vis, je le sens, je le crois.
C'est assez; je mourrais tout de bon cette fois.

COLOMBINE.

Bon! tu renonces donc à ce jeu ridicule?

PIERROT.

Pour jamais. Cependant il me reste un scrupule.
Le docteur m'assurait...

COLOMBINE.

Le docteur est un sot.

PIERROT.

Justement le voici qui vient. Docteur, un mot!

SCÈNE XVI.

PIERROT, COLOMBINE, LE DOCTEUR.

LE DOCTEUR.

Quatre, mon fils...

PIERROT.

Docteur... vous êtes un vieux drôle.
Je suis vivant...

LE DOCTEUR.

Très-bien ! vous avez bu ma fiole ?

PIERROT.

Je n'ai rien bu... sinon une souris.

LE DOCTEUR.

Alors
Vous pouvez vous classer toujours parmi les morts.
Galien, Paracelse, Hippocrate, Avicenne,
Disent également la pendaison malsaine.
Dans leurs œuvres l'on voit que, le larynx occlus,
Le poumon avec l'air ne communique plus ;
L'organe intitulé parenchyme splénique
(Car il faut vous parler le langage technique)
Se gonfle et du thorax emplit les cavités ;
D'un sang fuligineux les méats injectés
N'apportent au cerveau que trouble et que vertige ;
Bientôt la synovie aux jointures se fige,
L'on devient roide et sec comme un pantin de bois,
Livide, et dans l'état enfin où je vous vois.

PIERROT.

Je prétends que je vis.

LE DOCTEUR.

Non.

PIERROT.

Si.

COLOMBINE.

La chose est sûre.

LE DOCTEUR.

Ce n'est que rêverie et qu'illusion pure...
La science est certaine et ne trompe jamais.
Ne vous entêtez pas à vivre, étant mort...

PIERROT.

Mais..

LE DOCTEUR.

Pas de mais.

PIERROT.

Cette tape est-elle de main morte?

LE DOCTEUR.

Oui.

COLOMBINE, à Pierrot.

Donne-lui plus bas une preuve plus forte.

PIERROT, lui donnant de son pied au derrière.

Cet argument est-il de pied mort?

LE DOCTEUR.

Non.

PIERROT.

Ces coups,
Pour venir d'un défunt, comment les trouvez-vous?

LE DOCTEUR.

Fort rudes; vous frappez à rompre les vertèbres!

PIERROT.

Tenez.

LE DOCTEUR.

J'ai des amis dans les pompes funèbres,
Et si vous m'appliquez des soufflets aussi forts,
Je vous fais empoigner par quatre croque-morts.

PIERROT.
Docteur, pour éviter des gourmades sans nombre,
Convenez que je suis un corps et non une ombre.

LE DOCTEUR.
Vous êtes bien un corps, j'en conviens.

PIERROT.
       C'est heureux !

LE DOCTEUR.
Être une ombre serait un destin moins affreux.

PIERROT.
Je sens, je vois, j'entends, je marche, je respire.

LE DOCTEUR.
Oui, c'est le plus fâcheux.

PIERROT.
    Et que suis-je ?

LE DOCTEUR.
       Un vampire !

COLOMBINE.
Un vampire ! grands dieux !

LE DOCTEUR.
      Ce teint mat et blafard,
Cette lèvre sanglante, avec cet œil hagard,
Tout le dit...

COLOMBINE.
   S'il allait pendant que je repose,
M'entr'ouvrir une veine et sucer mon sang rose ?

LE DOCTEUR.
Sans doute il le fera, car c'est le seul moyen
Que les gens de sa sorte aient pour se porter bien.

PIERROT.
N'est-il aucun remède, aucune médecine ?

LE DOCTEUR.
Mon Dieu, si !... L'on vous plante un pieu dans la poitrine,
L'on vous coupe en quartiers, on brûle vos morceaux,

Puis le vent prend la cendre et la jette aux ruisseaux.
COLOMBINE.
Quelle horreur!... A jamais de vous je me sépare.
PIERROT.
Ce procédé me semble un tant soit peu barbare.
LE DOCTEUR.
J'en connais un plus doux, qu'on pourrait employer :
Certaine potion... mais il la faut payer.
PIERROT.
Avec quoi?
LE DOCTEUR.
Vos boutons gros comme des ampoules,
Ont des onces d'Espagne et des ducats pour moules.
PIERROT.
Chut!
LE DOCTEUR.
Un seul me suffit.
PIERROT.
Je vais vous le donner.
COLOMBINE.
Vampire! je me risque à te déboutonner...
Tu ne me fais plus peur, cher Pierrot de mon âme!
Allons, donne un baiser à ta petite femme...
Je te dorloterai, je te bichonnerai...
S'il te manque un bouton, je te le recoudrai...

Elle lui arrache les boutons de son habit.

PIERROT.
Fort bien; mais c'est montrer trop de zèle, peut-être,
Que les couper soi-même afin de les remettre.
COLOMBINE.
Laisse-moi, dans mes bras, sur mon cœur te presser!
Tendre vigne, à l'ormeau laisse-moi m'enlacer!

On entend geindre Arlequin.

Humph!

LE DOCTEUR.
Qui peut soupirer et geindre de la sorte?
PIERROT.
Est-ce un veau que l'on sèvre?...
COLOMBINE.
Un chien mis à la porte?
PIERROT.
C'est Arlequin.
COLOMBINE.
Qu'a-t-il à pousser ces clameurs?
LE DOCTEUR.
Pourquoi s'est-il juché tout là-haut?

ARLEQUIN, à la fenêtre de sa maison, qui fait face au public.
Je me meurs!...
Je suis empoisonné!...
LE DOCTEUR.
Bon, je cours à votre aide :
Pour vous réconforter j'ai là certain remède!
ARLEQUIN.
Non, vous m'achèveriez...
COLOMBINE.
Dites, qu'avez-vous pris
Pour souffrir de la sorte et pousser de tels cris?
ARLEQUIN, de sa fenêtre.
J'ai bu de l'élixir de longue vie!...
PIERROT.
Étrange
Effet; la longue vie en mort brusque se change!
COLOMBINE.
Malheureux Arlequin!.. Qu'avez-vous fait, docteur?
ARLEQUIN, de sa fenêtre.
Tu m'as trompé! tu n'es qu'un gueux, qu'un imposteur
LE DOCTEUR.
Non, mon élixir reste à son titre fidèle.

Car vous allez jouir de la vie éternelle !
ARLEQUIN.
Je vais mieux : d'un regard de son œil attendri,
La belle Colombine aussitôt m'a guéri !...
Je descends...
COLOMBINE, lui arrachant encore un bouton.
Cher Pierrot !...
PIERROT.
Encore un qu'elle coupe !
ARLEQUIN, entrant en scène.
Ce tableau clocherait si je manquais au groupe.
COLOMBINE.
Vous ne pouvez rester, Pierrot est de retour ;
Tâchez, l'espoir perdu, d'oublier votre amour...
Voyagez, retournez au pays bergamasque.
ARLEQUIN.
Mon cœur se fend ! les pleurs ruissellent sous mon masque.
PIERROT.
Il ne partira pas ! je ne suis pas jaloux,
Ensemble nous vivrons dans l'accord le plus doux.
LE DOCTEUR.
Grand Pierrot !
ARLEQUIN.
Je serai vertueux.
COLOMBINE.
Et moi sage.
PIERROT.
Un ami très-souvent est commode en ménage,
Il me divertira lorsque je m'ennuierai,
Et sera le parrain des enfants que j'aurai.

AU PUBLIC.

Pardonnez à Pierrot d'avoir pris la parole.
D'ordinaire je mime et grimace mon rôle
Et vais silencieux comme un fantôme blanc,
Toujours trompé, toujours battu, toujours tremblant,
A travers l'imbroglio que d'une main hardie
Trace en ses canevas l'ancienne Comédie,
Celle qu'on appelait *Comedia dell' arte*,
Et que brodait l'acteur en toute liberté.
C'est la farce éternelle aux mêmes personnages,
L'immortel quatuor, qu'ont aimé tous les âges,
Car toujours sous leur noir, leur plâtre ou leur carmin,
Les masques convenus ont le profil humain
Et l'Art lui-même peut, quittant les hautes cimes,
Coudre à ces gais pantins le grelot d'or des rimes !

FIN DE PIERROT POSTHUME.

PROLOGUE

POUR LE *FALSTAFF* DE MM. P. MEURICE ET A. VACQUERIE

Récité par M. Louis Monrose sur le théâtre de l'Odéon le 2 octobre 1842.

Beau sexe, sexe laid, jeunesse, et vous vieillesse,
Ne sifflez pas encor, je ne suis pas la pièce ;
Gardez, pour en cribler les endroits incongrus,
Votre provision d'œufs durs et de fruits crus :
Sous cet accoutrement de satin blanc et rose,
Tel que vous me voyez, je suis *Louis Monrose*,
Pour le présent *prologue* ; une position
A ne pas exciter la moindre ambition !
Tout à l'heure, changeant de costume et de rôle,
Je représenterai John Falstaff, un fier drôle !
Mes compagnons sont là, derrière le rideau,
Un tas de chenapans qui n'ont jamais bu d'eau.
Tout prêts, tout habillés, fardés jusqu'aux oreilles,
Mais pâlissant de peur, sous leurs teintes vermeilles ;
Car chacun sait que l'autre est un affreux gredin
Que l'on a négligé de pendre par dédain :
Tous les vices en fleur bourgeonnent sur leurs trognes ;
Ils sont un peu filous, énormément ivrognes,
Très-poltrons, très-hâbleurs, à cela près charmants.
Mais que vous semblera de pareils garnements,
Hommes de ces temps-ci, vous, spectateurs honnêtes,
Qui rentrez de bonne heure et qui payez vos dettes ?

Pour dérider le spleen, l'humour hasarde tout.
Anglais, de leur terroir ils ont gardé le goût,
Et, sans être gênés par les rimes françaises,
Les coudes sur la table, ils vont prendre leurs aises :
Vous les excuserez s'ils ne sont pas parfaits.
Après tout, c'est ainsi que Shakspear les a faits;
Que les a vus passer sa haute fantaisie,
Dorés par un reflet de vin de Malvoisie.
Du fond de la taverne, où rêveur il songeait,
De son vaste cerveau m'élançant d'un seul jet,
J'apparus tout à coup, riant, vermeil, énorme,
Et le Bacchus du Nord s'incarna sous ma forme.
La pourpre de mon sang est faite de vin pur;
Sur un pied chancelant je porte un esprit sûr,
Et ma gaîté pétille, ainsi qu'au bord du verre,
En globules d'argent une mousse légère;
Car tout ce que je bois se résout en esprit,
Et la triste Albion par mes lèvres sourit;
La bonne humeur du prince à la mienne s'allume,
Ma verve est le soleil de toute cette brume,
Et mon ivresse ardente, où chaque mot reluit,
Tire un feu d'artifice au milieu de leur nuit.
C'est fort bien John Falstaff; mais que dit la morale
Une telle conduite est un affreux scandale!
Public, rassure-toi : toujours au dénoûment
Pour des gueux comme nous paraît le châtiment;
Attends-le sans colère, et souffre que je rentre
Pour me rougir le nez et mettre mon faux ventre.

FIN DU PROLOGUE DE FALSTAFF.

PROLOGUE D'OUVERTURE

RÉCITÉ LE 15 NOVEMBRE 1845 AU THÉATRE DE L'ODÉON

PERSONNAGES :

LE DIRECTEUR.	MM. Bocage.
UN ESPRIT CHAGRIN.	Derosselle.
UN GARÇON DE THÉATRE.	Breton.

L'ESPRIT CHAGRIN.
Eh bien, cher directeur, la nouvelle est donc vraie,
Vous jouez?
LE DIRECTEUR.
 Oui.
L'ESPRIT CHAGRIN.
  Pour vous l'entreprise m'effraye ;
L'Odéon, qui ne peut ni vivre ni mourir,
N'est jamais plus fermé que lorsqu'il vient d'ouvrir.
LE DIRECTEUR.
On a fait là-dessus mille plaisanteries :
Je le sais... Il poussait de l'herbe aux galeries ;
Dix-sept variétés de champignons malsains
Dans les loges tigraient la mousse des coussins ;
Une flore complète ; et plus d'un journaliste

Malicieusement en publia la liste.
Les ours du pôle arctique et les ours des cartons
Dans cet autre Spitzberg avaient pris leurs cantons,
Et par eux fut mangé le claqueur solitaire
Hivernant sous la neige au milieu du parterre.
Trouvant l'endroit propice à des repas de corps,
Près des acteurs, les rats grignotaient les décors.
Les poêles se chauffaient au moyen de veilleuses,
Simulacres de feux, lueurs fallacieuses!
L'abandon tamisait sa poussière partout;
Des fils tombaient du ciel une araignée au bout,
Et, terreur du pompier le long des couloirs sombres,
Des directeurs défunts se promenaient les ombres;
Suis-je bien informé? Du moins, si je me perds,
Je plonge dans le gouffre avec des yeux ouverts.

L'ESPRIT CHAGRIN.

Personne n'eut jamais caprice plus morose :
N'être pas directeur de l'Odéon est chose
Si facile, pour peu que l'on soit protégé!
Vous êtes né, mon cher, sous un astre enragé ;
Si vous m'aviez fait part de ce projet sinistre
J'aurais recommandé votre affaire au ministre;
Il vous eût refusé... par faveur.

LE DIRECTEUR.

     Grand merci!
J'ai la prétention de réussir ici.
Oui cette belle salle étonnée et ravie,
Après un long sommeil s'éveillant à la vie,
Je l'espère, verra le public chaque soir,
Comme un ami fidèle arriver et s'asseoir.
Le lustre, ce soleil qu'on descend et qu'on monte,
Aux luttes de deux gaz saura trouver son compte,
Et choisira celui dont le jet radieux
Noircit moins le plafond tout en éclairant mieux.

Flûtes, cors, violons, feront rage à l'orchestre ;
La Muse à talons hauts et la muse pédestre,
L'une avec son péplum dans le marbre sculpté,
L'autre avec son jupon changeant et pailleté,
Ensemble, ou tour à tour, sérieuse ou fantasque,
Montreront la pâleur ou le fard de leur masque.
Chez nous les dieux de l'art auront des trônes d'or ;
Mais nous livrons l'azur à tout puissant essor,
Et le jeune poëte, éclairé par leur gloire,
Prendra place à leurs pieds sur les marches d'ivoire.
L'Odéon, temple ouvert à tous les immortels,
Même aux dieux étrangers dressera des autels.
Le génie est pareil, si la langue est diverse,
Astre à demi voilé, l'idée éclate et perce
Sous le nuage gris de la traduction :
Pour juger de l'étoile il suffit d'un rayon.
Quand on entend Molière, et Corneille, et Racine,
Caldéron se comprend, Shakspeare se devine.
O poëtes sacrés, ô maîtres souverains,
S'il reste encore au fond de vos riches écrins
Une perle oubliée, une pierre enfouie,
Nous la ferons briller sur la foule éblouie ;
Sans redouter l'*hélas* ! sans craindre le *holà* !
Après l'*Agésilas* nous jouerons l'*Attila*.
Pour nous l'auteur du *Cid* vit dans toutes ses pièces,
Et Rotrou, délaissé, tente nos hardiesses.

L'ESPRIT CHAGRIN.

Tout cela serait bon dans un pays connu,
Mais aucun Mungo-Park ici n'est parvenu ;
La carte vous relègue aux zones chimériques.
J'ai vu des gens chercheurs et trouveurs d'Amériques,
Qui, l'on ne sait comment, allaient on ne sait où,
Au Kamtchatka, dans l'Inde, au diable, à Tombouctou ;
Mais je n'en ai pas vu, quel que soit leur courage,

12.

Capables de tenter ce périlleux voyage.
L'on part pour l'Odéon tout jeune, et, dans Paris,
L'on retourne vieillard avec des cheveux gris.
Il vous faut un railway pour vous rendre probable.

LE DIRECTEUR.

Vous voilà cependant.

L'ESPRIT CHAGRIN.

Ce fait invraisemblable
S'explique : je demeure où finit le chemin,
Étant un naturel du faubourg Saint-Germain.

LE DIRECTEUR.

Remettez au carquois ces flèches émoussées ;
Nos armes par vos traits ne seront pas faussées,
Et ne nous criblez plus d'un sarcasme banal
Qui serait dédaigné du plus mince journal.
Qu'importent quelques pas ou quelques tours de roue?
L'Odéon n'est pas loin quand *Lucrèce* s'y joue.
Antigone, malgré la route et ses lenteurs,
Attirait au désert deux mille spectateurs ;
Et la distance à tous paraissait exiguë,
Quand au bout de la route on trouvait *la Ciguë*.
Qui se plaint du chemin alors que le but plaît,
Hors les cochers de fiacre et de cabriolet !
Les *Deux Mains* de Gozlan, ont d'une étreinte adroite,
Uni la rive gauche avec la rive droite.
Ayons Hugo, Dumas, Ponsard, et, j'en réponds,
Nul ne regrettera de traverser les ponts.
Une pièce à succès, comète à longue queue,
Au centre de Paris peut mettre la banlieue.
Le théâtre est lointain, fût-il au boulevard,
Qui manque aux saintes lois du bon goût et de l'art !
D'ailleurs, je ne veux pas que l'autre bord se gêne,
Et me contenterai du public indigène.
Le faubourg Saint-Germain a, pour m'alimenter,

Trois cent mille habitants sur qui je peux compter.
Même je leur permets d'aller voir à la ville,
Mélodrame, opéra, ballet ou vaudeville,
Toute œuvre curieuse et tout acteur vanté,
Tellement je suis sûr de leur fidélité.
L'ESPRIT CHAGRIN.
Votre salle remplie, il vous faut une troupe,
Des acteurs...
LE DIRECTEUR.
    J'en ai trop ; voyez plutôt ce groupe !

Toutes les portes s'ouvrent. — Les acteurs se répandent sur le théâtre.

Ces marauds sont mes niais ; ces gaillards véhéments
Font les jeunes premiers et les rôles d'amants.
Dès sept heures du soir, afin de plaire aux femmes,
Jusqu'à minuit sonnant ils jettent feux et flammes.
Il leur est défendu d'avoir de l'embonpoint ;
Un amoureux trop gras ne persuade point.
Ils doivent, par contrat, garder la taille mince,
Ou s'en aller grossir les troupes de province.
Regardez ces deux-ci ; quel air de vieux tableau !
L'un est signé van Dyck, et l'autre Murillo ;
Avec cet air, ce port, cette mine hautaine,
D'Henriette ou d'Emma la défaite est certaine.
L'ESPRIT CHAGRIN.
Comment s'appellent-ils ?
LE DIRECTEUR.
         Ils ne s'appellent pas !
Sur le char de Thespis ils font leurs premiers pas.
Si leurs noms sont obscurs, ils se feront connaître ;
Attendons. Nul ne fut célèbre avant de naître.
D'autres ont le passé, nous avons l'avenir ;
Le temps coule, et l'espoir vaut bien le souvenir.
Qui sait ? dans cette troupe encor timide et gauche,

Peut-être des Talma sont à l'état d'ébauche.
L'ESPRIT CHAGRIN, à part.
Avec ses grands acteurs en probabilité,
Il n'aura pour public que la postérité!
LE DIRECTEUR.
Saluez mon Agnès, un ange!
L'ESPRIT CHAGRIN.
Moins les ailes!
LE DIRECTEUR.
Qu'en savez-vous? — Voyez l'azur de ces prunelles.
Cette paupière blonde et ce regard voilé ;
Arnolphe aurait bien tort de la tenir sous clé.
L'ESPRIT CHAGRIN.
Il aurait bien raison.
LE DIRECTEUR.
J'ai là quelques soubrettes
Expertes à mener les choses d'amourettes ;
Qui, le rire à la bouche et l'étincelle aux yeux,
Font réussir le jeune avec l'argent du vieux...
Voulez-vous des valets? en voilà : Mascarille,
Scapin, gens de conseil pour les fils de famille;
Ces démons galonnés qui ne redoutent rien,
Sont capables de tout, hors de faire le bien !
Voici madame Argan, duègne prématurée.
L'ESPRIT CHAGRIN.
Pourvu que le théâtre ait un peu de durée,
Elle aura le physique et l'âge de l'emploi.
LE DIRECTEUR.
S'il faut suivre la reine ou précéder le roi,
Courir avec un maître en galant équipage,
Ces jambes-là, mon cher, feront un joli page.
C'est l'heureux suppléant du comte Almaviva,
Le *Chérubin* d'amour que Rosine rêva.

L'ESPRIT CHAGRIN.

Cette dame en atours?

LE DIRECTEUR.

C'est ma grande coquette,
Ma Célimène, adroite à ce jeu de raquette
Où d'un causeur à l'autre un mot étincelant
Rebondit sans tomber comme fait un volant.
Prenez votre lorgnon, pour voir la Comédie
Qui là-bas dans un coin parle à la Tragédie.

L'ESPRIT CHAGRIN.

Thalie et Melpomène en conversation.
C'est un drame.

LE DIRECTEUR.

Ces yeux où luit la passion
Feront verser des pleurs en en versant eux-mêmes;
Ces lèvres lanceront de sombres anathèmes.

UN GARÇON DE THÉATRE.

Monsieur, il est bientôt l'heure de commencer.

L'ESPRIT CHAGRIN.

Ah! mon Dieu! trouverai-je encore à me placer?

LE DIRECTEUR.

Je suis vraiment flatté de votre inquiétude!
On se place toujours dans une solitude...
Vous vous contredisez, mon cher Esprit chagrin,
Mais déjà des archets j'entends grincer le crin;
Les trois coups sont frappés, on va lever la toile;
On vous verrait tout vif. Filez... comme une étoile,
Sur l'affiche du jour on ne vous a pas mis.

Au public.

Maintenant, ô vous tous, ô mes meilleurs amis,
Chers inconnus, public! grande âme collective,
Cerveau toujours fumant où bout l'idée active,
Maître puissant, par qui tout génie est formé;
Public, sublime auteur qu'on n'a jamais nommé,

Verse une part de toi dans les chefs-d'œuvre à naître :
Si tu veux nous aider, il en viendra peut-être.
La nature n'a pas vidé tout son trésor,
Et Dieu nous doit beaucoup de poëtes encor.
Patrie aux flancs féconds, sainte mère des hommes,
Ce que furent jadis nos pères, nous le sommes,
Et ton généreux sang, qui fit tant de vainqueurs,
N'a point perdu sa pourpre en coulant dans nos cœurs.
Soulevons le passé qui sur nos fronts retombe :
Le laurier peut verdir ailleurs que sur la tombe.
Pas trop de piété pour nos illustres morts,
Ne décourageons pas de vivaces efforts.
D'un vol prompt, sur le toit, si le moineau s'élance,
L'aigle qui va planer en rampant se balance :
Le but est le soleil, le chemin l'infini,
Et l'oiseau, palpitant, hésite au bord du nid :
Mais, quand il s'est lancé dans le vent qui l'appelle,
Prenez garde qu'un plomb n'ensanglante son aile,
Car il est des chasseurs qui font la lâcheté
De tirer sur un aigle ivre d'immensité !...

FIN DU PROLOGUE D'OUVERTURE.

PIERRE CORNEILLE

POUR L'ANNIVERSAIRE DE SA NAISSANCE

LE 6 JUIN 1851

Par une rue étroite, au cœur du vieux Paris,
Au milieu des passants, du tumulte et des cris,
La tête dans le ciel et le pied dans la fange,
Cheminait à pas lents une figure étrange :
C'était un grand vieillard, sévèrement drapé,
Noble et sainte misère, en son manteau râpé.
Son œil d'aigle, son front argenté vers les tempes,
Rappelaient les fiertés des plus mâles estampes,
Et l'on eût dit à voir ce masque souverain,
Une tête romaine à frapper en airain.
Chaque pli de sa joue austèrement creusée
Semblait continuer un sillon de pensée,
Et dans son regard noir, qu'éteint un sombre ennui,
On sentait que l'éclair autrefois avait lui.
Le vieillard s'arrêta dans une pauvre échoppe.
Le roi-soleil alors illuminait l'Europe,
Et les peuples baissaient leurs regards éblouis,
Devant cet Apollon qui s'appelait Louis.
A le chanter Boileau passait ses doctes veilles ;
Pour le loger, Mansard entassait ses merveilles ;
Au coin d'un carrefour, auprès d'un savetier,
Pied nu, le grand Corneille attendait son soulier.

Sur la poussière d'or de sa terre bénie
Homère sans chaussure, aux chemins d'Ionie
Pouvait marcher jadis avec l'antiquité,
Beau comme un marbre grec par Phidias sculpté ;
Mais Homère à Paris, sans crainte du scandale,
Un jour de pluie, eût fait recoudre sa sandale.
Ainsi faisait l'auteur d'*Horace* et de *Cinna*,
Celui que de ses mains la Muse couronna,
Le fier dessinateur, Michel-Ange du drame,
Qui peignit les Romains si grands, — d'après son âme !
O pauvreté sublime ! ô sacré dénûment,
Par ce cœur héroïque accepté simplement !
Louis, ce vil détail que le bon goût dédaigne,
Ce soulier recousu me gâte tout ton règne.
A ton siècle vanté de lui-même amoureux,
Je ne pardonne pas Corneille malheureux ;
Ton dais fleurdelisé cache mal cette échoppe.
De la pourpre, où ton faste à grands plis s'enveloppe.
Je voudrais prendre un pan pour Corneille vieilli,
S'éteignant loin des cours dans l'ombre et dans l'oubli.
Sur le rayonnement de toute ton histoire,
Sur l'or de tes soleils, c'est une tache noire,
O roi ! d'avoir laissé, toi qu'ils ont peint si beau,
Corneille sans souliers, Molière sans tombeau.
Mais pourquoi s'indigner ? — Que viennent les années,
L'équilibre se fait entre ces destinées :
Le roi rentre dans l'ombre, et le poëte en sort,
Et chacun à sa place est remis par la mort.
Pour courtisans Versaille a gardé ses statues,
Les adulations et les eaux se sont tues :
Versaille est la Palmyre où dort la royauté.
Qui des deux survivra, génie ou majesté ?
L'aube monte pour l'un, le soir descend sur l'autre.
Le spectre de Louis aux jardins de Le Nôtre

Erre seul, et Corneille, éternel comme un dieu,
Toujours sur son autel voit reluire le feu
Que font briller plus vif à ses fêtes natales
Les générations, immortelles vestales !
Quand en poudre est tombé le diadème d'or,
Son vivace laurier pousse et verdit encor ;
Dans la postérité, perspective inconnue,
Le poëte grandit et le roi diminue !

1851.

FIN DE PIERRE CORNEILLE [1].

---

[1] Au moment où le travail de cette édition était entièrement achevé, nous avons retrouvé des documents curieux relatifs au Prologue qu'on vient de lire ; nous les avons placés en appendice (Voir page 413).

LA FEMME DE DIOMÈDE

PROLOGUE

Récité par mademoiselle Favart, le 15 février 1860, à l'inauguration de la maison pompéienne du prince Napoléon.

ARRIA, couchée sur un lit de repos, dans un sommeil léthargique.

Ai-je dormi ?... mais non... j'étais morte ! Nul rêve
Ne traversait la nuit de mon sommeil sans trêve.
Le Mercure funèbre avait, aux sombres bords,
Il me semble, conduit mon ombre ;... pour mon corps,
Au fond du souterrain dont la voûte s'écroule,
Les laves du Vésuve en conservaient le moule.
Je serrais sur mon cœur mon coffret à bijoux,
Dans ma fuite.... L'écrin les renferme encor tous !

A remonter le temps que Mnémosyne m'aide !
Oui... j'étais Arria, femme de Diomède.
J'habitais un palais pour sa splendeur vanté ;
Les dieux régnaient alors... On chantait ma beauté,
On m'aimait, quand survint l'affreuse catastrophe !
Mais rajustons un peu les plis de cette étoffe,
Secouons-en la cendre avec le bout du doigt ;
— Ce péplum chiffonné ne va pas comme il doit ! —
Voyons, dis, mon miroir, suis-je toujours jolie ?
Ne vaudrait-il pas mieux rester ensevelie ?

Non, — mon œil est limpide et mon profil est pur;
Je suis coquette encor, — donc je vis, — c'est bien sûr !
Mettons deux ou trois rangs de ces perles dorées,
Ce camée à l'épaule, et, par ondes lustrées,
Séparons ces cheveux où l'acanthe se tord.

— Deux mille ans de tombeau ne m'ont fait aucun tort !
Mais, où suis-je ? Le Temps a-t-il cloué sa roue ?
Est-ce une illusion qui de mes vœux se joue ?
Rien ne s'est donc passé pendant mon long sommeil,
Le volcan n'a donc pas vomi son feu vermeil,
Et l'histoire a menti ! — Pompéia vit encore !
Ce palais, que l'art grec pur et sobre décore,
C'est le mien, et mon pas y marche familier,
Comme un foyer antique il est hospitalier.
Entrez, sans avoir peur du précepte archaïque :
Cave canem ! — Le chien ne mord... qu'en mosaïque.
Vous entendrez, d'ailleurs, le Cerbère bravé,
L'oiseau qui dit : « Bonjour ! » le seuil qui dit : « *Salve !* »
Sous le premier portique où l'on voit leurs images,
Panthée et le génie attendent vos hommages, —
Je me reconnais bien ! — Ici tout est resté
Comme au temps que votre âge appelle Antiquité.
Les murs de l'atrium, sur leurs parois unies,
Encadrent des sujets pris aux théogonies ;
Les dieux et les Titans, les éléments divers,
Le chaos primitif d'où jaillit l'univers,
La force créatrice et la force qui tue,
Prométhée appliquant la flamme à sa statue,
Éros, fils d'Aphrodite, et son frère Antéros.
L'invention des arts, les luttes des héros
Et l'évolution de la famille humaine
Dans le cercle fatal où le sort la promène...

Voici l'impluvium ; mais son ciel est moins pur ;
Pompéia n'a pas su conserver son azur.

— Que de fois, oubliant le vol de l'heure agile,
Sur ce banc j'ai relu Théocrite ou Virgile,
Pendant que la cigogne, un pied dans le bassin,
Immobile, rêvait, son long bec sur son sein !
Que de fois j'effeuillai les fleurs de ces arbustes,
Distraite... — Mais quel est, au milieu de ces bustes,
Ce marbre radieux au solennel maintien?
Je ne sais... Est-ce Mars, Apollon Pythien?
Serait-ce Jupiter? L'aigle à ses pieds palpite ;
Une pensée immense en son front vaste habite ;
Ses yeux fixes et blancs sont ceux d'un immortel.
Dans nos temples, pourtant, il n'avait point d'autel.
Homère pour héros l'eût aimé mieux qu'Achille.
Il semble encor plus grand que le Titan d'Eschyle ;
Et, sans la chaîne d'or, il pourrait de sa main
Lever toute la terre avec le genre humain !
A cette majesté sérieuse et profonde
Se devine celui qui renverse et qui fonde.
On dirait le Génie et l'ancêtre du lieu ! —
Mais je tremble, — mon toit n'abritait pas de Dieu !
Et sur un autre front je vois, comme une flamme,
Rayonner sa pensée et revivre son âme.
— L'effroi me prend. — Pauvre ombre éveillée à demi,
Fantôme d'un passé qu'on croyait endormi,
J'allais, sans prendre garde aux feux de ces couronnes,
Admirant les trépieds, les bronzes, les colonnes,
Notant chaque détail, m'extasiant sur tout,
Heureuse de trouver Pompéi toujours debout ;
Je ne me doutais pas qu'une docte imposture
Faisait pour me tromper, mentir l'architecture ;
Que l'antique était neuf, que j'étais à Paris.

Mais un éclair soudain brille à mes yeux surpris,
Le réel m'apparaît sous un angle plus juste :
Le marbre était César, — le vivant est Auguste ! —
Ta villa, Diomède, a dans ses murs étroits
Napoléon premier et Napoléon trois !
— Le temple est trop petit pour loger deux histoires,
Et j'entends au plafond les ailes des Victoires
Qui passent sur la fête avec leurs palmes d'or,
Battre et s'enchevêtrer, en leur rapide essor :
Il en vient de Crimée, il en vient d'Italie,
Et déjà la maison en est toute remplie !

..... Effacez-vous parois, disparaissez, ô murs !
— Mon regard voit au loin ondoyer les blés murs,
La vigne, des coteaux couvrir l'amphithéâtre,
Et les voiles blanchir sur l'Océan bleuâtre.
Les peuples librement échangent leurs trésors ;
De toutes parts, dans l'air, ainsi que des décors,
Montent subitement d'éternels édifices ;
Paris efface Rome, et, sous des cieux propices,
Plane dans les rayons, l'azur et la clarté,
L'oiseau de Jupiter, l'aigle ressuscité !

Évanouissez-vous, sublimes perspectives,
Votre éclat éblouit mes paupières craintives.

Si j'osais, du génie allant à la beauté,
Contempler dans sa gloire et dans sa majesté
Celle dont brille ici la grâce souveraine,
Et qui sans la couronne, encor serait la reine !

Non, non ; c'est trop d'audace et je baisse les yeux !
Car le mortel s'aveugle à regarder les dieux !

Pourtant j'aurais voulu, — grande était ma folie, —
Célébrer par un chant cette sœur d'Italie
Que de Sardaigne en France a conduite un hymen.
Où chaque époux tendait un peuple avec sa main ;
Vous dire sa bonté, grâce, parfum et joie
Du palais lumineux où la fête flamboie....

Qu'entends-je ? suis-je encore dans le monde païen ?
Une flûte soupire, en mode lydien,
Un de ces airs que Pan enseigne au jeune pâtre.
Des acteurs, s'ajustant des masques de théâtre,
Se recordent les vers de leurs rôles, tout bas ;
Thalie, en se chaussant, prépare ses ébats.
L'Odéon de Pompéi, relevé de sa chute,
Représente « *un Prologue* » et « *le Joueur de flûte.* »

C'est une pièce antique et j'en connais l'auteur..,
Un jeune Gallo-Grec en fut le traducteur
Un peu libre... Il s'égaye en sa verve profane ;
S'il estime Ménandre, il aime Aristophane ;
Mais un cœur attendri bat sous cette gaîté,
Son rire large et franc est plein d'honnêteté.

FIN DE LA FEMME DE DIOMÈDE.

PROLOGUE

DE

HENRIETTE MARÉCHAL

DRAME EN 3 ACTES DE MM. ED. ET J. DE GONCOURT

Récité par mademoiselle Ponsin sur le Théâtre-Français,
le 5 décembre 1865.

Bah ! tant pis, Mardi gras a lâché sa volière,
Et l'essaim envahit la maison de Molière,
Cent oiseaux de plumage et de jargon divers ;
Moi, je viens, empruntant aux *Fâcheux* ces deux vers,
Dire au public surpris : « Monsieur, ce sont des masques
Qui portent des crincrins et des tambours de basques. »
Des masques ? Vous voyez : un bal au grand complet !
Mais Molière, après tout, aimait fort le ballet.
Les matassins, les turcs et les égyptiennes
Se trémoussent gaîment dans ses pièces anciennes.
L'intermède y paraît vif, diapré, joyeux,
Au plaisir de l'esprit joignant celui des yeux.
Et pour les délicats c'est une fête encore
D'y voir en même temps Thalie et Terpsichore,
Ces Muses, toutes deux égales en douceurs,
Se tenant par les mains comme il sied à des sœurs.
Quand s'interrompt d'Argan la toux sempiternelle,

On s'amuse aux archers rossant Polichinelle,
Et les garçons tailleurs s'acceptent sans dédain
En cadence apportant l'habit neuf de Jourdain.
Le bon goût ne va pas prendre non plus la mouche
Pour quelques entrechats battus par Scaramouche.
Seulement, direz-vous, ces fantoches connus
Sont traditionnels, et, partant, bien venus.
Leur visage est coulé dans le pur moule antique,
Et l'Atellane jase à travers leur *pratique;*
Même pour des bouffons, l'avantage est certain
De compter des aïeux au nom grec ou latin.
Nous autres par malheur, nous sommes des modernes,
Et chacun nous a vus, sous le gaz des lanternes,
Au coin du boulevard, en guise d'Évohé,
Criant à pleins poumons : « Ohé, c'te tête, ohé! »
Pierrettes et Pierrots, débardeurs, débardeuses
Aux gestes provocants, aux poses hasardeuses,
Dans l'espoir d'un souper que le hasard paîra,
Entrer comme une trombe au bal de l'Opéra.
Pardon, si nous voilà dans cette noble enceinte
Grisés de paradoxe, intoxiqués d'absinthe,
Près des masques sacrés, nous, pantins convulsifs;
Aux grands ennuis il faut des plaisirs excessifs,
Et notre hilarité furieuse et fantasque,
En bottes de gendarme, un plumeau sur le casque,
Donnant à la folie un tam-tam pour grelot,
Aux rondes du sabbat oppose son galop.
Mais, hélas! nous aussi, nous devenons classiques,
Nous, les derniers chicards et les derniers caciques,
Terreur des dominos, repliant le matin,
Chauves-souris d'amour, leurs ailes de satin.
Bientôt il nous faudra pendre au clou dans l'armoire
Ces costumes brillants de velours et de moire.
Le carnaval déjà prend pour déguisement

L'habit qui sert au bal comme à l'enterrement.
Il vient à l'Opéra, grave, en cravate blanche,
Gants blancs, souliers vernis, et du balcon se penche ;
Hamlet du trois pour cent, ayant mis un faux nez,
Il débite son *speech* aux titis avinés.
L'outrance, l'ironie et l'âcre paroxysme,
L'illusion broyant les débris de son prisme,
Tous les moxas brûlants qu'applique à son ennui
La génération qui se nomme Aujourd'hui,
Mêlent leur note aiguë à l'étrange harangue
Dont la vieille Thalie entendrait peu la langue,
Dialecte bizarre, argot spirituel
Où de toutes ses dents rit le rire actuel !
Si le théâtre est fait comme la vie humaine,
Il se peut qu'un vrai bal y cause et s'y promène.
Or donc, excusez-nous d'être de notre temps,
Nous autres qui serons des types dans cent ans.
Pendant que la parade à la porte se joue.
Le drame sérieux se prépare et se noue,
Et quand on aura vu l'album de Gavarni,
L'action surgira terrible...

UN MASQUE, l'entraînant.

As-tu fini !

FIN DU PROLOGUE D'HENRIETTE MARÉCHAL.

PROLOGUE

DE

STRUENSÉE

DRAME DE MICHEL BEER, MUSIQUE DE MEYERBEER

Pour un drame invisible ouvrez les yeux de l'âme.
Ici, pas de théâtre à la rampe de flamme,
Fantastique univers borné par des rayons,
Panorama changeant de décorations,
Où le comédien, ce masque de l'idée,
Promène l'action costumée et fardée.

Deux muses, seulement, couple au front étoilé
Dont l'une chantera quand l'autre aura parlé
Clio, la poésie, Euterpe, la musique,
Viennent vous dérouler une vie héroïque
Et du sein de l'histoire évoquant le passé
Ressusciter pour vous tout un monde effacé
Qui jadis sur la scène, à la voix du poëte,
Palpitait et marchait dans sa forme complète.

Le grand compositeur au renom immortel,
Comme un lierre pieux embrassant un autel,
Enlaça, mariant son génie au génie,

Le drame fraternel avec son harmonie ;
Et moi j'ai mission de prêter une voix
A tous ces vagues bruits résonnant à la fois,
Comme un bois dont le vent agite les ramures,
Chants d'amour et de mort, fanfares, bruits d'armures
Que l'orchestre grondant sous le drame inquiet
Bourdonne sourdement ainsi qu'un chœur muet.

En Danemark trônait, triste et pâle fantôme,
Dans ses mains embrouillant les rênes du royaume,
Un monarque débile, un Charles deux du Nord,
Christian, pauvre roi qu'écrase un poids trop fort.
Parti du fond du peuple et du peuple ayant l'âme,
Aimant ce qu'il admire, évitant ce qu'il blâme
Struensée, un penseur, grand cœur et nom obscur,
A gravi cette pente où nul n'a le pied sûr.
Souverain sans couronne, il règne, il administre,
Il fait fuir les abus dans leur ombre sinistre,
Et, pour en éclairer ses plans nobles et beaux,
Partout d'un nouveau jour allume les flambeaux.
Il a comme Ruy-Blas fait le rêve suprême
De sauver tout un peuple en sauvant ce qu'il aime,
Et sans calcul donné, plein d'amour et de foi,
A la reine son âme et sa pensée au roi.
Il soulage à la fois, tendre et sublime aumône,
Cette double misère assise sur le trône,
La tête sans idée et le cœur sans amour.
Mais c'est un sol mouvant que le sol de la cour.
De l'élévation où monte Struensée,
La reine douairière offusquée et froissée,
Avec ses confidents Schack, Guldberg et Kœller,
Machine des complots aussi noirs que l'enfer.
Vieille, elle est attachée à la vieille noblesse,
Dans ce roturier roi tout la choque et la blesse,

Et sa rage médite exil, mort ou prison
Pour l'insolent héros qui n'a pas de blason.
Struensée éperdu, fou d'une double ivresse,
Poursuit aveuglément le rêve qu'il caresse;
Mais l'aspic siffle en bas quand l'aigle plane en haut,
Et plus d'un songe d'or finit à l'échafaud.
En vain le saint pasteur qui pleure et qui supplie
Montre à son fils le ciel que son amour oublie,
En vain Rantzau masqué l'avertit dans un bal
Que la haine est armée et guette le signal;
Il faut qu'il marche, il faut que son sort s'accomplisse :
Qu'importe la prison, qu'importe le supplice !
Le cercle de sa vie est désormais fermé ;
Par la reine, un moment, peut-être il fut aimé !
Et du billot sanglant, autel expiatoire,
Victime et non coupable il monte dans sa gloire
Des fanges de la terre au céleste séjour,
Comme un parfum divin emportant son amour.
Mais le temps fuit, j'entends la basse qui chuchote
Et le violon pleure en essayant sa note.
Paroles, fermez l'aile, et vous, vers, taisez-vous !
Laissez chanter l'orchestre aux sons puissants et doux.

Manuscrit sans date.

FIN DU PROLOGUE DE STRUENSÉE.

LE SÉLAM

(SCÈNES D'ORIENT)

SYMPHONIE DESCRIPTIVE EN CINQ TABLEAUX

MUSIQUE D'ERNEST REYER

Exécutée pour la première fois sur le Théâtre-Italien, le 17 mars 1850, par madame Elvina Froger, MM. Alexis Dupont et Barroilhet.

PREMIER TABLEAU

LE GOUM.

SÉRÉNADE.

SOLO.

Fathma, tout dort ;
Du treillis d'or,
Oh ! penche-toi
   Vers moi.
A ton œil noir,
Mon seul miroir,
Je veux me voir !
Mais quel est donc ce bruit,
   Bruit d'alarmes ?
Dans l'ombre un éclair luit
   Sur des armes.

Ah! par Allah!
Pour mon cœur ce fracas
  A des charmes;
C'est le chant des soldats
  Volant aux combats!.

CHŒUR.

Il est temps. C'est la mort,
  Nuit d'alarmes;
Hâte-toi, l'heure finit;
  Prends tes armes.
  Ah! par Allah!
Pour un Cheik les combats
  Ont des charmes.
Avec toi les soldats
Bravent le trépas.

SOLO.

Mon cœur charmé,
D'amour pâmé,
Voit dans tes yeux
  Les cieux;
Et les houris
N'ont plus de prix
Quand tu souris!
Mon cheval a dressé
  Sa crinière,
Car le vent a froissé
  Ma bannière.
  Ah! par Allah!
Mon âme est dans tes bras
  Prisonnière,
Je ne puis sur leurs pas
  Voler aux combats.

CHŒUR.

Ton cheval a dressé

Sa crinière,
Car le vent a froissé
  Ta bannière :
  Ah! par Allah!
Que ton âme, en ses bras
  Prisonnière,
Se réveille au fracas
Du chant des combats.

SOLO.

Nos jours sont finis,
  Restons unis
  Au bleu séjour
    D'amour.
  L'éternité
  De volupté,
  C'est ta beauté,
    Fathma!

DEUXIÈME TABLEAU

I. RAZZIA.

LES GUERRIERS.

A travers l'ombre
  Marchons en nombre,
Et surprenons par un détour
Nos ennemis avant le jour.
Ils ont des bœufs, ils ont de l'or;
  Dérobons leur trésor.

LES PASTEURS.

Le vent du soir fait palpiter nos tentes;
Les yeux fixés aux voûtes scintillantes,

Doucement nous rêvons
En chantant nos chansons.

LES GUERRIERS.

Yataghans,
Burnous, turbans,
Or et bijoux
Seront à nous.

LES PASTEURS.

Dans le désert, oh! que la vie est belle!
Le ciel nous donne une fête éternelle,
Des moissons, des troupeaux,
Le bonheur, le repos.

LES GUERRIERS.

A mort! à mort!
Il faut plier devant le fort,
Soumettez-vous à votre sort!

LES PASTEURS.

Pitié pour la femme et l'enfant!

LES GUERRIERS.

Non!

LES PASTEURS.

Le saint Prophète les défend!

LES GUERRIERS.

Non!

LES PASTEURS.

Prenez nos blés et nos troupeaux!

LES GUERRIERS.

Non!

LES PASTEURS.

Le lin filé par nos fuseaux!

LES GUERRIERS.

Non!

LES PASTEURS.

Nos burnous, nos fusils, nos chevaux!

LES GUERRIERS.
Non !
Qu'on se soumette !
LES PASTEURS.
Épargnez-nous !
LES GUERRIERS.
Par le Prophète !
LES PASTEURS.
A vos genoux !
LES GUERRIERS.
Courbez la tête !
LES PASTEURS.
Nous tremblons tous !
LES GUERRIERS.
Ou donnez-nous...
LES PASTEURS.
Que voulez-vous ?
LES GUERRIERS.
Mille boudjoux !
LES PASTEURS.
Mille boudjoux !
LES GUERRIERS.
Mille boudjoux !
LES PASTEURS.
Ils sont à vous !

II. PASTORALE.

Ils sont partis !...
Sortez de vos abris,
Chevreaux, moutons, brebis,
Hier cachés ;
Sortez du creux des noirs rochers,

Grands bœufs couchés!...
Mon troupeau se rallie au doux son de ma flûte;
Vers moi vient, en bêlant,
La brebis que suit l'agneau blanc;
Le bélier a penché son front prêt à la lutte,
Les taureaux aux flancs roux
Se sont mis sur l'herbe à genoux.
Par ce beau soir que vivre est doux!

Ils ont fui! l'oasis a repris son silence,
Et l'on voit le ramier
Revenir sans peur au palmier,
Dans les fleurs, en riant, la Péri se balance,
Et la vierge à l'œil noir,
Au ruisseau descend pour se voir.
Le jour s'enfuit!...
L'amour descend avec la nuit.

Rentrez dans vos abris,
Chevreaux, moutons, brebis!
Le jour s'enfuit!...
L'amour descend avec la nuit.

TROISIÈME TABLEAU

CONJURATION DES DJINNS (1).

CHŒUR DE SORCIÈRES.
Il est minuit;
Faisons grand bruit
Avec la danse, avec le chant

LE SÉLAM.

Et le tambour
Jusques au jour,
Pour effrayer le Djinn méchant.
Chassons dans l'enfer, sa prison,
Le noir esprit de la maison.

UNE SORCIÈRE.

Esprits impurs,
Quittez ces murs
Aux coins obscurs :
Le feu qui luit
Dans votre nuit
Plonge et vous suit.

CHŒUR DE SORCIÈRES.

You, you, you, you (2).

UNE SORCIÈRE.

Fuyez d'ici, spectres funèbres,
Goules, afrites, djinns, esprits,
Qui déployez dans les ténèbres
Vos ailes de chauve-souris !
Le tarbouka plus fort bourdonne,
Le feu sacré brille plus clair ;
Disparaissez, je vous l'ordonne,
Fils de la tombe ou de l'Enfer !

CHŒUR DE SORCIÈRES.

Grâce à nos cris,
Démons, esprits,
Prennent la fuite, et l'on entend
Le bruit que font,
Sur le plafond
Leurs noirs essaims en se heurtant ;
De son vol lourd fouettant la nuit,
En glapissant leur troupe fuit.

QUATRIÈME TABLEAU

CHANT DU SOIR.

Sur les palmiers, les colombes fidèles
Vont se poser et gémir leur chanson ;
Les minarets et leurs blanches tourelles
Chantent là-bas à travers l'horizon.
   Et le muezzin, dans le ciel bleu,
   Jette son cri : Dieu seul est Dieu !
   Par Mahomet ! Dieu seul est Dieu !

LE MUEZZIN.

Salam-Aleik-Aleikoum el Salam la Allah il Allah ou Mohamed naçoul Allah.

   C'est l'heure solennelle
     Du soir,
   L'heure où ma belle,
Sans voile, laisse voir
Son grand œil de gazelle
     Si noir.
C'est l'heure où chaque soir
Je vais à côté d'elle
    M'asseoir.
Les noirs cyprès, sur les tombes gémissent,
Et le soleil s'est éteint dans la nuit ;
Dans un baiser que nos âmes s'unissent,
Et profitons de ce jour qui s'enfuit...
   Et le muezzin dans le ciel bleu
   Jette son cri : Dieu seul est Dieu !

CINQUIÈME TABLEAU

LA DHOSSA (5).

LE MUEZZIN.
O toi qui fis le ciel et l'onde,
Allah! sois bon pour le croyant.
  Allah ou-Akhbar.
   CHŒUR DES PÈLERINS.
 Allah! Allah!
Du saint tombeau, centre du monde,
Partis d'Alep, de Trébizonde,
De Fez, de Smyrne et de Golconde,
Nous revenons toujours priant.
 Allah! Allah!
 Nous avons adoré
  Le Temple en sa gloire,
  Vu la pierre noire
  Dans le lieu sacré!
 Le cercueil suspendu,
  Le puits dont l'eau pure
  Rend net de souillure
  Quiconque en a bu.
Franchissant l'océan de sable
Sous un ciel dont l'ardeur accable,
Pour laver notre front coupable
Nous avons cheminé longtemps.
Dans la Mecque où dort le Prophète,
Jusqu'au sol inclinant la tête,
Nous avons observé la fête
 Qui rend saints les croyants.

Vers la mosquée où l'on prie à genoux
Dirigeons-nous.

L'ÉMIR DES HADJI.

Allez dans l'enceinte,
Sous la coupole sainte
De cent couleurs peinte
Offrir à Dieu sans crainte
Vos cœurs purs de feinte.

CHŒUR DES DERVICHES.

Que la sainte foule,
Dont le flot ondoyant se roule,
En passant nous foule,
Et sur nos corps s'écoule
Ainsi qu'une houle.

CHŒUR DE DERVICHES ET DE PÈLERINS DANS LA MOSQUÉE.

O toi qui fis le ciel et l'onde,
Allah! sois bon pour le croyant!
O toi seul roi du monde,
Allah! toi seul es grand!
Allah ou-Akhbar!

NOTES

(1) Il règne en Orient une superstition sur les *djinns* ou mauvais esprits qui hantent certaines maisons, et que l'on chasse au moyen d'exorcismes, de chants et de danses. Un beau tableau de M. Adolphe Leleux, fort remarqué à l'une de nos dernières expositions, reproduit une de ces scènes de conjuration dont nous avons été témoin oculaire et auriculaire à Constantine. De vieilles femmes et de

jeunes danseuses sont nécessaires pour opérer le charme ; les premières effrayent les esprits par leur musique, et les secondes par leurs contorsions qui rappellent les convulsionnaires de Saint-Médard.

(2) Cri poussé par les sorcières pour effrayer les esprits. Dans les maisons habitées par des Juifs ou par des Arabes à l'occasion d'un enterrement ou d'un mariage, les parents et les amis du défunt ou des nouveaux époux font entendre ce même cri en signe de deuil ou d'allégresse.

(3) L'entrée au Caire des *Hadji* ou pèlerins qui reviennent de la Mecque donne lieu à une des plus belles solennités qui se puissent voir en Égypte. Une foule nombreuse se presse sur les pas des fidèles qui rapportent de leur saint pèlerinage des reliques prises dans le tombeau du Prophète et de l'eau sacrée du puits Zem-zem. Sur le seuil de la mosquée principale où doit s'arrêter la caravane, une grande quantité de derviches se prosternent les bras croisés sur la tête au-devant de l'émir des Hadji, qui fait passer son cheval sur le corps de ces fanatiques croyants. « L'exaltation, dans laquelle ils se mettent développe en eux une force nerveuse qui supprime le sentiment de la douleur et communique aux organes une force de résistance extraordinaire. Cette cérémonie, appelée la *Dhossa* ou *Dhozza*, est regardée comme un miracle destiné à convaincre les infidèles ; aussi laisse-t-on volontiers les Francs se mettre aux premières places. »

(Gérard de Nerval. — *Scènes de la vie orientale*).

FIN DU SÉLAM.

GISELLE ou LES WILIS

BALLET FANTASTIQUE EN DEUX ACTES

(En collaboration avec MM. de Saint-Georges et Coralli)

DÉCORATION DE M. CICÉRI, MUSIQUE DE M. ADOLPHE ADAM

Représenté pour la première fois à Paris sur le théâtre de l'Académie royale de musique le lundi 28 juin 1841.

PERSONNAGES :

GISELLE, paysanne.	Mmes C. Grisi.
MYRTHA, reine des Wilis.	Dumilatre.
BATHILDE, fiancée du duc.	Marquet.
BERTHE, mère de Giselle.	Aline.
ZULMÉ, Wili.	
MOYNA, Wili.	
LE DUC ALBERT DE SILÉSIE, sous des habits villageois.	MM. Petipa.
HILARION, garde-chasse.	Coralli.
LE PRINCE DE COURLANDE.	Quériau.
WILFRID, écuyer du duc.	Adice.
UN VIEILLARD, paysan.	L. Petit.

TRADITION ALLEMANDE

DONT EST TIRÉ LE SUJET DU BALLET DE GISELLE OU LES WILIS.

Il existe une tradition de la danse nocturne connue dans les pays slaves sous le nom de Wili. — Les Wilis sont des fiancées mortes avant le jour des noces, ces pauvres jeunes créatures ne peuvent demeurer tranquilles sous leur tombeau. Dans leurs cœurs éteints, dans leurs pieds morts, est resté cet amour de la danse qu'elles n'ont pu satisfaire pendant leur vie, et, à minuit, elles se lèvent, se rassemblent en troupes sur la grande route, et malheur au jeune homme qui les rencontre ! il faut qu'il danse avec elles jusqu'à ce qu'il tombe mort.

Parées de leurs habits de noces, des couronnes de fleurs sur la tête, des anneaux brillants à leurs doigts, les *Wilis* dansent au clair de lune comme les *Elfes*; leur figure, quoique d'un blanc de neige, est belle de jeunesse. Elles rient avec une joie si perfide, elles vous appellent avec tant de séduction, leur air a de si douces promesses, que ces Bacchantes mortes sont irrésistibles.

Henri Heine (*de l'Allemagne*).

GISELLE ou LES WILIS

ACTE PREMIER

Le théâtre représente une riante vallée de l'Allemagne. Au fond, des collines couvertes de vigne, une route élevée conduisant dans la vallée.

SCÈNE PREMIÈRE

Un tableau des vendanges sur les coteaux de la Thuringe; il fait à peine jour. Les vignerons s'éloignent pour continuer leur récolte.

SCÈNE II

Hilarion paraît, regarde autour de lui, comme pour chercher quelqu'un ; puis il indique la chaumière de Giselle avec amour, et celle de Loys avec colère. *C'est là qu'habite son rival. S'il peut jamais s'en venger, il le fera avec bonheur.* La porte de la chaumière de Loys s'ouvre mystérieusement, Hilarion se cache pour voir ce qui va se passer.

SCÈNE III

Le jeune duc Albert de Silésie, sous les habits et le nom

de Loys, sort de sa maisonnette, accompagné de son écuyer Wilfrid. Wilfrid semble conjurer le duc de renoncer à un projet secret; mais Loys persiste, il montre la demeure de Giselle. Ce simple toit couvre celle qu'il aime, l'objet de son unique tendresse. Il ordonne à Wilfrid de le laisser seul. Wilfrid hésite encore, mais sur un geste de son maître, Wilfrid le salue respectueusement, puis s'éloigne.

Hilarion est resté stupéfait en voyant un beau seigneur comme Wilfrid témoigner tant d'égards à un simple paysan, son rival. Il paraît concevoir des soupçons qu'il éclaircira plus tard.

SCÈNE IV

Loys, ou plutôt le duc Albert, s'approche de la chaumière de Giselle, et frappe doucement à la porte. Hilarion est toujours caché. Giselle sort aussitôt et court dans les bras de son amant. Transports, bonheur des deux jeunes gens. Giselle raconte son rêve à Loys; elle était jalouse d'une belle dame que Loys aimait, qu'il lui préférait.

Loys, troublé, la rassure; il n'aime, il n'aimera jamais qu'elle. « C'est que si tu me trompais, lui dit la jeune fille, je le sens, j'en mourrais. » Elle porte la main à son cœur comme pour lui dire qu'elle en souffre souvent Loys la rassure par de vives caresses.

Elle cueille des marguerites et les effeuille pour s'assurer de l'amour de Loys. — L'épreuve lui réussit et elle tombe dans les bras de son amant.

Hilarion n'y résistant plus, accourt près de Giselle et lui reproche sa conduite. Il était là : il a tout vu.

« Eh! que m'importe? répond gaiement Giselle, je n'en rougis pas, je l'aime, et je n'aimerai jamais que lui... »

Puis elle tourne brusquement le dos à Hilarion, en lui riant au nez, tandis que Loys le repousse et le menace de sa colère, s'il ne cesse pas ses poursuites amoureuses près de Giselle. » C'est bon, dit Hilarion, avec un geste de menace, plus tard on verra. »

SCÈNE V

Une troupe de jeunes vigneronnes viennent chercher Giselle pour les vendanges. Le jour paraît, c'est le moment de s'y rendre ; mais Giselle, folle de danse et de plaisir, retient ses compagnes. La danse est après Loys ce qu'elle aime le mieux au monde. Elle propose aux jeunes filles de se divertir au lieu d'aller au travail. Elle danse seule d'abord pour les décider. Sa gaieté, sa joyeuse ardeur, ses pas pleins de verve et d'entraînement, qu'elle entremêle de témoignages d'amour pour Loys, sont bientôt imités par les vendangeuses. On jette au loin les paniers, les hottes, les instruments de travail, et grâce à Giselle, la danse devient bientôt un délire bruyant et général. Berthe, la mère de Giselle, sort alors de sa chaumière.

SCÈNE VI

« — Tu danseras donc toujours? dit-elle à Giselle, le soir... le matin... c'est une véritable passion... et cela, au lieu de travailler, de soigner le ménage.

« — Elle danse si bien, dit Loys à Berthe.

« — C'est mon seul plaisir, répond Giselle, comme lui, ajoute-t-elle en montrant Loys, c'est mon seul bonheur!!!

« — Bah ! dit Berthe. Je suis sûre que si cette petite folle mourait, elle deviendrait Wili et danserait même après sa mort, comme toutes les filles qui ont trop aimé le bal !

« — Que voulez-vous dire ? » s'écrient les jeunes vendangeuses avec effroi, en se serrant les unes contre les autres.

Berthe alors, sur une musique lugubre, semble dépeindre une apparition des morts revenant au monde et dansant ensemble. La terreur des villageoises est à son comble. Giselle seule en rit, et répond gaiement à sa mère qu'elle est incorrigible, et que, morte ou vivante, elle dansera toujours.

« — Et pourtant, ajoute Berthe, cela ne te vaut rien... Il s'agit de ta santé, de ta vie peut-être !...

« — Elle est bien délicate, dit-elle à Loys, la fatigue, les émotions lui seront funestes ; le médecin l'a dit, cela peut te porter malheur. »

Loys, troublé par cette confidence, rassure la bonne mère, et Giselle, prenant la main de Loys, la presse sur son cœur, et semble dire qu'avec lui, elle n'a jamais de dangers à craindre.

Des fanfares de chasse se font entendre au loin. Loys, inquiet à ce bruit, donne vivement le signal du départ pour les vendanges, et entraîne les paysannes, tandis que Giselle, forcée de rentrer dans la chaumière avec sa mère, envoie un baiser d'adieu à Loys, qui s'éloigne suivi de tout le monde.

SCÈNE VII

A peine Hilarion se voit-il seul, qu'il explique son projet ; il veut à tout prix *pénétrer le secret de son rival, savoir ce qu'il est...* S'assurant que personne ne peut le découvrir, il entre furtivement dans la chaumière de Loys... A ce moment, les fanfares se rapprochent, et l'on voit des piqueurs et des valets de chasse sur la colline.

SCÈNE VIII

Le prince et Bathilde, sa fille, paraissent bientôt, à cheval, accompagnés d'une nombreuse suite de seigneurs, de dames, de fauconniers, le faucon au poing. La chaleur du jour les accable ; ils viennent chercher un endroit favorable pour se reposer : un piqueur indique au prince la chaumière de Berthe ; il frappe à la porte, et Giselle paraît sur le seuil, suivie de sa mère. Le prince demande gaiement l'hospitalité à la vigneronne ; celle-ci lui offre d'entrer dans sa chaumière, quoique bien pauvre pour recevoir un si grand seigneur !

Pendant ce temps, Bathilde fait approcher Giselle ; elle l'examine et la trouve charmante. Giselle lui fait de son mieux les honneurs de sa modeste demeure ; elle engage Bathilde à s'asseoir et lui offre du laitage et des fruits ; Bathilde, ravie des grâces de Giselle, détache de son cou une chaîne d'or, et la passe à celui de la jeune fille, toute fière et toute honteuse de ce présent.

Bathilde interroge Giselle sur ses travaux, sur ses plaisirs.

« Elle est heureuse ! elle n'a ni chagrins, ni soucis ; le matin, le travail ; le soir, la danse ! Oui, dit Berthe à Bathilde, la danse surtout... c'est là sa folie. »

Bathilde sourit et demande à Giselle si son cœur a parlé, si elle aime quelqu'un !... « Oh ! oui ! s'écrie la jeune fille en montrant la chaumière de Loys, celui qui demeure là ! mon amoureux, mon fiancé !... je mourrais s'il ne m'aimait plus ! » Bathilde semble s'intéresser vivement à la jeune fille... leur position est la même, car elle aussi va se marier à un jeune et beau seigneur!... Elle dotera Giselle, qui semble lui plaire de plus en plus... Bathilde veut voir le fiancé de Giselle et elle rentre dans la chaumière, suivie de son père et de Berthe, tandis que Giselle va chercher Loys.

Le prince fait signe à sa suite de continuer la chasse; il est fatigué et désire se reposer quelques instants. Il sonnera du cor quand il voudra les rappeler.

Hilarion, qui paraît à la porte de la chaumière de Loys, voit le prince et entend les ordres qu'il donne. Le prince entre avec sa fille dans la chaumière de Berthe.

SCÈNE IX

Tandis que Giselle va regarder sur la route si elle n'aperçoit pas son amant, Hilarion ressort de la chaumière de Loys, tenant une épée et un manteau de chevalier; il connaît enfin son rival! c'est un grand seigneur! Il en est sûr à présent... c'est un séducteur déguisé! il tient sa vengeance et veut le confondre en présence de Giselle et de tout le village. Il cache l'épée de Loys dans un buisson, en attendant que tous les vignerons soient rassemblés pour la fête.

SCÈNE X

Loys paraît au fond... il regarde autour de lui avec inquiétude, et s'assure que la chasse est éloignée.

Giselle l'aperçoit et vole dans ses bras! En ce moment, une joyeuse musique se fait entendre.

SCÈNE XI

Une marche commence. La vendange est faite. Un char, orné de pampres et de fleurs, arrive lentement, suivi de tous les paysans et paysannes de la vallée avec leurs paniers pleins de raisins. Un petit Bacchus est porté triomphalement à cheval sur un tonneau, selon la vieille tradition du pays. On entoure Giselle. On la déclare reine des vendanges... On la couronne de fleurs et de pampres. Loys est plus amoureux que jamais de la jolie vigneronne. La plus folle joie s'empare bientôt de tous les paysans.

On célèbre la fête des vendanges !... Giselle peut maintenant se livrer à son goût favori ; elle entraîne Loys au milieu de la troupe des vendangeurs, et danse avec lui, entourée de tout le village, qui se joint bientôt aux jeunes amants, dont le pas se termine par un baiser que Loys donne à Giselle... A cette vue, la fureur, la jalousie de l'envieux Hilarion n'ont plus de bornes... Il s'élance au milieu de la foule et déclare à Giselle que Loys *est un trompeur, un suborneur*, un seigneur déguisé !... Giselle, émue d'abord, répond à Hilarion qu'il ne sait ce qu'il dit, qu'il a rêvé cela... « Ah ! je l'ai rêvé, continue le garde-chasse. Eh bien, voyez vous-même, s'écrie-t-il en découvrant aux yeux des villageois l'épée et le manteau de Loys. Voilà ce que j'ai trouvé dans sa chaumière.. Ce sont là des preuves, j'espère ? »

Albert, furieux, s'élance sur Hilarion, qui se cache derrière les villageois.

Giselle, frappée de surprise et de douleur à cette révélation, semble recevoir un coup terrible et s'appuie contre un arbre, chancelante et prête à tomber.

Tous les paysans s'arrêtent consternés ! Loys, ou plutôt

Albert, court à Giselle, et, croyant encore pouvoir nier son rang, cherche à la rassurer, à la calmer par les protestations de sa tendresse. « On la trompe, lui dit-il, il n'est pour elle que Loys, un simple paysan, son amant, son fiancé !!! »

La pauvre fille ne demande pas mieux que de le croire. Déjà même l'espoir semble lui revenir au cœur; elle se laisse aller, heureuse et confiante, dans les bras du perfide Albert, lorsque Hilarion, poursuivant sa vengeance, et se rappelant l'ordre du prince à sa suite, de revenir au son du cor, saisit celui d'un des seigneurs, appendu à un arbre, et en sonne avec force... A ce signal, on voit accourir toute la chasse, et le prince sort de la chaumière de Berthe. Hilarion désigne, à la suite du prince, Albert aux genoux de Giselle, et chacun, en reconnaissant le jeune duc, l'accable de saluts et de respect. Giselle, en voyant le prince, ne peut plus douter de son malheur et du rang élevé de l'adorateur qu'elle croyait son égal.

SCENE XII

Le prince s'approche à son tour, reconnaît Albert, et, se découvrant aussitôt, lui demande l'explication de son étrange conduite et du costume qu'il porte.

Albert se relève, stupéfait et confondu de cette rencontre.

Giselle a tout vu ! Elle est sûre alors de la nouvelle trahison de celui qu'elle aime, sa douleur est sans bornes ; elle semble faire un effort sur elle-même et s'éloigne d'Albert avec un sentiment de crainte et de terreur. Puis, comme atterrée par ce nouveau coup qui la frappe, elle court vers la chaumière et tombe dans les bras de sa mère, qui sort en ce moment accompagnée de la jeune Bathilde.

Bathilde s'avance vivement vers Giselle, et l'interroge

avec un touchant intérêt sur l'agitation qu'elle éprouve. Celle-ci, pour toute réponse, lui montre Albert accablé et confondu.

— Que vois-je?... dit Bathilde... le duc sous ce costume... Mais c'est lui que je dois épouser... C'est mon fiancé! ajoute-t-elle en désignant l'anneau des fiançailles qu'elle porte à son doigt.

Albert s'approche de Bathilde et veut en vain l'empêcher d'achever ce terrible aveu; mais Giselle a tout entendu, tout compris! La plus profonde horreur se peint sur les traits de la malheureuse enfant; sa tête se trouble, un horrible et sombre délire s'empare d'elle en se voyant trahie, perdue, déshonorée!... Sa raison s'égare, ses larmes coulent... puis elle rit d'un rire nerveux. Elle prend la main d'Albert, la pose sur son cœur et la repousse bientôt avec effroi. Elle saisit l'épée de Loys, restée à terre, joue d'abord machinalement avec cette arme, puis va se laisser tomber sur sa pointe aiguë, quand sa mère se précipite sur elle et la lui arrache. L'amour de la danse revient à la mémoire de la pauvre enfant : elle croit entendre l'air de son pas avec Albert... Elle s'élance et se met à danser avec ardeur, avec passion. Tant de douleurs subites, tant de cruelles secousses, jointes à ce dernier effort, ont enfin épuisé ses forces mourantes. La vie semble l'abandonner... sa mère la reçoit dans ses bras... Un dernier soupir s'échappe du cœur de la pauvre Giselle, elle jette un triste regard sur Albert au désespoir, et ses yeux se ferment pour toujours!

Bathilde, bonne et généreuse, fond en larmes. Albert, oubliant tout, cherche à ranimer Giselle sous ses brûlantes caresses... Il met la main sur le cœur de la jeune fille, et s'assure avec horreur qu'il a cessé de battre.

Il saisit son épée pour s'en frapper; le prince l'arrête et le désarme. Berthe soutient le corps de sa malheureuse fille. On entraîne Albert, fou de désespoir et d'amour.

Les paysans, les seigneurs, toute la chasse, entourent et complètent ce triste tableau.

ACTE SECOND

Le théâtre représente une forêt sur le bord d'un étang. Un site humide et frais où croissent des joncs, des roseaux, des touffes de fleurs sauvages et de plantes aquatiques. Des bouleaux, des trembles et des saules pleureurs inclinent jusqu'à terre leurs pâles feuillages. A gauche, sous un cyprès, se dresse une croix de marbre blanc où est gravé le nom de Giselle. La tombe est comme enfouie dans une végétation épaisse d'herbes et de fleurs des champs. La lueur bleue d'une lune très-vive éclaire cette décoration d'un aspect froid et vaporeux.

SCÈNE PREMIÈRE

Quelques gardes-chasse arrivent par les avenues de la forêt; ils semblent chercher un endroit favorable pour se mettre à l'affût, et vont s'établir sur le bord de l'étang, lorsque Hilarion accourt.

SCÈNE II

Hilarion témoigne la plus vive terreur en devinant les projets de ses camarades. « C'est un endroit maudit, leur dit-il, c'est le cercle de danse des Wilis ! » Il leur montre la tombe de Giselle... de Giselle qui dansait toujours. Il la désigne par la couronne de pampres qu'on lui mit sur le front pendant la fête, et qui est appendue à la croix de marbre.

A cet instant, on entend sonner minuit dans le lointain : c'est l'heure lugubre où, selon la chronique du pays, les Wilis se rendent à leur salle de bal.

Hilarion et ses compagnons écoutent l'horloge avec terreur ; ils regardent en tremblant autour d'eux, s'attendant à l'apparition des légers fantômes. « Fuyons, dit Hilarion, les Wilis sont impitoyables ; elles s'emparent des voyageurs et les font danser avec elles jusqu'à ce qu'ils meurent de fatigue ou soient engloutis dans le lac que vous voyez d'ici. »

Une musique fantastique commence alors ; les gardes-chasse pâlissent, chancellent et s'enfuient de tous côtés, avec les signes du plus grand effroi, poursuivis par des feux follets qui apparaissent de toutes parts.

SCÈNE III

Une gerbe de jonc marin s'entr'ouvre alors lentement, et du sein de l'humide feuillage on voit s'élancer la légère Myrtha, ombre transparente et pâle, *la reine des Wilis*. Elle apporte avec elle un jour mystérieux qui éclaire subitement la forêt, en perçant les ombres de la nuit. Il en est ainsi toutes les fois que les Wilis paraissent. Sur les blanches épaules de Myrtha, palpitent et frémissent des ailes diaphanes dans lesquelles la Wili peut s'envelopper comme avec un voile de gaz.

Cette apparition insaisissable ne peut rester en place, et s'élançant tantôt sur une touffe de fleurs, tantôt sur une branche de saule, voltige çà et là, parcourant et semblant reconnaître son petit empire, dont elle vient chaque nuit prendre de nouveau possession. Elle se baigne dans les eaux du lac, puis se suspend aux branches des saules et s'y balance.

Après un pas dansé par elle seule, elle cueille une branche de romarin, et en touche alternativement chaque plante, chaque buisson, chaque touffe de feuillage.

SCÈNE IV

A mesure que le sceptre fleuri de la reine des Wilis s'arrête sur un objet, la plante, la fleur, le buisson s'entr'ouvrent, et il s'en échappe une nouvelle Wili qui vient, à son tour, se grouper gracieusement autour de Myrtha, comme les abeilles autour de leur reine. Celle-ci, étendant alors ses ailes azurées sur ses sujettes, leur donne ainsi le signal de la danse. Plusieurs Wilis se présentent alors alternativement devant la souveraine.

C'est Moyna, l'odalisque, exécutant un pas oriental; puis Zulmé, la Bayadère, qui vient développer ses poses indiennes; puis deux Françaises, figurant une sorte de menuet bizarre; puis des Allemandes, valsant entre elles... Puis enfin la troupe entière des Wilis, toutes mortes pour avoir trop aimé la danse, ou mortes trop tôt, sans avoir satisfait cette folle passion, à laquelle elles semblent se livrer encore avec fureur sous leur gracieuse métamorphose.

Bientôt, sur un signe de la reine, le bal fantastique s'arrête... Elle annonce une nouvelle sœur à ses sujettes. Toutes se rangent autour d'elle.

SCÈNE V

Un rayon de lune vif et clair se projette alors sur la tombe de Giselle, les fleurs qui la couvrent se relèvent et se dressent sur leurs tiges, comme pour former un passage à la blanche créature qu'elles recouvrent.

Giselle paraît enveloppée de son léger suaire. Elle s'avance vers Myrtha, qui la touche de sa branche de romarin ; le suaire tombe... Giselle est changée en Wili. Ses ailes naissent et se développent... Ses pieds rasent le sol ; elle danse, ou plutôt elle voltige dans l'air, comme ses gracieuses sœurs, se rappelant et indiquant avec joie les pas qu'elle a dansés, au premier acte, avant sa mort.

Un bruit lointain se fait entendre. Toutes les Wilis se dispersent et se cachent dans les roseaux.

SCÈNE VI

De jeunes villageois revenant de la fête du hameau voisin traversent gaiement la scène, conduits par un vieillard ; ils vont s'éloigner, lorsqu'une musique bizarre, l'air de la danse des Wilis se fait entendre ; les paysans semblent éprouver, malgré eux, une étrange envie de danser. Les Wilis les entourent aussitôt, les enlacent et les fascinent par leurs poses voluptueuses.

Chacune d'elles, cherchant à les retenir, à leur plaire, avec les figures de leur danse native... Les villageois, émus, vont se laisser séduire, danser et mourir, lorsque le vieillard se jette au milieu d'eux, leur dit avec effroi le danger qu'ils courent, et ils se sauvent tous, poursuivis par les Wilis furieuses de voir cette proie leur échapper.

SCÈNE VII

Albert paraît suivi de Wilfrid, son fidèle écuyer. Le duc est triste, pâle ; ses vêtements sont en désordre ; sa raison s'est presque égarée à la suite de la mort de Giselle. Il s'approche lentement de la croix, semble chercher un souvenir et vouloir rappeler ses idées confuses.

Wilfrid supplie Albert de le suivre, de ne pas s'arrêter près de ce fatal tombeau, qui lui retrace tant de chagrins. Albert l'engage à s'éloigner... Wilfrid insiste encore ; mais Albert lui ordonne avec tant de fermeté de le quitter, que Wilfrid est forcé d'obéir, et sort en se promettant bien de faire une dernière tentative pour éloigner son maître de ce lieu funeste.

SCÈNE VIII

A peine resté seul, Albert donne un libre cours à sa douleur ; son cœur se déchire, il fond en larmes. Tout à coup, il pâlit, ses regards se fixent sur un objet étrange qui se dessine devant ses yeux... Il reste frappé de surprise et presque de terreur en reconnaissant Giselle, qui le regarde avec amour.

SCÈNE IX

En proie au plus violent délire, à la plus vive anxiété, il doute encore, il n'ose croire à ce qu'il voit ; car ce n'est plus la jolie Giselle, telle qu'il l'adorait, mais Giselle la Wili, dans sa nouvelle et bizarre métamorphose, toujours immobile devant lui. La Wili semble seulement l'appeler du regard. Albert, se croyant sous l'empire d'une douce illusion, s'approche d'elle à pas lents et avec précaution, comme un enfant qui veut saisir un papillon sur une fleur. Mais au moment où il étend la main vers Giselle, plus prompte que l'éclair, celle-ci s'élance loin de lui, et s'envole en traversant les airs comme une colombe craintive, pour se poser à une autre place, d'où elle lui jette des regards pleins d'amour.

Ce pas, ou plutôt ce vol, se répète plusieurs fois, au grand désespoir d'Albert, qui cherche vainement à joindre la Wili, fuyant quelquefois au-dessus de lui comme une légère vapeur.

Parfois, pourtant, elle lui fait un geste d'amour, lui jette une fleur, qu'elle enlève sur sa tige, lui adresse un baiser; mais, impalpable comme un nuage, elle disparaît dès qu'il croit pouvoir la saisir.

Il y renonce enfin! s'agenouille près de la croix, et joint les mains devant elle d'un air suppliant. La Wili, comme attirée par cette muette douleur si pleine d'amour, s'élance légèrement près de son amant; il la touche; déjà, ivre d'amour, de bonheur, il va s'en emparer, lorsque, glissant doucement entre ses bras, elle s'évanouit au milieu des roses, et Albert, en fermant les bras, n'embrasse plus que la croix du tombeau.

Le désespoir le plus profond s'empare de lui, il se relève et va s'éloigner de ce lieu de douleur, lorsque le plus étrange spectacle s'offre à ses yeux et le fascine au point qu'il est en quelque sorte arrêté, fixe, et forcé d'être témoin de l'étrange scène qui se déroule devant lui.

SCÈNE X

Caché derrière un saule pleureur, Albert voit paraître le misérable Hilarion, poursuivi par la troupe entière des Wilis.

Pâle, tremblant, presque mort de peur, le garde-chasse vient tomber au pied d'un arbre, et semble implorer la pitié de ses folles ennemies! Mais la reine des Wilis, le touchant de son sceptre, le force à se lever et à imiter le mouvement de danse qu'elle commence elle-même autour de lui... Hilarion, mû par une force magique, danse malgré lui avec la belle Wili, jusqu'à ce que celle-ci le cède à une de ses compagnes, qui le cède, à son tour, à une autre, et ainsi de suite jusqu'à la dernière!

Dès que le malheureux croit son supplice terminé avec sa partenaire fatiguée, une autre la remplace avec une nouvelle vigueur, et lui, s'épuisant en efforts inouïs, sur des rhythmes de musique toujours plus rapides, finit par chanceler et se sentir accablé de lassitude et de douleur.

Prenant enfin un parti désespéré, il cherche à s'enfuir; mais les Wilis l'entourent d'un vaste cercle, qui se rétrécit peu à peu, l'enferme et se convertit en une valse rapide, à laquelle une puissance surnaturelle l'oblige à se mêler. Un vertige alors s'empare du garde-chasse, qui sort des bras d'une valseuse pour tomber dans ceux d'une autre.

La victime, enveloppée de toutes parts dans ce gracieux et mortel réseau, sent bientôt ses genoux plier sous lui. Ses yeux se ferment, il n'y voit plus... et danse pourtant encore avec une ardente frénésie. La reine des Wilis s'en empare alors et le fait tourner et valser une dernière fois avec elle jusqu'à ce que le pauvre diable, arrivé sur le bord du lac, au dernier anneau de la chaîne des valseuses, ouvre les bras, croyant en saisir une nouvelle et va rouler dans l'abîme! Les Wilis commencent alors une bacchanale joyeuse, dirigée par leur reine triomphante, lorsque l'une d'elles vient à découvrir Albert, et l'amène au milieu de leur cercle magique, encore tout étourdi de ce qu'il vient de voir.

SCÈNE XI

Les Wilis semblent s'applaudir de trouver une autre victime : leur troupe cruelle s'agite déjà autour de cette nouvelle proie; mais au moment où Myrtha va toucher Albert de son sceptre enchanté, Giselle s'élance et retient le bras de la reine levé sur son amant.

SCÈNE XII

Fuis, dit Giselle à celui qu'elle aime, *fuis, ou tu es mort, mort comme Hilarion*, ajoute-t-elle en désignant le lac.

Albert reste un instant frappé de terreur à l'idée de partager le sort affreux du garde-chasse. Giselle profite de ce moment d'indécision pour s'emparer de la main d'Albert; ils glissent tous deux par la force d'un pouvoir magique vers la croix de marbre; elle lui indique ce signe sacré comme son égide, comme son seul salut!

La reine et toutes les Wilis le poursuivent jusqu'au tombeau; mais Albert, toujours protégé par Giselle, arrive ainsi jusqu'à la croix, qu'il saisit; et au moment où Myrtha va le toucher de son sceptre, la branche enchantée se brise entre les mains de la reine, qui arrête, ainsi que toutes les Wilis, frappées de surprise et d'épouvante.

Furieuses d'être ainsi trahies dans leurs cruelles espérances, les Wilis tournent autour d'Albert, et s'élancent plusieurs fois vers lui, toujours repoussées par une puissance au-dessus de la leur. La reine, alors, voulant se venger sur celle qui lui ravit sa proie, étend la main sur Giselle, dont les ailes s'ouvrent aussitôt, et qui se met à danser avec la plus gracieuse et la plus étrange ardeur, et comme emportée par un délire involontaire.

Albert, immobile, la regarde, accablé, confondu de cette scène bizarre !!! mais bientôt les grâces et les poses ravissantes de la Wili l'attirent malgré lui ; c'est ce que voulait la reine : il quitte la croix sainte qui le préserve de la mort et s'approche de Giselle, qui s'arrête alors avec épouvante, et le supplie de regagner son talisman sacré ; mais la reine, la touchant de nouveau, la force à continuer sa danse séductrice. Cette scène se renouvelle plusieurs fois, jusqu'à ce qu'enfin, cédant à la passion qui l'entraîne, Albert abandonne la croix et s'élance vers Giselle... Il saisit la branche enchantée, et veut mourir pour rejoindre la Wili, pour n'en plus être séparé !!!

Albert semble avoir des ailes, il rase le sol et voltige autour de la Wili, qui parfois essaye encore de le retenir.

Mais bientôt, entraînée par sa nouvelle nature, Giselle est forcée de se joindre à son amant. Un pas rapide, aérien, frénétique, commence entre eux. Ils semblent tous deux lutter de grâce et d'agilité : parfois ils s'arrêtent pour tomber dans les bras l'un de l'autre, puis la musique fantastique leur rend de nouvelles forces et une nouvelle ardeur !!!

Le corps entier des Wilis se mêle aux deux amants, en les encadrant dans des poses voluptueuses.

Une mortelle fatigue s'empare alors d'Albert. On voit qu'il lutte encore, mais que ses forces commencent à l'abandonner. Giselle s'approche de lui, s'arrête un instant, les yeux voilés de pleurs ; mais un signe de la reine l'oblige à s'envoler de nouveau. Encore quelques secondes, et Albert va périr de lassitude et d'épuisement, lorsque le jour commence à paraître... Les premiers rayons du soleil éclairent les ondes argentées du lac.

La ronde fantastique et tumultueuse des Wilis se ralentit à mesure que la nuit se dissipe.

Giselle semble renaître à l'espoir en voyant s'évanouir le prestige terrible qui entraînait Albert à sa perte.

Peu à peu, et sous les vifs rayons du soleil, la troupe entière des Wilis se courbe, s'affaisse, et tour à tour on les voit chanceler, s'éteindre et tomber sur la touffe de fleurs ou sur la tige qui les a vues naître, comme les fleurs de la nuit qui meurent aux approches du jour.

Pendant ce gracieux tableau, Giselle, subissant, comme ses légères sœurs, l'influence du jour, se laisse aller lentement dans les bras affaiblis d'Albert ; elle se rapproche de la tombe, comme entraînée vers elle par sa destinée.

Albert, devinant le sort qui menace Giselle, l'emporte dans ses bras loin du tombeau, et la dépose sur un tertre au milieu d'une touffe de fleurs. Albert s'agenouille près d'elle, et lui donne un baiser, comme pour lui communiquer son âme et la rappeler à la vie.

Mais Giselle, lui montrant le soleil qui brille alors de tous ses feux, semble lui dire qu'elle doit obéir à son sort et le quitter pour jamais.

En ce moment des fanfares bruyantes retentissent au sein des bois.

Albert les écoute avec crainte, et Giselle avec une douce joie.

SCÈNE XIII

Wilfrid accourt. Le fidèle écuyer précède le prince, Bathilde et une suite nombreuse; il les ramène près d'Albert, espérant que leurs efforts seront plus puissants que les siens pour l'arracher à ce lieu de douleur.

Tous s'arrêtent en l'apercevant. Albert s'élance vers son écuyer pour le retenir. Pendant ce temps la Wili touche à ses derniers instants : déjà les fleurs et les herbes qui l'entourent se relèvent sur elle, et la couvrent de leurs tiges légères... une partie de la gracieuse apparition est déjà cachée par elles.

Albert revient, et reste frappé de surprise et de douleur en voyant Giselle s'affaisser peu à peu et lentement au milieu de ce vert tombeau; puis, du bras qu'elle conserve libre encore, elle indique à Albert la tremblante Bathilde, à genoux à quelques pas de lui, et lui tendant la main d'un air suppliant.

Giselle semble dire à son amant de donner son amour et sa foi à la douce jeune fille... c'est là son seul vœu, sa dernière prière, à *elle* qui ne peut plus aimer en ce monde; puis, lui adressant un triste et éternel adieu, elle disparaît au milieu des herbes fleuries qui l'engloutissent alors entièrement.

Albert se relève avec une vive douleur; mais l'ordre de la Wili lui semble sacré... Il arrache quelques-unes des fleurs qui recouvrent Giselle, les presse sur son cœur, sur ses lèvres, avec amour; et faible et chancelant, il tombe dans les bras de ceux qui l'entourent en tendant la main à Bathilde!!!

FIN DE GISELLE.

LETTRE A HENRI HEINE

Le lendemain de la première représentation de *Giselle*, ne pouvant aller chercher au coin de la rue un feuilletoniste dormant sur ses crochets pour faire mon article de théâtre, puisque je faisais le lundi à *la Presse*; embarrassé de parler de moi-même et ne voulant pas esquiver cette situation périlleuse où m'attendait le public, je pris le parti d'écrire à mon ami Henri Heine, qui était alors aux eaux de Cauterets, atteint déjà de cette indisposition, légère à la vérité, qui le retint huit ans au lit et le fit porter au cimetière Montmartre, — non pas dans ce cercueil grand comme la cathédrale de Cologne, porté par huit géants très-forts, qu'il demandait dans l'*Intermezzo*, mais par un maigre corbillard suivi de Paul de Saint-Victor et de moi, plus quatorze cordonniers allemands.

Dans ma lettre je rappelais quelques incidents de la légende primitive, car rien n'est important comme l'exactitude en matière fabuleuse. Les poëtes sont chatouilleux sur ces particularités qui sont l'âme même de la poésie, mais rien d'essentiel n'a été omis dans la version livrée au public.

Nous rétablissons ces détails pour la satisfaction du poëte allemand. Nous-même, nous avions rêvé quelques scènes dans la couleur du sujet, qui ont dû être élaguées comme faisant longueur.

Au théâtre tout fait longueur.

A une certaine époque de l'année avait lieu au carrefour de la Forêt la grande réception générale des Wilis, sur le bord de l'étang, là où les larges feuilles du nénuphar étalent leurs disques sur l'eau visqueuse qui recouvre les valseurs noyés. Les rayons de la lune brillent entre ces cœurs découpés et noirs qui semblent surnager comme des amours morts. Minuit sonne et de tous les points de l'horizon arrivent, précédées par des feux follets, les ombres des jeunes filles mortes au bal ou à cause de la danse ; d'abord arrive avec un cliquetis de castagnette et un fourmillement de paillons blancs, un grand peigne découpé à jour comme une galerie de cathédrale gothique et se silhouettant sur la lune, une danseuse de cachucha de Séville, une gitana tortillant des hanches et portant à sa jupe étroite des falbalas de signes cabalistiques, une danseuse hongroise au bonnet de fourrure faisant claquer de froid, comme des dents, les éperons de ses bottines, une bibiaderi dans un costume pareil à celui d'Amani, corset avec étui en bois de çantal, pantalon lamé d'or, ceinture et collier de plaques de métal formant miroir, longues écharpes balancées, bijoux bizarres, anneaux cerclant la cloison des narines, clochettes autour des chevilles ; et puis la dernière se montrant timidement, un petit rat de l'Opéra dans le déshabillé de la danse, avec un mouchoir au cou, les mains fourrées dans un petit manchon. Tous ces costumes de ces types exotiques ou non sont décolorés et prennent une sorte d'uniformité spectrale.

La réception solennelle avait lieu et se terminait par la scène où la jeune morte sort de la tombe et semble reprendre la vie sous l'étreinte passionnée de son amant qui croit sentir battre un cœur sur le sien.

Nous n'ajouterons qu'un mot pour montrer que la patience est nécessaire au théâtre. Nous avions demandé qu'on exécutât avec des morceaux de glace la nappe du lac miroitant sous la lune ; cette innovation a été accomplie vingt-deux ans plus tard, à la reprise du ballet.

Qu'on ne s'étonne pas de nous voir attacher quelque importance à de frivoles canevas chorégraphiques ; Stendhal que personne ne soupçonnera d'être un enthousiaste, admirait fort le chorégraphe Vigano, qu'il n'appelait jamais autrement que l'immortel Vigano et qu'il nommait l'un des trois génies modernes. Gœthe également faisait le plus grand cas du ballet, qu'il regardait comme l'art initial et universel.

1872.

5 juillet 1841.

Mon cher Henri Heine,

En feuilletant, il y a quelques semaines, votre beau livre *de l'Allemagne*, je tombai sur un endroit charmant ; — il ne faut pour cela qu'ouvrir le volume au hasard ; — c'est le passage où vous parlez des Elfes à la robe blanche dont l'ourlet est toujours humide, des Nixes qui font voir leur petit pied de satin au plafond de la chambre nuptiale, des Wilis au teint de neige, à la valse impitoyable, et de toutes ces délicieuses apparitions que vous avez rencontrées dans le Hartz et sur le bord de l'Ilse, dans la brume veloutée du clair de lune allemand ; — et je m'écriai involontairement : « Quel joli ballet on ferait avec cela ! » Je pris même, dans un accès d'enthousiasme, une belle grande feuille de papier blanc, et j'écrivis en haut, d'une superbe écriture moulée : LES WILIS, *ballet*. — Puis je me pris à rire et je jetai la feuille au rebut sans aller plus loin, me disant qu'il était bien impossible de traduire au théâtre cette poésie vaporeuse et nocturne, cette fantasmagorie voluptueusement sinistre, tous ces effets de légende et de ballade si peu en rapport avec nos habitudes. Le soir, à l'Opéra, la tête encore pleine de votre idée, je rencontrai, au détour d'une coulisse, l'homme d'esprit qui a su transporter dans un ballet, en y ajoutant beaucoup du sien, toute la fantaisie et tout le caprice du *Diable amoureux* de Cazotte, ce grand poëte qui a inventé Hoffmann au milieu du dix-huitième siècle, en pleine Encyclopédie ; je lui racontai la tradition des Wilis. Trois jours après, le ballet de *Giselle* était fait et reçu. Au bout de la semaine, Adolphe Adam avait improvisé la musique, les décorations étaient presque achevées, et les répétitions allaient grand train. — Vous voyez, mon cher Henri, que nous ne sommes pas encore si incrédules et si prosaïques que nous en avons l'air. Vous avez dit dans un accès d'humeur : « Comment un spectre pourrait-il exister à Paris ? Entre minuit et une heure, qui est de toute éternité le temps assigné aux spectres, la vie la plus animée se répand encore dans les rues. C'est en ce moment que retentit à l'Opéra le bruyant finale. Des bandes joyeuses s'écoulent des Variétés et du Gymnase ; tout rit et saute sur les boulevards, et tout le monde court aux soirées. Qu'un pauvre spectre errant se trouverait malheureux dans cette foule animée ! » Eh bien, je n'ai eu qu'à prendre vos pâles et charmants fantômes par le bout de leurs doigts d'ambre et à les présenter pour qu'ils fussent accueillis le plus poliment du monde. Le directeur et le public n'ont pas fait la moindre objection voltairienne. Les Wilis ont reçu tout d'abord le droit de cité dans la très-peu fantastique rue Le Peletier. Les quelques lignes où vous parlez d'elles, placées en tête du livret, leur ont servi de passe-port.

Puisque l'état de votre santé vous a empêché d'assister à la première représentation, je m'en vais tâcher, s'il est permis à un feuilletoniste français de raconter une histoire fantastique à un poëte allemand, de vous expliquer comment M. de Saint-Georges, tout en respectant l'esprit de votre légende, l'a rendue acceptable et possible à l'Opéra. Pour plus de liberté, l'action se passe dans une contrée vague, en Silésie, en Thuringe ou même dans un de ces *ports de mer de Bohême* qu'affectionnait Shakspeare ; il suffit que ce soit au delà du Rhin, dans quelque coin mystérieux de l'Allemagne. N'en demandez pas plus à la géographie du ballet, qui ne saurait préciser un nom de ville ou de pays avec le geste, qui est sa seule parole.

Des coteaux chargés de vignes rousses, safranées, cuites et confites par le soleil d'automne ; de ces belles vignes où pendent les grappes couleur d'ambre qui donnent le vin du Rhin, occupent tout le fond du théâtre ; tout au haut d'une roche grise et pelée, si escarpée, que les pampres n'ont pu l'escalader, est perché comme un nid d'aigle, avec ses murailles crénelées, ses tourelles en poivrière, ses girouettes féodales, un de ces châteaux si communs en Allemagne : c'est la demeure du jeune duc Albrecht de Silésie. — Cette chaumière, à la gauche du spectateur, fraîche, propre, coquette, enfouie dans les feuillages, c'est la chaumière de Giselle. La cabane en face est habitée par Loys. — Qu'est-ce que Giselle ! Giselle, c'est Carlotta Grisi, une charmante fille aux yeux bleus, au sourire fin et naïf, à la démarche alerte, une Italienne qui a l'air d'une Allemande à s'y tromper, comme l'Allemande Fanny avait l'air d'une Andalouse de Séville. Sa position est la plus simple du monde : elle adore

Loys, elle adore la danse. Quant à Loys, représenté par Petipa, il nous est suspect pour cent raisons. Tout à l'heure, un bel écuyer, tout galonné d'or, lui a dit quelques mots tout bas, la barette à la main, dans une attitude soumise et respectueuse; un domestique de grande maison, comme paraît l'être cet écuyer, n'eût point manqué, en parlant à un rustre de trancher du grand seigneur. Donc, Loys *n'est point ce qu'il paraît être* (style de ballet), *mais plus tard on verra.*

Giselle sort de la chaumière sur le bout de son joli petit pied mignon. Ses jambes sont déjà éveillées ; son cœur ne dort pas non plus, quoiqu'il soit bien matin. Elle a fait un rêve, un vilain rêve : une belle et noble dame en robe d'or, un brillant anneau de fiançailles au doigt, lui est apparue pendant son sommeil comme devant épouser Loys, qui était lui-même un grand seigneur, un duc, un prince. Les rêves sont parfois bien singuliers ! Loys la rassure de son mieux, et Giselle, encore un peu inquiète, adresse des questions aux marguerites. Les petites feuilles d'argent volent et s'éparpillent. « Il m'aime, il ne m'aime pas !... O mon Dieu ! que je suis malheureuse ! il ne m'aime pas ! » Loys, qui sait bien qu'un garçon de vingt ans fait dire aux pâquerettes tout ce qu'il veut, renouvelle l'épreuve, qui, cette fois, est favorable ; et Giselle, charmée de l'augure de la fleur, se remet à voltiger çà et là, en dépit de sa mère, qui la gronde, et voudrait voir ce pied si agile faire bourdonner le rouet à l'angle de la fenêtre, et ces jolis doigts interrogateurs de marguerites occupés à cueillir la grappe déjà trop mûre ou à porter le panier d'osier des vendangeuses. Mais Giselle n'écoute guère les conseils de sa mère, qu'elle apaise par quelque gentille caresse. La mère insiste : « Malheureuse enfant ! tu danseras toujours, tu te feras mourir, et, après ta mort, tu deviendras Wili ! » Et la bonne dame dans une pantomime expressive, raconte la terrible histoire des danseuses nocturnes. Giselle n'en tient compte. Quelle est la jeune fille de quinze ans qui ajoute foi à une histoire dont la moralité est qu'il ne faut pas danser? — Loys et la danse, voilà son bonheur. — Ce bonheur, comme tout bonheur possible, blesse dans l'ombre un cœur jaloux : le garde-chasse Hilarion est amoureux de Giselle, et son plus ardent désir est de nuire à Loys, son rival. Il a déjà été témoin de la scène où l'écuyer Wilfrid parlait respectueusement au paysan Loys. Il soupçonne quelque trame, défonce la fenêtre de la cabane et s'y introduit, espérant y trouver quelque preuve accablante. Mais voici que résonnent les fanfares : le prince de Courlande et sa fille Bathilde, montée sur une blanche haquenée, fatigués de la chasse, viennent chercher dans la chaumière de Giselle un peu de repos et de fraîcheur. Loys s'esquive prudemment. Giselle s'empresse, avec une grâce timide et charmante, d'apporter sur la table des gobelets d'étain bien luisants, du lait, quelques fruits, tout ce qu'elle a de meilleur et de plus appétissant dans son buffet rustique. Pendant que la belle Bathilde porte le gobelet à ses lèvres, Giselle s'approche à pas de chatte, et, dans un ravissement d'admiration naïve, se hasarde à toucher l'étoffe riche et moelleuse dont est fait l'habit de cheval de la noble dame. Bathilde, enchantée de sa gentillesse, lui passe sa chaîne d'or au cou, et la veut emmener avec elle. Giselle la remercie avec effusion, et lui répond qu'elle ne désire rien au monde que de danser et d'être aimée de Loys.

Le prince de Courlande et Bathilde se retirent dans la chaumière pour goûter quelques instants de repos. Les chasseurs se dispersent dans les environs ; une fanfare sonnée par le cor du prince les rappellera quand il sera temps. Les vendangeuses reviennent des vignes et organisent une fête dont Giselle est proclamée la reine et où elle prend part plus que personne. La joie est à son comble, lorsque paraît Hilarion portant un manteau ducal, une épée et un ordre de chevalerie trouvés dans la cabane de Loys ; — plus de doute, Loys n'est qu'un imposteur, un séducteur qui a voulu se jouer de la crédulité de Giselle : un duc ne peut épouser une simple paysanne, même dans le monde chorégraphique où l'on voit souvent les rois épouser les bergères ; — un pareil hymen offre d'insurmontables difficultés : Loys, ou plutôt le duc Albrecht de Silésie, se défend du mieux qu'il peut et répond qu'après tout le malheur n'est pas si grand, et qu'au lieu d'un paysan, Giselle épousera un duc. Elle est assez jolie pour devenir duchesse et châtelaine. « Mais vous n'êtes pas libre, vous êtes fiancé à un autre, » répond le garde-chasse. Et, empoignant le cor oublié sur la table, il se met à souffler dedans comme un enragé. Les chasseurs accourent ; Bathilde et le prince de Courlande sortent de la chaumière et s'étonnent de voir le duc Albrecht de Silésie sous un pareil déguisement ; Giselle reconnaît dans Bathilde la belle dame de son rêve, elle ne peut plus douter de son malheur ; son cœur se gonfle, sa tête s'égare, ses pieds s'agitent et sautillent ; elle répète le motif qu'elle a dansé avec son amant ; mais bientôt ses forces s'épuisent, elle chancelle, s'incline, saisit l'épée fatale apportée par Hilarion et se laisserait tomber sur la pointe si Albrecht n'écartait le fer avec cette soudaineté de mouvement que donne le désespoir. Hélas! c'est une précaution inutile! le coup de poignard est porté; il a atteint le cœur et Giselle expire, consolée du moins par la profonde douleur de son amant et la douce pitié de Bathilde.

Voilà, mon cher Heine, l'histoire que M. de Saint-Georges a imaginée pour nous procurer la jolie morte dont nous avions besoin. Moi qui ignore les combinaisons du théâtre et les exigences de la scène, j'avais pensé à mettre tout bonnement en action, pour le premier acte, la délicieuse orientale de Victor Hugo. — On aurait vu une belle salle de bal chez un prince quelconque : les lustres auraient été allumés, les fleurs placées dans les vases, les buffets chargés, mais les invités n'auraient pas été arrivés encore; les Wilis se seraient montrées un instant, attirées par le plaisir de danser dans une salle étincelante de cristaux et de dorures et l'espoir de recruter quelque nouvelle compagne. La reine des Wilis aurait touché le parquet de son rameau magique pour communiquer aux pieds des danseuses un désir insatiable de contredanses, de valses, de galops et de mazurkas. La venue des seigneurs et des dames les eût fait envoler comme des ombres légères. Giselle, après avoir dansé toute la nuit, excitée par le parquet enchanté et l'envie d'empêcher son amant d'inviter d'autres femmes, aurait été surprise par le froid du matin comme la jeune Espagnole, et la pâle reine des Wilis, invisible pour tout le monde, lui eût posé sa main de glace sur le cœur. Mais alors nous n'aurions pas eu la scène si touchante et si admirablement jouée qui termine le premier acte tel qu'il est; Giselle eût été moins intéressante, et le deuxième acte eût perdu de son effet de surprise.

Le second acte est la traduction aussi exacte que possible de la page que je me suis permis de déchirer dans votre livre, et j'espère, lorsque vous nous reviendrez guéri de Cauterets, que vous n'y trouverez pas trop de contre-sens.

Le théâtre représente une forêt sur le bord d'un étang : de grands arbres pâles, dont les pieds baignent dans l'herbe et dans les joncs; le nénufar épanouit ses larges feuilles à la surface de l'eau dormante, que la lune argente çà et là d'une traînée de paillettes blanches. Les roseaux aux fourreaux de velours brun frissonnent et palpitent sous la respiration intermittente de la nuit. Les fleurs s'entr'ouvrent languissamment et répandent un parfum vertigineux comme ces larges fleurs de Java qui rendent fou celui qui les respire ; je ne sais quel air brûlant et voluptueux circule dans cette obscurité humide et touffue. Au pied d'un saule, couchée et perdue sous les fleurs, repose la pauvre Giselle ; à la croix de marbre blanc qui indique sa tombe est suspendu, encore tout frais, le diadème de pampres dont on l'avait couronnée à la fête des vendanges.

Des chasseurs viennent chercher une place favorable pour se mettre à l'affût ; Hilarion les effraye en leur disant que c'est un endroit dangereux et sinistre, hanté par les Wilis, ces cruelles danseuses nocturnes qui ne pardonnent pas plus que des femmes vivantes à un valseur fatigué. Minuit sonne dans l'éloignement : du milieu des longues herbes et des touffes de roseaux s'élancent des feux follets au vol inégal et scintillant qui font fuir les chasseurs épouvantés.

« Les roseaux s'écartent et l'on voit paraître d'abord une petite étoile tremblante, puis une couronne de fleurs, puis deux beaux yeux bleus doucement étonnés dans un ovale d'albâtre, et enfin tout ce beau corps élancé, chaste et gracieux, digne de la Diane antique et que l'on nomme Adèle Dumilâtre, c'est la reine des Wilis. Avec cette grâce mélancolique qui la caractérise, elle folâtre à la lueur pâle des étoiles, qui glisse sur les eaux comme une blanche vapeur, se balance aux branches flexibles, voltige sur la pointe des herbes comme la Camille de Virgile, qui marchait sur les blés sans les courber, et, s'armant de son rameau magique, évoque les autres Wilis, ses sujettes, qui sortent avec leurs voiles de clair de lune des touffes de jonc, des massifs de verdure, du calice des fleurs, pour se joindre à la danse ; elle leur annonce qu'il y a cette nuit réception d'une nouvelle Wili. En effet, l'ombre de Giselle, droite et pâle dans son suaire transparent, jaillit soudainement de terre à l'appel de Myrtha (c'est le nom de la reine). Le suaire tombe et disparaît. Giselle, encore transie de l'humidité glaciale du noir séjour qu'elle quitte, fait quelques pas en chancelant et en jetant des regards d'effroi sur cette tombe où son nom est écrit. Les Wilis s'en emparent, la conduisent à la reine, qui lui attache elle-même la couronne magique d'asphodèle et de verveine. Au toucher de la baguette, deux petites ailes inquiètes et frémissantes comme celles de Psyché se développent subitement sur les épaules de la jeune ombre, qui, du reste, n'en avait pas besoin. — Aussitôt, comme si elle vouait réparer le temps perdu dans ce lit étroit fait de six planches et deux planchettes, comme dit le poëte de *Lénore*, elle s'empare de l'espace, bondit et rebondit avec en enivrement de liberté et une joie de ne plus être comprimée par cet épais drap de terre lourde, rendus d'une manière sublime par madame Carlotta Grisi. Un bruit de pas se fait entendre; les Wilis se dispersent et se blottissent derrière les arbres. — Ce sont de jeunes paysans qui reviennent de la fête du village voisin; l'excellente proie! Les Wilis sortent de leur cachette et veulent les entraîner dans leur ronde fatale; heureusement, les jeunes gens cèdent aux conseils d'un vieillard plus prudent qui connaît la légende des Wilis, et finissent par ne pas trouver fort naturel de rencontrer au fond d'un bois, sur le bord d'un étang, une foule de jeunes créatures très-décolletées, en jupes de tulle, avec des étoiles au front et des ailes de phalène aux épaules. Les Wilis, désappointées, les poursuivent vivement; cette chasse laisse le théâtre vide.

Un jeune homme s'avance éperdu, fou de douleur, les yeux baignés de larmes; c'est Loys ou Albrecht, si vous l'aimez mieux qui, trompant la surveillance de ses gardiens, vient visiter la tombe de sa bien-aimée. Giselle ne résiste pas à la douce évocation de cette douleur si vraie et si profonde; elle entr'ouvre les branches, et penche, vers son amant agenouillé, son charmant visage illuminé d'amour. Pour attirer son attention, elle détache des fleurs qu'elle porte à ses lèvres, et lui jette ses baisers sur des roses. La légère apparition, suivie d'Albrecht, se met à voltiger coquettement. Comme Galatée, elle s'enfuit vers les roseaux et les saules : *sed cupit ante videri*. — Le vol transversal, la branche qui s'incline, la disparition subite, lorsque Albrecht veut l'enfermer dans ses bras, sont des effets originaux et neufs et qui font une illusion complète. Mais voici que les Wilis reviennent. Giselle fait cacher Albrecht; elle sait trop le sort qui l'attend s'il était rencontré par les terribles danseuses nocturnes. — Elles ont trouvé une autre proie : Hilarion s'est égaré dans la forêt; un sentier perfide l'a ramené à l'endroit qu'il fuyait tout à l'heure. Les wilis s'emparent de lui, se le passent de main en main; à la valseuse fatiguée succède une autre valseuse, et toujours la danse infernale se rapproche du lac. Hilarion, haletant, épuisé, tombe aux pieds de la reine en demandant grâce! l'impitoyable fantôme le frappe avec la branche de romarin, et soudain ses pieds endoloris s'agitent convulsivement. Il se relève et fait de nouveaux efforts pour s'échapper : un mur dansant lui ferme partout le passage, on l'étourdit, on le pousse, et, en quittant la main froide de la dernière danseuse, il trébuche et tombe dans l'étang. — Bonsoir, Hilarion! cela vous apprendra à vous mêler des amours des autres ! Que les poissons du lac vous mangent les yeux!

Qu'est-ce qu'un Hilarion, qu'un danseur pour tant de danseuses? Moins que rien. Une Wili, avec ce flair merveilleux de la femme qui cherche un valseur, découvre Albrecht dans sa cachette. A la bonne heure ! en voilà un qui est jeune et beau et léger! « Allons, Giselle, faites vos preuves ! qu'il danse jusqu'à mourir ! » Giselle a beau supplier, la reine ne l'écoute pas, et la menace de livrer Albrecht à des Wilis moins scrupuleuses. Giselle entraîne son amant vers la tombe qu'elle vient de quitter, lui fait signe d'embrasser la croix et de ne pas la quitter, quoiqu'il arrive. Myrtha essaye d'une ruse infernale et féminine. Elle oblige Giselle, forcée de lui obéir en sa qualité de sujette, à exécuter les poses les plus entraînantes et les plus gracieuses. Giselle danse d'abord timidement et avec beaucoup de retenue ; puis son instinct de femme et de Wili l'emporte; elle s'élance légèrement et danse avec une grâce si voluptueuse, une fascination si puissante, que l'imprudent Albrecht quitte la croix protectrice et s'avance les mains tendues, l'œil brillant de désir et d'amour. Le fatal délire s'empare de lui, il pirouette, il saute, il suit Giselle dans ses bonds les plus hasardeux ; dans la frénésie à laquelle il s'abandonne perce le secret désir de mourir avec sa maîtresse et de suivre au tombeau l'ombre adorée ; mais quatre heures sonnent, une ligne pâle se dessine au bord de l'horizon. C'est le jour, c'est le soleil, c'est la délivrance et le salut. Fuyez, vision des nuits! fantômes blafards, évanouissez-vous ! Une joie céleste brille dans les yeux de Giselle : son amant ne mourra pas, l'heure est passée. La belle Myrtha rentre dans son nénufar. Les Wilis s'éteignent, se fondent et disparaissent. Giselle elle-même est attirée vers sa tombe par un ascendant invincible. Albrecht, éperdu, la saisit dans ses bras, l'emporte en la couvrant de baisers et l'asseoit sur un tertre fleuri; mais la terre ne veut pas lâcher sa proie, l'herbe s'entr'ouvre, les plantes s'inclinent en pleurant leurs larmes de rosée, les fleurs se penchent... Le cor résonne; Wilfrid, inquiet, cherche son maître. Il précède de quelques pas le prince de Courlande et Bathilde... Cependant les fleurs envahissent Giselle ; on ne voit plus que sa petite main diaphane... La main elle-même disparaît, tout est fini! — Albrecht et Giselle ne se reverront plus dans ce monde. — Le jeune homme s'agenouille auprès du tertre, cueille quelques-unes des fleurs, les serre dans sa poitrine, et s'éloigne la tête appuyée sur l'épaule de la belle Bathilde, qui lui pardonne et le console.

Voilà, à peu près, mon cher poëte, comment, M. de Saint-Georges et moi, nous avons arrangé votre charmante légende, avec l'aide de M. Coralli, qui a trouvé des pas, des groupes et des attitudes d'une élégance et d'une nouveauté exquises. Nous vous avons choisi pour interprètes les trois Grâces de l'Opéra : mesdames Carlotta Grisi, Adèle Dumilâtre et Forster. La Carlotta a dansé avec une perfection, une légèreté, une hardiesse, une volupté chaste et délicate qui la mettent au premier rang entre Elssler et Taglioni ; pour la pantomime, elle a dépassé toutes les espérances ; pas un geste de convention, pas un mouvement faux ; c'est la nature et la naïveté même : il est vrai de dire qu'elle a pour mari et pour maître Perrot l'aérien. Petipa a été gracieux, passionné et touchant. Il y a longtemps qu'un danseur n'a fait autant de plaisir et n'a été si bien accueilli.

La musique de M. Adam est supérieure à la musique ordinaire des ballets ; elle abonde en motifs, en effets d'orchestre ; elle contient même, attention touchante pour les amateurs de musique difficile, une fugue très-bien conduite. Le second acte résout heureusement ce problème musical du fantastique gracieux et plein de mélodie. Quant aux décorations, elles sont de Cicéri, qui n'a pas encore son égal pour le paysage. Le lever du soleil, qui fait le dénouement, est d'une vérité prestigieuse. — La Carlotta a été rappelée au bruit des applaudissements de la scène entière.

Ainsi, mon cher Heine, vos Wilis allemandes ont parfaitement réussi à l'Opéra français.

LA PÉRI

BALLET FANTASTIQUE EN DEUX ACTES

(En collaboration avec M. Coralli)

MUSIQUE DE M. BURGMULLER

Représenté pour la première fois sur le théâtre de l'Académie royale de musique, le lundi 17 juillet 1843.

PERSONNAGES :

ACHMET.	MM. Petipa.
ROUCEM.	{ Barrez. { Élie.
UN MARCHAND D'ESCLAVES.	Coralli.
LE PACHA.	Ragaine.
UN EUNUQUE.	Adice.
UN GEOLIER.	Quériau.
LA PÉRI.	Mlles C. Grisi.
NOURMAHAL, sultane favorite.	Marquet, 1re.
AVESHA.	Pierson.

ACTE PREMIER

Le théâtre représente une salle du harem d'une riche architecture arabe. De chaque côté retombent des portières en tapisserie. Des fleurs sont placées dans de grands vases du Japon. Au fond, un jet d'eau pousse vers la voûte son filet de cristal. Sur le devant, à gauche du spectateur, est disposé un divan couvert d'une peau de lion. La scène est au Caire.

SCÈNE PREMIÈRE

Au lever du rideau, les odalisques sont occupées à leur toilette, agenouillées ou assises sur des carreaux. Les unes entremêlent leurs longues nattes de sequins et de fils d'or, les autres teignent leurs sourcils et leurs paupières avec le henné; celles-ci s'attachent des colliers, celles-là font voltiger le bout de leurs écharpes au-dessus de la pierre des parfums, afin de s'imprégner de la vapeur odorante. — La sultane favorite, Nourmahal, se regarde complaisamment dans un riche miroir soutenu par des esclaves. Le chef des eunuques, Roucem, va de l'une à l'autre, leur donnant des conseils, les engageant à redoubler de grâces et de coquetterie, et, joignant l'exemple au précepte, il minaude et prend des airs séducteurs; car Achmet, le maître du sérail, semble ennuyé de ses plaisirs, et Roucem, ministre de ses voluptés, ne sait plus comment ranimer sa fantaisie distraite. Nourmahal elle-même, la belle Nourmahal, n'a plus de puissance sur le cœur d'Achmet.

SCÈNE II

Ommêyl, le marchand d'esclaves, vient proposer à Roucem de faire quelque acquisition pour le compte de son maître : il a justement une occasion charmante, quatre jolies femmes d'Europe capturées par un corsaire algérien, et qui ne sauraient manquer de flatter le goût délicat d'Achmet. Il y a une Française, une Allemande, une Espagnole, une Écossaise, toutes jeunes, toutes belles, toutes pleines de talents... Le sultan, le pacha, n'ont jamais rien eu de mieux dans leur harem. — Combien en veux-tu? dit Roucem. — Très-cher, répond Ommêyl. — Le marché se conclut après une discussion animée et comique, dans laquelle Ommêyl tâche de faire valoir sa marchandise et Roucem de la déprécier.

SCÈNE III

Achmet paraît, appuyé languissamment sur l'épaule d'un esclave; il a l'air perdu dans sa rêverie, et ne se mêle qu'à contre-cœur aux groupes et aux danses des odalisques. — Roucem, qui a voulu ménager à son maître une surprise agréable, fait sortir les nouvelles esclaves d'une tente formée par les odalisques, tenant des cachemires déployés. — L'Espagnole exécute un boléro, l'Allemande une valse, l'Écossaise une gigue, la Française un menuet. — Achmet, qui a paru d'abord prendre quelque plaisir à ces danses, retombe dans sa mélancolie. Achmet est un peu poëte : les voluptés terrestres ne lui suffisent plus; il rêve des amours célestes, des unions avec les esprits élémentaires; la réalité n'a plus d'attraits pour lui, et il demande à l'opium des extases et des hallucinations. — D'un geste, il congédie les femmes, même sa favorite Nourmahal, et ordonne qu'on lui apporte sa pipe. Roucem frappe des mains ; de petits nègres, bizarrement vêtus, entrent, apportant l'un la pipe à champignon de porcelaine, à bouquin d'ambre jaune ; l'autre, la boîte de filigrane d'argent, qui contient la pâte opiacée ; un troisième tient un flambeau de cire ; un quatrième l'aiguille d'argent, qui sert à déposer la pâte enflammée sur le champignon ; un cinquième s'agenouille pour supporter sur le coin de son épaule le poids de la pipe qui fatiguerait le maître. — Achmet aspire plusieurs gorgées de la fumée enivrante et ne tarde pas à tomber endormi sur la peau de lion qui recouvre le divan.

SCÈNE IV

L'opium agit sur le cerveau d'Achmet. Les contours des objets se confondent dans la chambre ; des vapeurs bleuâtres et rosées s'élèvent dans le fond, et en se dissipant, laissent apercevoir un espace immense, plein d'azur et de soleil, une oasis féerique avec des lacs de cristal, des palmiers d'émeraude, des arbres aux fleurs de pierreries, des montagnes de lapis-lazuli et de nacre de perle, éclairé par une lumière transparente et surnaturelle.

SCÈNE V

Les Péris, fées orientales, sont groupées autour de leur reine dans des attitudes de respect et d'admiration. La reine des Péris est debout au milieu de sa cour prosternée. Une couronne d'étoiles brille sur son front; des ailes nuancées d'or, d'azur et de pourpre, tremblent à ses épaules; une gaze légère l'entoure d'un brouillard argenté. — Les Péris franchissent la limite qui sépare le monde idéal du monde réel, et descendent dans la chambre en volligeant et en sautillant comme un essaim d'oiseaux lâchés. Elles passent toutes à côté du divan d'Achmet, qui semble toujours dormir profondément; mais quand la reine des Péris vient s'incliner sur son front, il tressaille. Son cœur l'a reconnue : c'est elle qu'il rêvait. Il se lève et la suit dans le tourbillon capricieux de sa danse. Achmet cherche en vain à la saisir, elle lui échappe toujours, ou s'ils se réunissent, ce n'est que pour un instant, car la légèreté de la Péri ne lui permet pas de rester un instant en place. Elle voudrait attirer Achmet dans l'oasis fantastique qui rayonne au fond du théâtre, et comme Achmet, tout léger qu'il soit, n'a pas d'ailes et ne peut la suivre dans son royaume aérien, il faut qu'elle lui donne un talisman pour la faire descendre de l'étoile où elle demeure, lorsqu'il aura envie de la voir. — Usant de son pouvoir magique, la Péri ordonne aux fleurs des vases, placés sur des corniches, autour de la salle, de se détacher elles-mêmes de leurs tiges et de venir dans sa main composer un sélam ou bouquet mystérieux. Le bouquet achevé, la Péri ôte une étoile de sa couronne et la place au milieu des fleurs. — En baisant cette étoile, tu me feras apparaître. — Vraiment? dit Achmet, qui doute encore. — Pour le convaincre, la Péri se cache un moment dans un grand vase de marbre, et quand Achmet porte le sélam à ses lèvres, elle jaillit subitement à ses yeux de l'autre côté de la salle, puis elle se retire après avoir jeté un tendre adieu au jeune homme étonné et ravi.

SCÈNE VI

La vision enfuie, Achmet se rendort. Roucem entre et le réveille. Le jeune homme, tout ému encore de l'apparition de la Péri, raconte à l'eunuque qu'il vient d'être visité par un être surnaturel, d'une beauté idéale, et qui répond à son amour. — Elle était là tout à l'heure, j'en suis sûr ! — Visions ! chimères ! dit Roucem. La fée est sortie de la fumée de vo're pipe ; c'est l'effet de l'opium qui produit des extases. La Péri n'existe que dans votre imagination, mon cher maître ; ne pensez plus à cela, revenez à la raison, au vrai, au réel, qui a bien son prix. Vous possédez de belles esclaves, payées en bons et loyaux sequins d'or, une sultane favorite charmante ; aimez-la et ne cherchez pas à devenir l'amant d'une Péri. Ces sortes d'aventures finissent toujours mal.

SCÈNE VII

Achmet, à demi convaincu par Roucem, et doutant déjà de la vision, qu'il met sur le compte de l'opium, commande qu'on fasse revenir les femmes. Nourmahal, employant toutes les ressources de la coquetterie, réveille dans le cœur d'Achmet l'ancienne passion qu'il avait pour elle. Achmet, reconquis à la réalité, va pour jeter le mouchoir à Nourmahal ; mais la Péri qui, dès le commencement de cette scène, a reparu invisible pour tous, saisit le mouchoir, le jette à terre, le foule aux pieds, et remet dans les mains d'Achmet le bouquet mystérieux, preuve de la vérité de son rêve. Tous les souvenirs d'Achmet se réveillent avec force ; il porte l'étoile à sa bouche, et la

Péri se révèle à lui, triste, affligée. — Quoi ! est-ce ainsi que tu mérites d'être l'amant d'un esprit supérieur? Te voici déjà retombé dans les liens terrestres ! je ne veux pas d'un cœur partagé. Adieu ! — Elle disparaît, emportant avec elle le sélam magique, dont Achmet n'est plus digne. — Nourmahal, étonnée de tout cela et de la froideur subite qui succède aux protestations d'amour d'Achmet, a recours d'abord aux larmes, aux supplications; puis elle éclate en reproches. Achmet, fatigué de ses obsessions, la repousse, la chasse et la vend au marchand d'esclaves, Ommèyl, sans se laisser attendrir par les prières des autres odalisques. La Péri, redevenue visible, heureuse de son triomphe, frappe de joie dans ses petites mains, et, se penchant sur l'épaule d'Achmet, elle lui rend le bouquet magique. — Nourmahal sort avec le marchand en faisant un geste de menace et de vengeance.

ACTE SECOND

Le théâtre représente la terrasse du palais d'Achmet, ornée de vases, de plantes grasses, de tapis de Perse, etc. Au delà, vue du Caire à vol d'oiseau : multitude de plates-formes coupées de ruelles étroites, comme dans toutes les villes orientales. Çà et là, quelques touffes de caroubier, de palmier. Dômes, tours, coupoles, minarets. Dans le lointain, tout au fond, l'on aperçoit vaguement les trois grandes pyramides de Gisch et les sables du désert. A l'une des fenêtres du palais scintille un reflet de lumière; il fait un clair de lune splendide.

SCÈNE PREMIÈRE

Les compagnes de la Péri voltigent autour du palais d'Achmet. Elles versent avec des urnes d'or la rosée de la nuit sur les fleurs desséchées par la chaleur du jour. La Péri les encourage du geste, et, s'approchant de la fenêtre lumineuse, elle semble épier les actions d'Achmet. — Sans doute, il pense à moi ! Que ne suis-je une simple mortelle, une esclave ! je pourrais m'unir à lui ! — Une des compagnes de la Péri s'approche et lui donne le conseil de renoncer à cet amour qui la perdra et fera tomber de son front son diadème étoilé. — Viens, oublie Achmet; remonte avec nous dans le ciel, d'où tu n'aurais jamais dû descendre. — Non, je l'aime, et je resterai. Maintenant, pour moi le ciel est sur la terre. — Mais il ne t'aime pas, lui; ce qui le séduit en toi, c'est l'éclat de ta couronne, ce sont tes ailes, ta puissance ! Deviens une femme comme les autres, belle, mais obscure, et il n'aura plus un regard pour toi ! — Cette pensée afflige la Péri; mais elle n'en persiste pas moins dans sa résolution de pousser l'aventure à bout.

SCÈNE II

Du fond du théâtre, de terrasse en terrasse, on voit accourir une figure blanche poursuivie par des eunuques, des zébecs, des noirs, des Albanais, agitant des sabres et des coutelas. A ce spectacle, les Péris s'arrêtent et semblent attendre l'événement avec anxiété. Leur reine surtout prend un vif intérêt à cette scène. — La figure se rapproche, et, franchissant une rue, elle saute d'un bond désespéré sur la plateforme du palais d'Achmet. — C'est une esclave échappée du harem du pacha. Les noirs, arrivés au bord de la rue, hésitent à la franchir à cause de sa largeur, et un zébec, armant son fusil, ajuste l'esclave, qui cherche en vain à se cacher. — Le coup part et la fugitive tombe sur les dalles. Une idée subite traverse la tête de la Péri : elle veut tenter une épreuve sur le cœur d'Achmet. Grâce à sa puissance, elle va remplacer dans ce corps jeune et charmant l'âme qui vient de s'en échapper. Si elle se fait aimer sous cette forme et dans cette humble condition, plus de doute : l'orgueil n'est pour rien dans le désir de cette union idéale; Achmet sera digne d'être transporté dans le ciel féerique. La Péri se penche vers le corps de l'esclave : ailes, couronne, écharpe, tout disparaît, et l'incarnation se fait avec la rapidité de l'éclair. — Les autres fées s'envolent de différents côtés, et la Péri, que nous appellerons désormais Léïla, reste seule étendue sur le marbre avec l'apparence et les habits de l'esclave.

SCÈNE III

Achmet et Roucem, qui ont entendu qu'il se passait quelque chose d'extraordinaire sur la terrasse, arrivent et aperçoivent Léïla étendue à terre; Roucem, malgré sa frayeur, aide son maître à la faire revenir à elle. Léïla respire, ouvre les yeux, se relève et raconte qu'elle est une pauvre esclave et qu'elle s'est sauvée du harem du pacha, qui la poursuivait d'un amour auquel elle ne voulait pas répondre. Sa blessure est légère; mais la peur, le saisissement l'ont fait évanouir. — Elle termine en demandant la protection d'Achmet, à qui elle jure obéissance et dévouement sans borne.

SCÈNE IV

Les odalisques accourent poussées par la curiosité; elles considèrent attentivement la nouvelle venue. Les unes la trouvent charmante, les autres la critiquent. Prendra-t-elle dans le cœur du sultan la place laissée vide par Nourmahal? C'est la grande question qui agite le harem. Léïla se prête avec beaucoup de douceur et de grâce aux avances de ses compagnes. Achmet, d'abord un peu contrarié de l'arrivée de Léïla, qui pourrait exciter la jalousie de la Péri, se laisse bientôt aller à des sentiments plus doux. Ému par une vague ressemblance, il l'interroge sur l'emploi qu'elle occupait dans le sérail du pacha, sur les talents qu'elle possède. — Je sais les ghâzels des meilleurs poëtes; je joue de la guzla; les almées les plus habiles du Caire m'ont appris à danser. — On apporte une guzla, on fait venir des musiciens; elle joue et danse, et le jeune maître, enchanté, l'admet au nombre de ses odalisques et ordonne à l'eunuque Roucem de tout préparer pour célébrer la réception de la charmante Léila. — La fête commence, les femmes du harem tâchent de surpasser leur jeune rivale. Quatre des plus jolies exécutent un pas en jouant des cymbales. Au pas de quatre succède un pas de trois. Léila, qui n'a montré qu'un échantillon de son savoir-faire, reparaît couverte d'un haïc, espèce de manteau blanc qui lui enveloppe tout le corps et lui cache la figure, à l'exception des yeux. Elle s'avance au milieu du théâtre, se débarrasse de son manteau et s'apprête à danser un pas national connu au Caire sous le nom de Pas de l'abeille. — La danseuse cueille une rose : — l'insecte irrité sort en bourdonnant du calice de la fleur et poursuit l'imprudente, qui tâche de l'écraser tantôt entre ses mains, tantôt sous son pied. — L'abeille va être prise : un mouchoir dont Léila relève le coin avec précaution rend ses ailes inutiles. Mais quoi ! elle s'est échappée, et, plus irritée que jamais, elle se glisse dans le corsage de la danseuse, qui la cherche dans les plis de sa veste, dont elle se débarrasse ; la lutte continue, l'abeille bourdonne, la jeune fille tourbillonne, augmentant toujours la vivacité de sa danse. La ceinture va bientôt rejoindre la veste, et Léila, dans le costume le plus léger, en simple jupe de gaze, continue ses évolutions éblouissantes, et finit, éperdue, haletante, par aller chercher un abri sous la pelisse d'Achmet, qui, ravi d'admiration, s'incline amoureusement vers elle, et lui couvre, à la mode orientale, le front et la poitrine de pièces d'or. Léila reçoit modestement les félicitations des assistants et lorsque les femmes se retirent, Achmet la fait rester auprès de lui.

SCÈNE V

Plus Achmet regarde Léïla, plus il lui trouve de ressemblance avec la Péri. C'est la même âme, le même sourire qui étincelle dans ses yeux d'azur et sur ses lèvres de roses ; pour compléter l'illusion, il va lui placer sur la tête l'étoile qu'il détache du bouquet. — Je ne suis pas une Péri, répond humblement Léïla, je ne suis qu'une pauvre esclave, une simple mortelle qui vous aime dans toute la simplicité de son cœur !

SCÈNE VI

Nourmahal, l'ancienne favorite d'Achmet, n'a pu dévorer l'affront qui lui a été fait, ni oublier un maître ingrat. Il n'y a rien de tenace comme l'amour méprisé. Grâce aux intelligences qu'elle a conservées dans le palais, elle est parvenue à pénétrer jusqu'à l'endroit où se trouvent Achmet et Léïla. La vue de ce groupe augmente sa fureur ; elle tire un poignard de sa ceinture et s'élance pour frapper Achmet ; heureusement, Léïla lui retient la main et détourne le coup. L'altière sultane s'en prend alors à Léïla ; mais Achmet s'interpose et arrache le kandjar des mains de Nourmahal, qu'il veut livrer au cimeterre des esclaves accourus. — Léïla demande la grâce de la sultane, qui reçoit à genoux cette faveur humiliante, et dont le courroux mal déguisé montre qu'elle n'accepte pas dans son cœur le pardon que lui jette une rivale.

SCÈNE VII

Un négrillon entre tout effaré. Il annonce que le pacha, ancien maître de Léïla, vient redemander son esclave pour la faire mourir. Achmet confie Léïla à Roucem, qui la fait descendre dans un souterrain, dont il referme la trappe sur elle. — Scène de confusion et d'effroi.

SCÈNE VIII

Une prison de la forteresse. Arceaux mauresques, murailles sombres bariolées de versets du Koran. Au fond, une fenêtre grillée.

Achmet, prisonnier, tâche de corrompre le gardien du cachot; il n'y peut parvenir, tant est grande la terreur qu'inspire le caractère inflexible du pacha. Après cette tentative inutile, Achmet découragé laisse tomber sa tête sur sa poitrine, car il est affreux, même pour l'homme le plus ferme, de mourir si jeune et par un si cruel supplice; mais Léïla s'est mise sous la protection d'Achmet, elle s'est jetée au-devant du poignard qui le menaçait; il restera inébranlable dans sa résolution, il ne la livrera pas et sacrifiera pour elle la vie qu'elle lui a sauvée. — Si du moins il avait pu emporter le bouquet magique, il appellerait la Péri à son secours; mais Nourmahal s'en est emparé dans sa fureur jalouse et l'a foulé aux pieds. Plus de moyen de la faire apparaître. Pendant qu'il se livre à ces tristes réflexions, le mur de la prison s'entr'ouvre et la Péri se dresse subitement devant lui. — Viens avec moi, lui dit-elle, abandonne l'esclave; les verrous et les grilles s'ouvriront d'eux mêmes pour te laisser passer. Si tu me suis, la liberté, la vie, le soleil, les trésors à pleins coffres, tout ce qu'on peut rêver de plaisirs et de bonheur, de voluptés éternelles. Si tu restes, un supplice épouvantable, et pour qui? pour une femme, pour une simple mortelle, dont la beauté ne doit durer qu'un jour, et qui ne sera bientôt qu'une pincée de poussière. Je t'aime et je suis jalouse de cette Léïla, rends-la à son maître, qui la punira comme elle le mérite pour s'être échappée de son sérail ; je t'emmènerai dans mon royaume féerique et je te ferai asseoir à mes côtés sur un trône de diamant. — La Péri veut s'assurer par cette dernière épreuve des sentiments d'Achmet, qui refuse le bonheur et la puissance à de pareilles conditions. — Voyant qu'elle ne peut rien obtenir, elle se retire en affectant une colère dédaigneuse.

SCÈNE IX

Le pacha vient une dernière fois sommer Achmet de livrer l'esclave, et, sur son refus, il commande aux bourreaux de le saisir et de le lancer par la fenêtre, le long de la muraille hérissée de crochets de fer disposés de façon à retenir et à déchirer les corps que l'on jette de l'intérieur de la tour dans le fossé. — A peine Achmet a-t-il disparu dans le gouffre, que les murs de la prison s'évanouissent, des nuages se lèvent portant des groupes de Péris : le ciel s'ouvre, et l'on aperçoit un paradis musulman, merveilleuse et fantastique architecture dont Achmet divinisé monte les degrés étincelants en tenant la main de celle dont il est désormais inséparable.

FIN DE LA PÉRI.

A GÉRARD DE NERVAL

J'aurais bien voulu, mon cher Gérard, t'aller rejoindre au Caire, comme je te l'avais promis ; tu n'as pas de peine à le croire : j'aimerais mieux me promener en devisant avec toi au bord du Nil, dans les jardins de Schoubrah, ou gravir la montagne de Mokattam, d'où la vue est si belle, que de polir de la semelle de mes bottes les différentes espèces de bitume et d'asphalte qui s'étendent depuis la rue Grange-Batelière jusqu'à la rue du Mont-Blanc. Mais quel est l'homme qui fait ce qu'il veut, excepté toi peut-être ? Comme don César de Bazan, tu vois des femmes jaunes, noires, bleues, vertes ; tu vois des ibis et des rats de Pharaon, homme heureux ! Moi, je n'ai pas quitté Paris, mille soins m'ont empêché ; on a toujours à la patte quelque fil invisible qui se fait sentir au moment où l'on va s'envoler ; sans compter le feuilleton, tonneau des Danaïdes où il faut verser chaque semaine une urne de prose, et la page à finir, et la page à commencer, et l'espoir trompé chaque jour, et tous les chers ennuis dont la vie est faite. Enfin, je suis resté, et, ne pouvant te suivre, je me suis fait construire un Orient et un Caire, rue Le Peletier, à l'Académie royale de musique et de danse, à dix minutes de chemin de chez moi.

On n'est pas toujours du pays qui vous a vu naître, et, alors, on cherche à travers tout sa vraie patrie ; ceux qui sont faits de la sorte se sentent exilés dans leur ville, étrangers dans leurs foyers, et tourmentés de nostalgies inverses. C'est une bizarre maladie : on est comme des oiseaux de passage encagés. Quand arrive le temps du départ, de grands désirs vous agitent, et vous êtes pris d'inquiétudes en voyant les nuages qui vont du côté de la lumière. — Si l'on voulait, il serait facile d'assigner à chaque célébrité d'aujourd'hui non-seulement le pays, mais le siècle où aurait dû se passer son existence véritable : Lamartine et de Vigny sont Anglais modernes ; Hugo est Espagnol-Flamand du temps de Charles-Quint ; Alfred de Musset, Napolitain du temps de la domination espagnole ; Decamps, Turc asiatique ; Marilhat, Arabe ; Delacroix, Marocain. On pourrait pousser fort loin ces remarques, justifiables jusque dans les moindres détails, et que viennent confirmer même les types de figure. — Toi, tu es Allemand ; moi, je suis Turc, non de Constantinople, mais d'Égypte. Il me semble que j'ai vécu en Orient ; et, lorsque, pendant le carnaval, je me déguise avec quelque cafetan et quelque tarbouch authentique, je crois reprendre mes vrais habits. J'ai toujours été surpris de ne pas entendre l'arabe couramment; il faut que je l'aie oublié. En Espagne, tout ce qui rappelait les Mores m'intéressait aussi vivement que si j'eusse été un enfant de l'islam, et je prenais parti pour eux contre les chrétiens.

Dans cette préoccupation de l'Orient, un jour de pluie grise et de vent aigre, j'avais commencé, par réaction sans doute, je ne sais quoi, comme un petit poëme turc ou persan ; et j'en avais déjà écrit vingt vers, lorsque cette idée judicieuse me tomba du plafond, que, si j'en écrivais davantage, personne au monde ne les lirait sous aucun prétexte. Les vers sont la langue des dieux, et ne sont lus que par les dieux, au grand désespoir des éditeurs. Je jetai donc mes strophes dans le panier aux ébauches, et, prenant un carré de papier, je confiai mon sujet aux jolis petits pieds qui, de quatre lignes d'Henri Heine, ont fait le dernier acte de *Giselle*.

Voici à peu près quelle avait été ma fantaisie, à laquelle je n'attache, d'ailleurs, aucune importance; chaque bouffée d'opium, chaque cuillerée de hachich en fait éclore de plus belles et de plus merveilleuses.

Dans l'intérieur d'un harem aux colonnettes de marbre, aux pavés de mosaïque, aux murailles découpées comme des guipures, au milieu des parfums s'élevant en nuages, des jets d'eau retombant en rosée de perles, un jeune homme beau, riche comme un prince des *Mille et une Nuits*, rêve nonchalamment, le coude noyé dans la crinière d'un lion, le pied posé sur la gorge d'une de ces Abyssines dont la peau est toujours froide, même lorsque souffle le vent de feu du désert : — une espèce de don Juan oriental, arrivé au bout des voluptés et non pas des désirs ! Son catalogue ne se compose pas des dernières venues, de la grande dame ou de la grisette, de la courtisane ou de la petite pensionnaire, de tout ce que le hasard écrit sur la liste du don Juan européen. Ce n'est pas l'intrigue, l'aventure, les complications, les maris trompés, que cherche mon don Juan ; c'est la possession de la beauté dans toutes ses formes et sous tous ses aspects. Chrétien, il eût été un grand peintre ; mais, dans une religion qui ne permet pas la reproduction de la figure humaine de peur d'idolâtrie, il ne peut fixer ses rêves que par des tableaux réels. Dans ce sérail unique, se trouvent réunis tous les types de la perfection féminine : la Géorgienne aux formes royales, la Grecque au profil droit découpé en camée, l'Arabe pure et fauve comme un bronze, la juive à la peau d'opale, inondée d'opulents cheveux roux, l'Espagnole fine et cambrée, la Française vive et jolie, cent chefs-d'œuvre vivants que signeraient Phidias, Raphaël, Titien ; et cependant Achmet répète tout bas cette ghazel mélancolique que le sultan Mahmoud jetait à l'azur du Bosphore, du haut des terrasses du sérail : « J'ai quatre cents femmes, et je n'ai pas d'amour. »

En effet, qu'est-ce que le corps sans l'âme, la lampe sans la lumière, la fleur sans le parfum? Qu'importe au triste Achmet que les plus belles odalisques se roulent de désespoir sur les peaux de tigre? que la cadine trouble de ses pleurs dans l'eau du bassin le reflet de son charmant visage ? Il reste froid au milieu de l'amour qu'il inspire ; en vain l'eunuque, ministre de ses plaisirs, achète au poids de l'or les plus rares esclaves, rien ne peut retenir un instant le regard distrait du maître. La matière le rebute et le fatigue. Comme tous les grands voluptueux, il est amoureux de l'impossible ; il voudrait s'élancer, dans les régions idéales, à la recherche de la beauté sans défaut ; l'ivresse ne lui suffit pas, il lui faut l'extase ; à l'aide de l'opium, il tâche de dénouer les liens qui enchaînent l'âme au corps ; il demande à l'hallucination ce que la réalité lui refuse. Ainsi, ces yeux bleus comme le jour ou noirs comme la nuit, ces épaules nacrées, ces bras polis, ces poitrines satinées que gonfle le souffle de la vie, toute cette jeunesse, tout cet éclat, ne suffisent pas à charmer l'ennui de ce cœur insatiable. A côté des formes les plus pures que puisse revêtir la beauté humaine, il se dit : « N'est-ce donc que cela? » Ce qu'il appelle de toutes ses forces, c'est l'esprit, c'est l'âme, c'est le rayon. Il veut d'un amour avec des ailes de flamme, un corps de lumière qui se meuve dans l'infini et dans l'éternité comme un oiseau dans l'air.

La terre, symbolisée par Achmet, tend les bras vers le ciel, qui la regarde tendrement par les yeux d'azur de la Péri. — En effet, si les mortels ont, depuis les temps les plus reculés, rêvé des unions divines, le ciel, dans l'immortel ennui de ses félicités, a souvent cherché des distractions sur la terre. C'est une si belle chose d'aimer, de souffrir, de briller un instant et de disparaître pour toujours, que les anges désertaient le paradis et descendaient ici-bas pour avoir commerce avec les filles des hommes ; toutes les mythologies ne sont pleines que de cela : sans compter les innombrables *avatars* de Brahma et de Vichnou, l'histoire de Jupiter n'est qu'une perpétuelle incarnation. Encore ne se contente-t-il pas de se faire homme, il se fait bête pour réussir plus sûrement. — La matière se plaint de la pesanteur de ses chaînes, de la corruptibilité de ses formes, elle aspire à l'idéal, à l'infini, à l'éternel. — L'esprit, au contraire, dans sa mélancolie abstraite, désire la sensation, l'émotion, la douleur même ; il s'ennuie de n'avoir point de corps, le besoin du sacrifice et de la passion le tourmente.

> Toujours les paradis ont été monotones :
> La douleur est immense et le plaisir borné,
> Et Dante Alighieri n'a rien imaginé
> Que de longs anges blancs avec des nimbes jaunes.
> Les musulmans ont fait du ciel un grand sérail ;
> Mais il faut être Turc pour un pareil travail.
>
> Notre Péri là-haut s'ennuyait, quoique belle ;
> C'est être malheureux que d'être heureux toujours.
> Elle eût voulu goûter nos plaisirs, nos amours,
> Être femme et souffrir ainsi qu'une mortelle.
> L'éternité, c'est long ! — Qu'en faire à moins d'aimer ?
> Leïla s'éprit d'Achmet ; qui pourrait l'en blâmer ?

Achmet et la Péri, c'est-à-dire la matière et l'esprit, le désir et l'amour, se rencontrent dans l'extase d'un rêve, comme dans un champ neutre ; ce n'est que lorsque les yeux du corps sont endormis que les yeux de l'âme s'éveillent. Les liens charnels sont dénoués, et le monde invisible se révèle, les esprits du ciel descendent, ceux de la terre montent, et des unions mystérieuses s'accomplissent dans un vague crépuscule où l'on pressent déjà l'aurore du jour éternel. — Mais toute initiation demande des épreuves, toute foi appelle le martyre. Il ne suffit pas d'avoir vu l'esprit de ce blanc de neige et de flamme qui caractérise les apparitions sur le Thabor symbolique ; il faut encore le reconnaître dans ses incarnations, sous les humbles voiles de la chair, sous l'enveloppe fragile et périssable. Après l'avoir compris par le cerveau, il faut le comprendre par le cœur : le désir n'est rien sans l'amour ; cette essence aérienne va emprunter un corps : celle que vous aurez aimée à l'état de péri, il faut l'aimer à l'état de femme, sans ailes, sans couronne, sans puissance.

Le beau mérite de croire à la divinité entourée de splendeurs, assise sur un trône d'éblouissements avec un soleil pour marchepied ! — Sacrifiez-vous pour l'esprit comme l'esprit se sacrifice pour vous ; quittez la terre comme il a quitté le ciel, et, de la réunion de ces deux dévouements naîtra l'ange complet, c'est-à-dire un être dont chaque moitié aura renoncé à son bonheur pour le bonheur de l'autre ; l'égoïsme de l'âme et l'égoïsme de la matière sont vaincus, et de ce double anéantissement résulte la félicité suprême. — La terre est le rêve du ciel, le ciel le rêve de la terre, telle est l'idée fondamentale de ce poëme tourné en ronds de jambe. — Tu vois, mon cher ami, que *la Péri*, ballet-pantomime en deux actes, est aussi convenablement bourrée de mythes, que peut le désirer un professeur d'esthétique allemand. Je serais désespéré qu'on m'accusât de manquer de profondeur à propos de chorégraphie et que l'on pût croire que je n'ai pas lu la symbolique de Kreutzer.

Maintenant que je t'ai expliqué l'idée du poëme que je voulais faire, je vais te donner quelques détails sur le ballet qu'on représente à l'Académie royale de musique, et cela, sans que ma modestie en souffre le moins du monde, car *la Péri* est l'œuvre de Coralli et de Burgmuller, de Carlotta et de Petitpa, et je puis en parler avec éloge comme d'une chose qui m'est totalement étrangère.

Et, d'abord, je te remercie beaucoup des détails locaux que tu m'as envoyés et qui ne me sont arrivés que lorsque mon siége était fait ; mais comment diable aurais-je placé parmi les comparses de l'Opéra ces Anglais vêtus de caoutchouc, avec des chapeaux de coton piqué et des voiles verts pour se préserver de l'ophthalmie ; ces Français étranges, portant fièrement et en guenilles les modes de 1816 ; ces Turcs ridicules, accoutrés de l'uniforme de Mahmoud, en polonaises à brandebourgs et en tarbouchs enfoncés jusqu'aux yeux ?

Le costume des femmes fellahs, que tu dis si gracieux, et qui consiste en une tunique fendue des deux côtés, depuis l'aisselle jusqu'au talon, n'aurait guère pu être réalisé qu'avec des modifications qui lui auraient ôté tout son caractère. Cependant je crois, lorsque tu reviendras, que tu seras content de la décoration du premier acte, qui représente une salle du harem d'Achmet. Cela ne ressemble pas à ces cafés turcs ornés d'œufs d'autruche, chargés, dans les opéras et les ballets, de donner une idée des magnificences orientales. C'est un intérieur vrai, bien étudié, d'une exactitude parfaite. Voilà bien les murailles de stuc, les lambris de carreaux vernissés, le plafond aux caissons de cèdre, les voûtes travaillées en ruche d'abeilles, les vases aux larges ailes, pleins de roses et de pivoines ; et puis, là-bas, au fond, dans l'ombre fraîche et recueillie, le long divan qui invite au repos, le cabinet doré où l'on serre les tasses, les cafetières, les pipes : une décoration habitable, et dans laquelle un vrai croyant ne se trouverait pas trop dépaysé.

Si tu as été dans les cafés des fumeurs d'opium et que tu aies fait tomber la pâte enflammée sur le champignon de porcelaine, je doute que, devant tes yeux assoupis, il se soit développé un plus brillant mirage que l'oasis féerique exécutée par MM. Séchan, Diéterle et Despléchin, qui semblent avoir retrouvé la vaporeuse palette du vieux Breughel, le peintre du paradis. Ce sont des tons fabuleux, d'une tendresse et d'une fraîcheur idéales ; un jour mystérieux, qui ne vient ni de la lune ni du soleil, baigne les vallées, effleure les lacs comme un léger brouillard d'argent, et pénètre dans les clairières des forêts magiques ; la rosée étincelle en diamants sur des fleurs inconnues dont les calices sourient comme des bouches vermeilles ; les eaux et les cascades miroitent sous les branches ; c'est un vrai songe d'Arabe, tout fait de verdure et de fraîcheur. Jamais peut-être, à moins de frais, l'Opéra n'avait obtenu un plus brillant effet. Quelques aunes de toile, quelques pots de couleur, une rampe de gaz, et c'est tout. Le pinceau, manié par une main habile, est un grand magicien.

Quelque charme que puissent offrir les Péris orientales avec leurs pantalons rayés d'or, leur corset de pierreries, leurs ailes de perroquet, leurs mains peintes en rouge et leurs paupières teintes en noir, je doute qu'elles soient plus jolies que Carlotta, et surtout qu'elles dansent aussi bien.

Au second acte, quand le rideau se lève, tu verras, du haut d'une terrasse, le Caire à vol d'oiseau, et tu ne voudras jamais croire que MM. Philastre et Cambon n'ont pas été en Égypte. La forteresse, la mosquée du sultan Hassan, les frêles minarets qui ressemblent à des hochets d'ivoire, les coupoles d'étain et de cuivre qui reluisent çà et là comme des casques de géant, les terrasses surmontées de cabinets de cèdre, puis, là-bas, tout au fond, le Nil débordé et les pyramides de Giseh perçant de leur angle de marbre le sable pâle du désert; rien n'y manque, c'est un panorama complet. Je ne sais trop ce que j'aurais vu de plus en allant là-bas moi-même.

C'est dans la salle du harem, entr'ouverte un moment pour l'apparition de la Péri, et sur la terrasse du palais d'Achmet, que se passe l'action du ballet, rendue légère à dessein pour laisser toute latitude au chorégraphe. — Je ne te parle pas d'un petit bout de prison, qui n'est là que pour donner le temps d'allumer les splendeurs de l'apothéose et de mettre les nuages en place. Par la fenêtre de cette prison, on jette sur les crochets Achmet, qui a refusé de livrer l'esclave, dont la Péri a pris le corps : tu penses bien qu'elle ne le laisse pas arriver jusqu'aux terribles pointes, et qu'elle l'emporte avec elle dans son beau royaume d'or et d'azur. J'aurais préféré la décoration primitive qui rappelait le tableau de Decamps, et laissait à la scène toute son épouvante. Il y avait peut-être un effet de surprise dans ce corps lancé, qui montait au lieu de descendre, et tombait en plein paradis. Mais les habiles et les prudents ont prétendu que le ballet ne se prêtait pas à de telles violences, et peut-être ont-ils raison. Du reste, cela est peu important; le principal dans un ballet, qu'il soit écossais, allemand ou turc, c'est la danse, et jamais ballet n'a été plus heureux sous ce rapport que celui de *la Péri :* le pas du songe a été, pour Carlotta, un véritable triomphe; lorsqu'elle paraît dans cette auréole lumineuse avec son sourire d'enfant, son œil étonné et ravi, ses poses d'oiseau qui tâche de prendre terre et que ses ailes emportent comme malgré lui, des bravos unanimes éclatent dans tous les coins de la salle. Quelle danse merveilleuse! Je voudrais bien y voir les péris et les fées véritables! Comme elle rase le sol sans le toucher! on dirait une feuille de rose que la brise promène : et pourtant, quels nerfs d'acier dans cette frêle jambe, quelle force dans ce pied, petit à rendre jalouse la Sévillane la mieux chaussée; comme elle retombe sur le bout de ce mince orteil ainsi qu'une flèche sur sa pointe!

A la fois correcte et hardie, la danse de Carlotta Grisi a un cachet tout particulier ; elle ne ressemble ni à Taglioni, ni à Elssler ; chacune de ses poses, chacun de ses mouvements est marqué au sceau de l'originalité. — Être neuf dans un art si borné ! — Il y a dans ce pas un certain saut qui sera bientôt aussi célèbre que le saut du Niagara. Le public l'attend avec une curiosité pleine de frémissement. Au moment où la vision va finir, la Péri se laisse tomber du haut d'un nuage dans les bras de son amant. Si ce n'était qu'un tour de force, nous n'en parlerions pas ; mais cet élan si périlleux forme un groupe plein de grâce et de charme ; on dirait plutôt une plume de colombe soutenue par l'air qu'un corps humain qui se lance d'un plancher ; et ici, comme en bien d'autres occasions, il faut rendre justice à Petitpa : comme il est dévoué à sa danseuse ! comme il s'en occupe ! comme il la soutient ! Il ne cherche pas à attirer l'attention sur lui, il ne danse pas pour lui tout seul ; aussi, malgré la défaveur qui s'attache aujourd'hui aux danseurs, est-il parfaitement accueilli du public. Il n'affecte pas cette fausse grâce, cette mignardise ambiguë et révoltante qui ont dégoûté le public de la danse masculine. Mime plein d'intelligence, il remplit toujours la scène et ne dédaigne pas les plus minces détails ; aussi son succès a-t-il été complet, et il peut s'attribuer une part des applaudissements soulevés par cet admirable pas de deux, qui, dès à présent, prend place à côté du pas de *la Favorite* et du pas de *Giselle*. — Je n'ai pas besoin de te décrire le *pas de l'abeille*, que tu as dû voir exécuter au Caire dans toute sa pureté native, à moins que le pudique Méhémet-Ali n'ait exilé dans le Darfour toutes les almées sans exception, comme vient de me le raconter un voyageur.

Si tu savais avec quel chaste embarras Carlotta se débarrasse de son long voile blanc ; comme sa pose, alors qu'elle est agenouillée sous les plis transparents, rappelle la Vénus antique souriant dans sa conque de nacre ; quel effroi enfantin la saisit lorsque l'abeille irritée sort du calice de la fleur ! comme elle indique bien les espoirs, les angoisses, toutes les chances de la lutte ! comme la veste et l'écharpe, et le jupon où l'abeille cherchait à pénétrer s'envolent prestement à droite, à gauche, et disparaissent dans le tourbillon de la danse ! comme elle tombe bien aux genoux d'Achmet, haletante, éperdue, souriant dans sa peur, plus désireuse d'un baiser que des sequins d'or que la main du maître va poser sur le front et sur le sein de l'esclave !

Si mon nom ne se trouvait pas sur l'affiche, quels éloges je te ferais de cette charmante Carlotta! J'ai vraiment regret d'avoir fourni quelques lignes de programme qui m'empêchent d'en parler à ma fantaisie ; ma position est embarrassante. Si tu étais là, tu m'épargnerais cette peine ; mais je ne peux pas aller prendre un feuilletoniste au coin pour faire cette besogne. Je suis obligé de me critiquer moi-même, et j'avoue que, si je me disais la moindre chose désagréable, je m'en demanderais raison sur-le-champ. Je suis très-chatouilleux à cet endroit, et laisse à mes amis, qui s'en acquitteront parfaitement, le soin de relever les fautes de l'auteur ; comme feuilletoniste, je me permettrai de louer sans restriction les arrangements et les groupes de Coralli, qui n'a jamais été plus frais, plus gracieux, plus jeune. Le kiosque de cachemires est d'une invention charmante ; le pas de quatre du second acte est plein d'originalité et de couleur, musique et danse ; il est, d'ailleurs, parfaitement exécuté par mesdemoiselles Caroline, Dimier, Robert et Dabbas.

Mademoiselle Delphine Marquet, dans le rôle de la favorite disgraciée, a fait preuve d'un talent dramatique réel et plein d'avenir ; elle porte à ravir un admirable costume, calqué sur un dessin de Marilhat, qui sied parfaitement à sa beauté noble et sévère. Quant à Barrez, il a su faire quelque chose, à force de talent, d'un méchant petit bout de rôle que je me plais à reconnaître très-mauvais. — Pour la musique, elle est élégante, délicate, distinguée, pleine de motifs heureux et chantants qui se fixent dans la mémoire comme la valse de *Giselle*, et je n'ai peur que d'une chose, c'est que M. Burgmuller, poursuivi par les pianos et les orgues de Barbarie, ne soit forcé de s'expatrier de ce beau pays de France, où il vient de se faire naturaliser, ne prévoyant pas cette vogue.

(Feuilleton de *la Presse*, 25 juillet 1843.)

LETTRE A PERROT
(INÉDIT)

Mon cher Perrot, voici à peu près le canevas de *la Péri*. Il y a encore beaucoup à faire, mais cela vous suffira pour y pouvoir puiser et chercher des effets.

Abdul-Maleck, jeune arabe, habitant le Caire, a pris en dégoût les plaisirs faciles du harem. Il désire de plus nobles et de plus idéales voluptés. Exalté par la lecture du poëte et charmé des descriptions qu'ils font de la beauté des péris, il rêve de devenir l'amant ou l'époux de l'une d'entre elles.

Résolu à ne plus avoir de liaison qu'avec les sultanes de l'air, il envoie chercher des marchands d'esclaves, et leur vend ses odalisques qui font d'inutiles coquetteries pour le décider à les garder.

Resté seul, il s'assied sur un divan, appelle son négrillon et se dispose à fumer de l'opium. Les visions que le narcotique provoque semblent lui ouvrir le monde idéal où il désire entrer. Quand il a fumé quelques pipes, les murailles de la chambre changent de couleurs, deviennent transparentes et finissent par se dissiper tout à fait. Tout le fond du théâtre est occupé par un brouillard lumineux où bientôt se dessinent des paysages, des jardins et des palais fantastiques. Dans un flot de lumière éclatante apparaît la reine des péris au milieu de ses compagnes. Elle jette sur Abdul-Maleck un regard d'une douceur infinie et semble l'engager à venir vers elle. — Abdul Maleck appesanti par l'ivresse de l'opium, se lève d'abord en chancelant et se dirige vers la Péri, puis ses forces lui reviennent et il tâche d'atteindre la vision légère et brillante qui papillonne au-dessus de lui. — Ici il faudrait faire un pas comme vous seul savez les dessiner. — Au commencement du pas, langueur d'Abdul Maleck troublé par l'opium. La Péri vient tout près de lui comme pour l'enhardir et le provoquer et quand il s'approche elle s'élance d'un seul bond à une grande distance. Abdul Maleck redouble d'effort et comme dégagé de la pesanteur terrestre par la force de la passion, il arrive presque à la légèreté d'un esprit sans pouvoir toutefois saisir la Péri dans ses bras. Épuisé de fatigue il tombe sur le bord du divan où la Péri s'approche, lui met un baiser sur le front et au doigt un anneau magique au moyen duquel Abdul Maleck pourra l'évoquer. — La Péri remonte dans les nuages ; les brouillards s'épaississent les murs perdent leur transparence et la chambre revient à son état naturel. Les esclaves rentrent apportant des sorbets et des conserves. Abdul Maleck s'éveille tout étonné de la vision qu'il vient d'avoir, il croit que c'est l'effet de l'opium qu'il a fumé, mais l'anneau qui brille à son doigt ne lui permet pas de douter de la réalité de ce qu'il prenait pour un rêve. Transports de joie d'Abdul, ivre de bonheur d'être enfin l'amant d'une Péri.

A quelque temps de là, Abdul est assis tout rêveur sur la terrasse de son palais. Une jeune esclave poursuivie par des eunuques et des Zebecks en sautant de toit en toit (ce qui est possible en Orient où les rues n'ont pas plus de 3 ou 4 pieds de large) arrive jusque sur la terrasse d'Abdul et le supplie de la cacher et de la dérober à la mort qui la menace ; elle a porté un sélam (Lettre de fleurs) à la sultane favorite, et le pacha a voulu la faire mourir. Elle s'est échappée des mains de ses bourreaux et prie le généreux Abdul de lui accorder sa protection ; Abdul sans même lui jeter un regard lui fait signe qu'elle peut rester. Ayecha, c'est le nom de la jeune esclave, n'est autre que la Péri qui a voulu voir si Abdul serait capable de reconnaître son mérite et si l'orgueil n'entrait pas pour beaucoup dans le désir qu'il avait d'épouser une sultane de l'air. S'il sait la découvrir dans cette humble condition et sous ces habits modestes, elle se donnera à lui. Sinon elle remontra à tous jamais dans son royaume aérien. (Le public est mis dans la confidence sur le champ par Ayecha qui écarte les plis de sa tunique de mousseline et laisse voir le corsage étincelant d'or et de pierrerie qu'elle portait dans son costume de Péri.) Ici commencera une suite de scènes dans lesquelles Ayecha tâche de faire naître l'amour d'Abdul par une foule de coquetteries innocentes et pleines de grâce. Mais lui, tout occupé de la Péri, ne fait pas attention à la jeunesse, à la beauté et à la passion d'Ayecha. Il renvoie Ayecha, car il veut être seul pour évoquer la Péri, en tournant en dedans le chaton de l'anneau magique. Ayecha sort par une porte et rentre par l'autre en costume de fée. Abdul fait alors les plus belles protestations et trouve adorable la même femme qu'il vient de renvoyer assez brusquement. Mais la Péri, peu contente de son peu de clairvoyance, le traite avec froideur et se retire sans lui avoir accordé la plus légère faveur. Abdul-Maleck, resté seul, tombe dans une profonde tristesse. Il craint d'avoir perdu les bonnes grâces de la Péri. Ayecha rentre et tâche de le distraire. Elle se place à ses pieds et lui joue un air de

Guzla. Abdul-Maleck, quoique la musique en soit fort douce, n'y prend aucun plaisir. L'imagination préoccupée de visions fantastiques, il ne comprend pas la poésie réelle et vivante: Ayecha le cœur serré dépose sa guitare, et se met à pleurer. Abdul qui n'est pas méchant la console de son mieux, lui explique qu'il ne peut l'aimer parce qu'il veut devenir l'époux d'une péri qu'il fait venir au moyen d'un anneau magique. Ayecha prend l'anneau et le jette dans la rue. Désespoir d'Abdul. Ayecha lui dit qu'elle est aussi jolie que toutes les fées du monde et qu'elle vaut bien la Péri qu'il regrette; elle est un peu magicienne. Au moyen de son art, elle va lui faire apparaître dans un miroir le visage de la Péri après le sien, afin qu'il juge de la ressemblance; mais surtout qu'il ne se retourne pas, car il mourrait. Abdul tient le miroir à la main. Ayecha, costumée en péri, se penche sur l'épaule d'Abdul de façon à ce qu'elle projette la réflection de sa figure dans le miroir. Abdul éclate en transports d'admiration. — C'est vrai, elle est belle, dit Ayecha d'un ton ironique. Mais je ne suis pas moins belle. Abdul ne répond rien. — Si c'est d'avoir perdu l'anneau qui vous afflige, consolez-vous avec ce miroir magique; je vous ferai voir la fée aussi souvent qu'il vous plaira. Mais de grâce dissipez votre tristesse, envoyez chercher vos amis, faites venir des almées, reprenez goût à la vie réelle. La fête s'organise, les almées arrivent, Ayecha paraît enveloppée d'un haïck (manteau blanc) qui ne lui laisse voir qu'un œil.

Elle s'avance au milieu du théâtre, puis faisant semblant d'entendre bourdonner une abeille, elle bondit çà et là pour l'éviter et jette son manteau, puis cherche l'abeille dans les plis de son écharpe ou de sa veste et jette aussi tous ses voiles jusqu'à ce qu'elle reste en maillot-chair, et en tunique de gaze (voyez pour une description de ce pas un voyage au Sinaï de Alexandre Dumas et Dauzats). Alors, comme effrayée par la piqûre de l'abeille, elle fait des bonds merveilleux et redouble la vivacité de la danse. Puis elle va se mettre aux genoux d'Abdul qui, suivant l'usage oriental lui couvre le front de pièces d'or. Malgré la richesse du présent, elle reste encore aux genoux d'Abdul, comme attendant quelque chose. Abdul charmé de tant d'attraits et de beauté, pose ses lèvres sur son front et rend ainsi à la jeune esclave, le baiser que la Péri lui a donné dans son sommeil. Le fond du théâtre s'ouvre. Les fées du premier acte reparaissent et Abdul à qui la Péri tend l'anneau jeté par Ayecha, est emmené dans le royaume des génies.

Manuscrit, sans date.

PAQUERETTE

BALLET-PANTOMIME EN TROIS ACTES ET CINQ TABLEAUX

(En collaboration avec M. Saint-Léon)

MUSIQUE DE M. BENOIST

Représenté sur le théâtre de l'Opéra le 15 janvier 1851.

PERSONNAGES :

FRANÇOIS.	MM. Saint-Léon.
JOB.	Coralli.
BRIDOUX, maréchal des logis.	Berthier.
DURFORT.	Adin.
MARTIN.	Lenfant.
LE BAILLI.	Cornet.
UN MILITAIRE.	Dauty.
PAQUERETTE.	Mme Cerrito.
CATHERINE, 1re cantinière.	Mlles Aline.
MARTHE, 2e cantinière.	Lacoste.
MARIE, 3e cantinière.	Lacoste.
DEUX HUISSIERS.	MM. Begrande. Lefèvre.

ACTE PREMIER

Le théâtre représente les dernières maisons d'un village du nord de la France où déjà l'influence de la Flandre se fait sentir; la brique donne une teinte rose aux murailles; les toits se denticulent en escaliers; les puits sont festonnés de houblon, cette vigne septentrionale ; les moulins ont au col des fraises de charpente, dans le lointain les clochers élèvent leurs flèches à renflements bizarres ; les arbres se mêlent plus nombreux aux habitations, les haies remplacent les murs et les champs commencent. Un air de gaieté et de repos indique un jour de fête.

Un jeune homme, le beau François, l'air alerte et joyeux, sort d'un humble logis en habit de dimanche pour aller à la fête ; au diable l'ouvrage ! il n'est question aujourd'hui que de s'amuser avec les gais compagnons et les jolies fillettes. Le vieux Martin son père le suit et lui fait des remontrances ; le travail qu'il devait livrer n'est pas terminé encore, le prix aurait servi à payer un créancier impitoyable. — Demain je travaillerai double, car il est dur de pousser le rabot en tablier de cuir lorsque tout le monde se divertit et met ses beaux habits de fête, répond François, peu convaincu par l'homélie paternelle.

Le père Martin n'avait pourtant pas tort ; un nouveau personnage entre, dont la mine ne présage rien de bon ; ses yeux d'oiseau de proie, son nez en bec à corbin, sa bouche en tirelire, ses rides pleines de chiffres annoncent un individu de l'espèce de M. Vautour, un composé d'Harpagon et de Gobseck, un avare et un usurier ; en le regardant bien, on lui trouverait un vernis de garde du commerce. Ce casse-noisette de Nuremberg animé est M. Durfort, le créancier du père Martin. « Ah çà, père Martin, voilà assez longtemps que je patiente ; vous allez me payer mon dû, intérêt et principal, sans préjudice des frais de poursuite et autres, avant que le soleil soit couché, faute de quoi faire, je vous insère délicatement dans la prison pour dettes jusqu'au payement intégral de la somme. »

L'âpreté de Durfort exaspère François, qui fait des gestes menaçants à l'usurier ; celui-ci lui dirait volontiers en parodiant le mot de Thémistocle : « Frappe, mais paye. » Le père, moins bouillant que le fils, demande un répit pour aller à la ville et tâcher de s'y procurer de l'argent. François, qui est un brave cœur, ôte son habit, ceint le tablier et se met à l'établi, où il rabote et scie de grand courage pour terminer à temps le travail qui peut éviter la prison à son père.

Un coup d'œil jeté par Durfort sur la pauvre maison de Martin lui fait comprendre qu'il ne gagnerait pas grand chose à pousser les rigueurs jusqu'aux extrémités, et il laisse son débiteur aller tenter fortune à la ville, rassuré d'ailleurs par l'activité avec laquelle François fait filer les copeaux sous sa varlope.

Cependant le village s'éveille et s'anime ; la jolie Paquerette, plus adroite que la Perrette de la fable, arrive portant sur sa tête un pot au lait, qu'elle ne laisse pas tomber même en songeant aux contredanses et aux valses que l'orchestre doit exécuter le soir sous la feuillée. Grande est sa surprise en voyant François occupé ; elle s'avance avec une petite mine boudeuse et demande au jeune homme si son ouvrage sera bientôt terminé. François fait un signe de dénégation sans se déranger. — Paquerette, contrariée, dépose son pot au lait et s'approche de l'établi. — J'espère que tu ne vas pas travailler toute la journée. — Si, répond François, toute la journée. — Oh le vilain laborieux ! fait Paquerette qui, de même que toutes les femmes, ne comprend pas que l'on travaille lorsqu'elle a envie de se divertir : « Et tu ne danseras pas ? — Non. »

Ce non fait tomber les jolis bras de Paquerette ; François lui paraît l'être le plus fantasque et le plus barbare du monde : refuser de danser un jour de fête, et avec elle encore, c'est un crime irrémissible. Puisqu'il travaille et ne veut pas danser, François ne l'aime plus. — Cela est sûr ! Cette logique toute féminine s'appuie dans l'esprit de la jeune fille sur une preuve irrécusable ! Tout préoccupé de sa menuiserie intempestive, François ne l'a pas même embrassée; plusieurs fois elle a passé près de lui à portée d'un baiser, et il n'y a pas fait attention; son frais col blanc, sa joue en fleur, ses lèvres roses ont fait des avances inutiles. Hélas! François, qui pense aux menaces de Durfort et aux malheurs de son père, n'a guère le cœur à l'amour; les recors effarouchent Cupidon! mais une jeune fille ne peut pas admettre qu'on pense à autre chose qu'à elle.

Les villageois sortent de leurs maisons, joyeux, parés, enrubannés, fleuris; les garçons en beaux habits, les jeunes filles en frais cotillons, la jupe courte et le bas bien tiré! cela se mêle et se croise et fourmille confusément avec rire et babil. Mais pourtant les couples ne se perdent pas; la main dans la main, le bras sur la taille, on reconnaît les amoureux, toujours seuls dans la foule : les mères s'étonnent d'être perdues à chaque instant par leurs filles, et les vieillards, appuyés sur leur canne, s'émerveillent de voir leurs fils frétiller si prestement dans cette cohue.

Bientôt les groupes se distribuent; chacun s'arrête au jeu ou au spectacle qui lui plaît : le mât de cocagne savonné se rit des efforts des lourds paysans qui veulent y gravir, et balance dérisoirement sur leurs têtes sa couronne de timbales, de montres d'argent et de cervelas; le disque roule à travers les quilles abattues, la boule court après la boule, et ne se dérange pas, lorsqu'à la grande hilarité de l'assistance, elle rencontre les jambes d'un distrait ou d'un imbécile.

C'est le cas de Job Durfort, fils de l'usurier, grand dadais efflanqué et ridicule, haut monté sur pattes comme un oiseau de marais, et dont la boule vient d'effleurer les mollets absents. Pendant qu'il frotte sa jambe, il reçoit un ballon en pleine figure; il se retourne et renverse un jeu de siam : chacun de ses mouvements est une balourdise et une maladresse, il patauge d'accident en accident; véritable queue rouge, à qui il ne manque que l'habit écarlate, le chapeau de poils de lapin et les papillons au bout du nez. Ce joli garçon, comptant un peu sur les écus du papa Durfort, se trouve adorable et fait pour plaire aux belles; non content d'être idiot, il est avantageux et galantin; c'est Jeannot, compliqué de Léandre, heureux assemblage! Avec ses prétentions, il achève en lui la caricature si bien commencée par la nature dans un moment de bonne humeur.

Job porte à la main, non pas un bouquet, mais une botte de fleurs, car il a le don de faire paraître burlesque les choses les plus gracieuses et de rendre ridicules même les roses. Il s'approche de Paquerette en se dandinant et en se rengorgeant. La jeune fille dépitée l'accueille comme toute femme accueille un sot lorsqu'elle veut faire enrager un garçon de cœur et d'esprit, avec un sourire charmant, et accepte son bouquet d'un air ravi, tout en jetant un coup d'œil de côté pour voir l'effet que produit ce manége sur François. Le brave jeune homme rougit, se mord la lèvre et continue à cogner sur ses planches des coups destinés en idée aux épaules de Job. Paquerette a réussi à exciter la jalousie de François; elle est donc toujours aimée!

Les jeux commencent, les paysans tirent à la cible avec une arbalète, mais les flèches s'égarent loin du but; aux uns c'est le coup d'œil qui manque, aux autres c'est la main. A peine une flèche ou deux se sont-elles plantées dans le premier cercle : ils sont si maladroits et si balourds, les pauvres garçons! Job qui veut tirer aussi, envoie sa flèche à l'opposé du but, à la grande risée de la foule. Ah! si François voulait se donner la peine d'appuyer l'arbalète à sa joue et de viser deux secondes, comme il enlèverait le prix à la barbe de ces imbéciles! Voilà ce que tout le monde se dit. Paquerette supplie François du regard. Le prix est un beau collier d'or. Le jeune homme pense qu'après tout, tirer un coup dans une cible n'est pas bien long; il laisse le maillet pour l'arbalète, se pose, vise, lâche la détente et gagne.

On lui remet le collier, qui passe aussitôt au col de Paquerette, tout heureuse et toute fière de l'adresse de son amant et de la parure qu'elle porte, plaisir nouveau pour sa simplicité villageoise ; elle abandonne sa jolie main à François comme pour lui demander pardon du tourment qu'elle lui a causé, et Job s'étonne de voir tout à coup si distraite et si froide pour lui, celle qui tout à l'heure lui faisait sa plus coquette révérence et son plus frais sourire. Il ramasse piteusement son bouquet oublié et tombé à terre, ne comprenant rien au cœur des femmes.

Au tir de l'arbalète succède le jeu des ciseaux ; ce jeu consiste à couper, les yeux bandés, un ruban auquel est suspendue toute une riche toilette de femme. Les jeunes filles, un mouchoir sur le nez, comme les amours dans les dessus de portes mythologiques, voltigent et tracent des méandres, les bras tendus en avant, faisant grincer l'acier dans le vide et ne coupant que l'air avec leurs ciseaux. Paquerette, qui reçoit le bandeau à son tour et tente l'expérience la dernière, est plus heureuse que ses compagnes, elle rencontre le fil, le tranche et le prix tombe à ses pieds ; le ramasser et l'emporter dans sa maison est pour Paquerette l'affaire d'une minute. Elle fuit à tire-d'aile sur la pointe de ses petits pieds, tant elle est impatiente de se revêtir de sa nouvelle parure. N'oublions pas une gaucherie de Job, qui, en voulant s'exercer aussi au jeu des ciseaux, a coupé, au lieu du fil, la vénérable queue de monsieur son père.

Pendant que Paquerette s'habille, un cortége débouche sur la place, musique en tête avec fanfares et acclamations. C'est une procession dans le goût flamand, composée de quatre chars symboliques représentant les quatre Saisons, et ornés d'attributs significatifs, tels que fleurs, épis, pampres et rameaux argentés de givre. Chaque char dépose les personnages dont il est chargé. La foule se range et quatre entrées de ballets figurent les quatre époques de l'année.

On voit d'abord des laboureurs qui s'alignent, et, posant

le pied sur le fer de leurs bêches, font le geste de creuser et de fouir la terre. Des semeuses, le tablier retroussé par un coin, passent entre leurs rangs, et avec des poses de danse, jettent la graine dans le sillon tracé : c'est le Printemps.

Le grain a germé déjà, les blonds épis élèvent leurs tuyaux d'or entremêlés d'étoiles d'écarlate et d'azur par les coquelicots et les bluets. Les gerbes s'écartent et laissent voir les teintes souriantes et vermeilles des moissonneuses : le blé est mûr, les belles filles se penchent gracieusement, la faucille en main, et les épis tombent en cadence sur le revers du sillon : c'est l'Été.

Les vendangeuses succèdent aux moissonneuses, car la grappe a remplacé l'épi, les hottes se vident, les cuves se remplissent, et le raisin écume sous les trépignements des danseurs : la vendange moderne a des airs de bacchanale antique : c'est l'Automne.

Il y a, dans le parc de Versailles, un vieillard grelottant qui se chauffe les mains à un feu de marbre ; c'est une flamme réelle et brillante qui pétille dans le brasier, autour duquel se groupent nos frileux illuminés de rouges reflets, et se drapant dans leurs manteaux avec des poses gelées ; ils soufflent dans leurs doigts et battent la semelle, tandis que les femmes filent leur quenouille et font tourner leurs fuseaux en se livrant à des jeux mimiques pleins de grâce : c'est l'Hiver.

Vous pensez bien que François, en voyant tout ce monde pirouetter, cabrioler et valser, ne peut plus y tenir, d'autant plus que Paquerette vient de reparaître si fraîche, si rose, si gaie dans sa brillante parure, qu'un saint ne résisterait pas à la tentation de danser avec elle. François oublie tout, et la menuiserie, et les créanciers, et les recors ; il ôte son tablier et sa veste, se revêt de son habit le plus galant, prend la main de Paquerette, ravie d'avoir enfin décidé son partenaire, et le pas commence.

A la danse succède une course en sac. Les concurrents, enfermés juqu'aux épaules dans un fourreau de toile, font pour avancer les efforts les plus grotesques. Job est tombé dix fois sur le nez quand François, aussi adroit que vigoureux, a déjà fourni la moitié de la carrière. Mais voici que le père Martin revient de la ville, François, honteux d'être pris ainsi en flagrant délit, tâche en faisant des soubresauts, d'éviter la rencontre de son père, qui le découvre et lui reproche sa paresse et son insouciance. Il n'a pas trouvé d'argent à la ville et il apporte une mauvaise nouvelle. C'est aujourd'hui qu'on doit tirer à la milice dans le village. Martin précède le recruteur. A cette nouvelle, la fête est suspendue, la consternation est peinte sur tous les visages, les mères soupirent, les pères prennent un air sombre et les jeunes filles serrent tristement la main de leurs fiancés ; chacun se sent menacé dans son amour ou son avenir.

Martin n'avait dit que trop vrai ; on entend une fanfare de clairon, et bientôt le recruteur Bridoux entre avec sa troupe, suivi du bailli et de ses acolytes, qui portent la roue où sont contenus les numéros. — La roue est installée sur une table au milieu de la stupeur et de l'effroi de la foule immobile et on procède à l'appel nominal.

Job et François sont du nombre de ceux qui doivent tirer, et certes ni l'un ni l'autre n'a l'ambition de devenir un héros à cinq sols par jour. Ils aimeraient mieux autre chose, épouser Paquerette et rester au village, par exemple, sort moins brillant, mais plus doux.

En prévision d'un mauvais numéro, Job arrive clopin clopant, traînant le pied avec la grâce d'un faucheux à qui un moissonneur a coupé trois pattes ; mais le maréchal des logis Bridoux, qui n'est pas crédule en fait d'infirmités, examine la jambe de Job, la tâte en tous sens et ne lui trouve d'autre défaut que de ressembler à une jambe de coq. Job continue à se prétendre infiniment perclus et plus éclopé que le messager boiteux de Bâle en Suisse. Bridoux, qui redoute une ruse, tire son sabre et menace Job, qui, naturellement poltron et ayant peur des coups plus que de toute autre chose, se sauve avec des pieds de cerf, d'autruche et de gazelle, aussi vite que pourrait le faire Almanzor, le coureur dératé de M. le marquis.

Vient le tour de François ; on l'appelle, et comme il n'y a pires sourds que ceux qui ne veulent pas entendre, il reste immobile comme un bloc. Bridoux, qui est un vrai saint Thomas militaire, fait avancer un trompette qui fait éclater brusquement dans l'oreille du jeune homme une fanfare plus aigre, plus fausse, plus perçante que les clairons du Jugement dernier qui réveilleront les morts, et que les trombones bibliques qui ont renversé les murailles de Jéricho. François reste impassible : un coup de pistolet tiré inopinément derrière lui n'obtient pas plus de succès ; pas un de ses nerfs ne tressaille. Tout autre qu'un recruteur serait convaincu de la surdité de François : malheureusement Bridoux a plus d'une ruse dans son sac, et il en tire une des plus scélérates et des plus ingénieuses. — Toujours derrière le dos du jeune homme, il prend la taille de Paquerette, et, malgré sa résistance, lui dérobe un baiser... sonore ! L'amoureux, qui était resté sourd aux appels du clairon et aux détonations d'armes à feu, entend ce petit bruit de lèvres et se retourne avec une vivacité jalouse : il a trahi son secret ! Il n'est pas plus attaqué de surdité que la princesse Fine-Oreille, qui entend l'herbe pousser dans les prairies. Bridoux se pavane et se rengorge, tout fier du succès de son stratagème, aussi artificieux qu'agréable. François est consterné, et Paquerette se désole d'être la cause innocente du malheur de son amant.

On procède au tirage des numéros. Job, moins chanceux encore que le conscrit de Corbeil, qui avait eu le numéro 2, après avoir longtemps tourné les billets, amène le numéro 1.

— Ce résultat lui cause une désolation comique, qui se traduit par toutes sortes de contorsions et de grimaces.

Vient le tour de François : il amène le numéro le plus élevé ; il ne partira pas ! quel bonheur ! Dans sa joie, il embrasse son père, et surtout Paquerette, à plusieurs reprises ; et Paquerette le laisse faire : ce n'est pas le moment de marchander un baiser.

Cependant Job se lamente d'un air aussi piteux que son homonyme ; et le père Durfort, touché de la douleur de son unique rejeton, s'approche de lui et lui dit : « Ne te désole pas de la sorte ; tu ne partiras pas. J'ai des écus ; je t'achèterai un homme. — Voyons, qui de vous veut remplacer mon fils ? dit-il, en s'adressant aux garçons qui ont eu de bons numéros. C'est un sort si agréable, que de servir le roi, quand ça a du cœur et le gousset garni ! »

Les offres de Durfort ne tentent ni Pierre, ni Jacques, ni Jérôme ; ils aiment mieux rester à cultiver leur petit champ entre leurs parents et leurs fiancées, que d'aller porter le mousquet pour quelques écus qui seraient bien vite dépensés.

Il vient à François, qui refuse également. Furieux de se voir rebuté, même par son débiteur, Durfort redemande son dû, en faisant observer que le délai est bientôt passé, et qu'il va instrumenter selon toute la rigueur de la loi. Le père Martin a beau supplier, demander du temps, Durfort ne veut rien accorder, et fait signe aux huissiers et aux recors de commencer leur besogne.

Alors François, qui a pris une grande résolution et veut sauver son père de la misère et de la prison, s'approche de Durfort et lui dit : « Terminons cette affaire ; faites retirer ces hommes... Je partirai à la place de votre fils... » Tous deux sortent ; et Bridoux qui, pendant ce temps, a fait mettre en rang les miliciens, au nombre desquels se trouve Job, donne le signal du départ; les clairons sonnent, et la petite troupe va se mettre en marche, lorsque François rentre tenant en main un sac d'argent qu'il donne à son père, que les recors relâchent aussitôt, et dit : « Je pars à la place de Job ! »

Cette nouvelle fait éclater la satisfaction la plus vive sur la grotesque face du fils de l'usurier, et la plus profonde douleur sur le charmant visage de Paquerette. Le père Martin a toutes les peines du monde à contenir son attendrissement, heureux et fâché de ce sacrifice cruel, mais nécessaire.

« Tu me seras fidèle ! dit François à Paquerette, qui cache sa tête et ses pleurs sur le sein de son amant. — Je te le jure ! Et toi, tu ne m'oublieras pas ? — Ta pensée me suivra partout, au bivouac et au champ de bataille... — Prends cette petite croix d'or attachée au collier gagné par ton adresse, et porte-la en souvenir de moi, » dit Paquerette en sanglotant. François couvre de baisers ce gage de tendresse naïve, le serre dans sa poitrine, et va prendre place dans le rang; la troupe part, commandée par Bridoux, tout heureux d'avoir sous ses ordres un beau et robuste garçon comme François, à la place de cet échalas de Job, incapable de faire la guerre même aux poules.

Tout guilleret et tout léger, Job s'approche de Paquerette et lui offre un sucre d'orge pour adoucir l'amertume de cette séparation : Paquerette ne fait pas la moindre attention aux galanteries de cet imbécile, qui pourtant se flatte de faire oublier François et de l'épouser. — Il n'y a que les sots qui aient si bonne opinion d'eux-mêmes, et souvent ils sont crus sur parole, lorsqu'ils sont riches. Mais il n'y a pas de danger; Paquerette n'est pas pour le nez de Job, fût-il dix fois plus bête et cent fois plus cossu.

ACTE DEUXIÈME

Du village du Nord aux jolies maisons flamandes, l'action s'est transportée dans une ville du midi de la France. La place où se déroulait la joyeuse kermesse est changée en intérieur de caserne. François est déjà bien loin de Paquerette. Un gai tableau militaire a succédé à la danse des Saisons : des soldats enfourchés cavalièrement sur un banc jouent aux cartes, et comme la bourse du troupier est médiocrement garnie, le perdant arbore sur son nez, au milieu des éclats de rire, une *drogue*, c'est-à-dire une espèce de caveçon de bois surmonté d'un petit drapeau qui lui pince les narines et lui fait faire d'amusantes grimaces. D'autres, qui ont pris des timbales pour table, agitent le cornet et font rouler les dés sur la peau d'âne : quelques-uns, sous la conduite d'un prévôt de salle, tirent le sabre, et comme ils sont encore un peu novices, se livrent à des développés ridicules et empochent tous les coups qu'il plaît au maître de leur porter. Les anciens fument tranquillement ou boivent en disant des galanteries ou en prenant la taille aux cantinières qui circulent parmi les groupes, tenant leur petit baril sous le bras.

François, qui veut, comme tout nouveau venu, exagérer l'aisance militaire, essaye d'embrasser l'une des cantinières, la belle Catherine, qui le repousse en lui disant : Votre cœur n'est pas d'accord avec vos lèvres ; pourquoi me donner le baiser qui revient à une autre ? Vous êtes amoureux, mon beau galant, je le sais, mais ce n'est pas de moi.

— C'est vrai, répond François en tirant de sa poitrine la croix que lui a donnée Paquerette, et en la portant à ses lèvres : c'était une distraction, mais vous êtes si jolie qu'on pourrait s'y tromper ; et il laisse aller Catherine.

Les camarades de François se moquent de cet élan sentimental, car le soldat français, surtout lorsqu'il a l'honneur d'appartenir au Royal-Cravate, est plus vainqueur que troubadour, et notre jeune homme voulant leur prouver que s'il est amoureux il n'en est pas moins joyeux pour cela, se mêle délibérément à leurs jeux.

Le maréchal des logis Bridoux, dont l'opinion est que le militaire doit être aussi agréable que terrible et joindre à l'escrime les arts d'agrément, donne une leçon de danse aux jeunes engagés, afin qu'ils soutiennent l'honneur du drapeau devant l'orchestre des guinguettes et ne prêtent point à rire aux jeunes filles par leur gaucherie chorégraphique, et il exécute la monaco avec Catherine, vis-à-vis de laquelle il prend des airs avantageux et triomphants qui donneraient à supposer qu'ils sont au mieux.

Malgré l'excellente opinion qu'il a de lui-même, Bridoux n'a pas la grâce de François, et les poses qu'il prend tout en fredonnant : « A la monaco l'on chasse et l'on déchasse, » ne sont peut-être pas aussi charmantes qu'il le suppose, et quoique, selon lui, un maréchal des logis soit un composé de toutes les perfections et de tous les talents, d'humbles conscrits et de simples soldats pourraient le surpasser s'ils ne craignaient d'expier leur supériorité à la salle de police.

Cette crainte n'arrête pas François, qui imite d'une manière comique les pas du sergent et fait rire tous ses camarades. Le maréchal des logis, mortifié du peu d'effet qu'il produit, et qui voudrait bien pouvoir regarder cette hilarité comme une infraction au respect de la hiérarchie militaire, envoie tous les soldats à la gamelle et sort en les poussant et les querellant.

Catherine, restée seule, s'égaye des prétentions ridicules du sergent, prétentions dont elle sait mieux que personne l'inanité : sa solitude est bientôt troublée par l'arrivée d'un petit jeune homme tout gentil, tout mignon et tout poupin, qui l'aborde avec une aisance forcée et lui demande où il faut s'adresser pour s'engager dans le régiment.

— Vous êtes bien petit, — lui dit Catherine en le toisant de l'œil.

— Je grandirai, — répond le nouveau venu d'un ton décidé.

— Vous êtes bien jeune, — continue la cantinière en lui voyant la lèvre sans duvet et le menton imberbe.

— Je vieillirai. — La jeunesse est le seul défaut dont on se corrige avec l'âge ; croyez-moi, dans dix ans j'aurai vingt-six ans, et d'ailleurs est-ce qu'il y a besoin d'être vieux pour être brave ?

Ces raisons convainquent Catherine, qu'intéressent la physionomie mutine et la tournure délibérée du petit jeune homme. Elle lui promet sa protection auprès de Bridoux, qui rentre au même moment. La présentation a lieu sur-le champ. Tenez, — dit Catherine au sergent, — voici un jeune héros qui brûle de s'engager sous les drapeaux de Mars et qui veut faire son chemin à la guerre.

— Vous n'êtes pas dégoûté, dit Bridoux au postulant, qu'il examine d'un œil de recruteur en répétant les observations de Catherine. — Trop petit, trop jeune. — Le Royal-Cravate n'admet que de grands hommes — des hommes superbes comme moi ; voyez, j'ai la tête de plus que vous.

Paquerette, que l'on a sans doute déjà devinée sous ce déguisement que lui a fait prendre le désir de rejoindre François, s'approche de Bridoux, se dresse sur les pointes et arrive de la sorte à dépasser l'épaule du sergent, tout surpris de cette crue subite.

— Tiens, dit-il, vous êtes plus grand que je ne le croyais. C'est étonnant comme vous avez poussé vite ; il faut que j'aie la berlue. Faites-moi 'amitié de passer un peu sous la toise.

Paquerette répète le même manége; en se tenant debout sur la pointe de ses orteils, elle a juste la taille voulue. Bridoux, de plus en plus étonné, vérifie la marque. Le petit jeune homme est assez grand. — Eh bien, je ne l'aurais pas cru, moi qui ai pourtant la toise dans l'œil. Comme on se trompe! ajoute Bridoux par manière de réflexion. — Mais quelles petites mains et quel pied mignon! pour manier le sabre et chausser la botte! et quelle peau blanche et douce! Heureusement avec l'exercice, les marches forcées et le hâle, tout cela peut se corriger. Quant aux moustaches, il y a du retard; le rasoir et la graisse d'ours les feront venir. — Allons, marchez devant moi : droite! gauche! au pas simple! au pas accéléré! Cela ne va pas trop mal, on pourra tirer parti de vous; mais avant de vous recevoir dans l'honorable corps du Royal-Cravate, il faut que je vois si vous n'avez aucun vice de construction; déshabillez-vous.

Cet ordre embarrasse terriblement Paquerette. Pour donner le change au maréchal des logis et le distraire de cette idée qui trahirait son secret et sa pudeur, la jeune fille s'empare d'une carabine et se met à faire l'exercice avec précipitation; comme l'arme est un peu lourde pour ses mains délicates, elle en laisse tomber la crosse précisément sur le pied du sergent, qui sacre et qui maugrée et revient à sa première idée.

— C'est trop barguigner; vite, déshabillez-vous : Paquerette éperdue refuse. — Bon! je comprends, dit Bridoux en clignant de l'œil; on est jeune, on est timide; c'est madame qui vous gêne, elle va se retirer. Catherine en effet s'en va pour ne pas contrarier l'examen. — Maintenant nous voilà entre hommes; à bas la veste!

La pauvre Paquerette fait un geste de dénégation.

— Vous êtes donc bossu? s'écrie le sergent impatienté; à bas ceci! dit-il en désignant une pièce de vêtement encore plus indispensable que Paquerette ne veut pas quitter; voyant qu'elle refuse, il dit : Vous êtes donc bancal?

Et pour s'assurer de la vérité, il promène sa main sur la taille de la jeune fille, lui tâte la jambe et lui pince le mollet avec ses gros doigts de recruteur. — Vous me chatouillez! fait Paquerette en s'échappant.

Ah! vous êtes chatouilleux? eh bien, soit; ôtez vos habits, je ne vous toucherai pas; mais, pour Dieu, dépêchez-vous et finissez ces façons, car je suis diantrement pressé; aussi bien tout ceci m'a l'air un peu singulier, et vous me faites l'effet d'un drôle de pistolet.

En s'enfuyant, Paquerette a oublié d'affecter les allures viriles et s'est trahie par un mouvement tout féminin qui n'a point échappé à l'œil soupçonneux de Bridoux, frappé de certaines formes et de certaines ressemblances.

Pardieu! je vous reconnais, vous n'êtes point un homme, mais une jeune fille, à preuve que je vous ai embrassée. Vous êtes mademoiselle Paquerette, je m'en souviens bien. — C'était au village de ***. Tout s'explique maintenant, vous êtes amoureuse de moi et vous vouliez vous engager dans mon corps. — C'est flatteur, et en récompense de cette idée ingénieuse, il faut que je vous embrasse de rechef.

Paquerette, atterrée, n'a pas le temps de se soustraire aux galantes entreprises de Bridoux. — Par malheur, François rentre à ce moment et voit dans les bras du sergent sa fiancée, qu'il n'a pas de peine à reconnaître, car si l'amour est aveugle, la jalousie est clairvoyante.

Comment! vous ici, s'écrie François, sous des habits d'homme, en tête-à-tête avec Bridoux! Est-ce là, perfide, la fidélité que vous m'aviez promise? est-ce ainsi que vous tenez vos serments?

La jeune fille balbutie quelques explications que François ne veut pas entendre, elle s'approche de lui suppliante, mais il la repousse avec un geste de colère.

On ne brutalise pas ainsi les femmes, dit Bridoux d'un air

protecteur; cette petite est venue pour moi et je ne souffrirai pas qu'on la moleste.

François, outré de fureur et de jalousie, s'emporte contre le maréchal des logis, qu'il accable d'invectives et de menaces, l'appelant traître, menteur, misérable.

Vous oubliez que vous parlez à votre supérieur et que vous me devez du respect, dit le maréchal des logis d'un air majestueux. François, de plus en plus exaspéré, tire son sabre et veut en frapper Bridoux. Des soldats et un brigadier surviennent. Bridoux s'écrie : « Je vous prends à témoin de l'acte d'insubordination qui vient d'avoir lieu. Empoignez-moi ce drôle et me le fourrez au cachot en attendant que l'on avise à ce que l'on fera de lui. — Les soldats s'emparent de François, le désarment et l'emmènent. — Paquerette fond en larmes.

Attirée par le bruit de cette scène, Catherine est rentrée, et, s'approchant de la jeune fille, elle lui dit : Malheureuse! voilà le résultat de vos coquetteries! ce garçon-là sera peut-être fusillé!

— Fusillé, grand Dieu! cela n'est pas possible! N'est-ce pas, monsieur le maréchal des logis?

— Parfaitement possible et même désirable au point de vue de la discipline, répond Bridoux en se rengorgeant.

— Sauvez-le, monsieur le sergent, dit Paquerette en joignant les mains.

— Cela ne dépend pas de moi; il a levé la main sur son supérieur. La discipline, avant tout! On est très-sévère dans le Royal-Cravate.

— O monsieur! si vous empêchez François d'être fusillé, je vous aimerai bien, dit Paquerette, qui a compris avec son instinct de femme qu'il fallait employer toutes ses coquetteries et toutes ses séductions pour faire évader son amant.

— Vous m'aimerez bien, c'est très-gentil, reprend Bridoux, mais il me faut des preuves : un maréchal des logis est un homme sérieux qui ne se paye point de fariboles comme un militaire non gradé. Accordez-moi un rendez-vous, et nous... verrons; soyez ici ce soir à sept heures.

Quoi qu'il en coûte à sa pudeur, Paquerette accorde le rendez-vous... la vie de François est en danger, ce n'est pas le moment de faire des façons : elle compte bien d'ailleurs s'esquiver au moment dangereux.

Un appel de trompette se fait entendre. Bridoux et les militaires sortent. Paquerette, aussi, va quitter la scène, lorsque Catherine la retient par la main d'un air irrité, et lui reproche de venir ainsi enlever les amants aux cantinières, sous prétexte d'engagement. Paquerette explique à la jalouse Catherine qu'elle n'a pas la moindre intention à l'endroit de Bridoux, qu'elle est amoureuse de François, avec qui elle est fiancée, et qu'elle a pris des habits d'homme pour s'engager dans le régiment et ne plus être séparée de lui. — Si elle a fait des agaceries au sergent, et si elle lui a donné rendez-vous, c'est uniquement dans le but de lui dérober la clef de la prison où François est enfermé. Catherine peut être tranquille, Paquerette lui laisse tout entier le cœur de Bridoux.

Cette explication calme la jalouse cantinière. Eh bien, s'il en est ainsi, je vous aiderai dans vos projets. François est un brave garçon qui m'intéresse, il serait dommage qu'il lui arrivât malheur; et en même temps je ne suis pas fâchée de jouer un bon tour à ce volage de Bridoux.

— Je serai ici à sept heures, dit Paquerette en sortant pour aller changer de costume, car maintenant qu'elle est reconnue, les habits d'homme ne peuvent plus lui servir à rien ; cachez-vous dans quelque coin, et quand il faudra je vous appellerai.

L'idée de donner une leçon à Bridoux réjouit la cantinière, qui rit en elle-même de la bonne scène qui va se passer. Mais voici qu'un personnage de votre connaissance se présente, long, ridicule, empêtré et effaré! c'est Job. Il demande à la cantinière si une jeune fille, revêtue d'habits masculins, ne s'est pas introduite dans la caserne. — Oui, elle était là il n'y a qu'un instant. — Grands dieux! serait-elle déjà repartie?— Non, elle va revenir tout à l'heure. Mais qui êtes-vous pour vous intéresser ainsi à elle? que lui voulez-vous? — Je suis de son village et je l'aime. J'ai suivi sa trace jusqu'ici. — Eh bien, vous la verrez, répond la cantinière, elle sera ici à sept heures.

En ce moment, François montre sa tête aux barreaux de la prison pratiquée sur un des côtés de la scène; Job l'aperçoit et se réjouit de l'incarcération de son rival; il aura ainsi le champ libre pour ses déclarations galantes et ses entreprises amoureuses, et il sort en exprimant sa joie par des grimaces burlesques. A sept heures il sera là, et fera sa cour à Paquerette à la barbe même de François, mis en cage comme une bête féroce. Cette sorte de hardiesse sourit beaucoup à Job, qui n'est pas brave, comme on sait.

Bridoux rentre et tâche d'écarter Catherine, qui fait une fausse sortie.

Sept heures sonnent. Paquerette arrive vêtue en femme et portant un paquet qu'elle jette à François, par les barreaux, pendant que Bridoux a le dos tourné.

Ici commence un pas, mêlé de pantomime, où chacun des partenaires poursuit l'idée qui l'occupe. Bridoux veut embrasser Paquerette. Paquerette veut prendre la clef de la prison renfermée dans la poche de la veste de Bridoux.

Pour suivre la jeune fille dans ses évolutions rapides, le sergent, qui n'est pas un sylphe, ôte sa veste, qui le gêne, et la jette sur un banc dont Paquerette se rapproche par une suite de pas furtifs et de poses coquettes. Dans un bond léger elle fait glisser la veste à terre, et en s'agenouillant pour la ramasser, elle tire de la poche la précieuse clef; la clef des champs pour François.

Quand elle la tient, elle refuse de se laisser embrasser par

Bridoux, qui pour ménager la pudeur de la jeune fille, souffle l'unique lanterne qui éclaire la scène, persuadé que dans l'ombre toutes les vertus sont grises.

Paquerette avertit Catherine; la cantinière sort de la cachette, se substitue à elle, reçoit le baiser qui était destiné à la jeune fille et revient ainsi à sa légitime adresse. — Bridoux n'en est pas moins ravi.

Pendant ce temps, Paquerette va à pas de loup ouvrir la porte de la prison à François, qui s'est travesti en paysan avec les habits que sa fiancée lui a jetés tout à l'heure. Au moment où il va sortir, passe une ronde de nuit; Paquerette cache François, qui se blottit derrière sa robe étalée, et la lanterne de la ronde montre le cachot vide et Bridoux embrassant consciencieusement Catherine. A la faveur de l'étonnement général, François s'esquive; le maréchal des logis donne les signes de la plus violente colère; et lorsque Job paraît, plein de projets séducteurs, on se jette sur lui, on le happe, et on lui fait endosser l'uniforme de son remplaçant évadé. Paquerette se sauve en riant et la toile tombe.

Les amants doivent se rejoindre dans une auberge éloignée, dont Paquerette a jeté rapidement le nom à François.

ACTE TROISIÈME

Le théâtre représente une misérable auberge comme on en trouve sur les chemins écartés; un rameau de pin desséché la distingue seule des autres masures. Des poutres du plafond, brunies par la fumée, pendent divers ustensiles de ménage; quelques chaudrons luisent sur les planches; des paysans et des paysannes attablés se livrent à leur grossière joie rustique; le vin leur a monté à la tête et ils voudraient danser pour finir la soirée gaiement. Mais pour danser, il faut de la musique, il faut un ménétrier hissé sur un tonneau et battant du pied la mesure, raclant du violon ou pressant sous son bras le sac de cuir de la musette. Comme les femmes se dépitent, un son nasillard et discord se fait entendre dans le lointain; le son s'approche, c'est une vielle qui grince, tournée par un vielleur ambulant. — Bon! s'écrient les paysans, on ne saurait arriver plus à propos : et ouvrant la porte, ils appellent le musicien.

Ce musicien, vêtu à la mode du Tyrol, veste sur l'épaule, chapeau pointu et barbe épaisse, n'est autre que François, qui ainsi déguisé, tâche de gagner la frontière.

Les jeunes filles, frappant des mains et sautant de joie, entourent le vielleur; elles voudraient tout de suite lui faire remplir son rôle d'orchestre tant les pieds leur frétillent. François demande un peu de répit, il est accablé de fatigue; il vient de faire une longue route, il a faim et soif et sommeil.

— Voici du pain et du vin, mangez et buvez, et dormez même un peu sur ce banc; après, vous ferez rage sur votre instrument et nous danserons à perdre haleine, répondent les paysans et les jeunes filles.

François les remercie et leur demande s'ils n'ont pas vu une belle jeune fille nommée Paquerette.

— Nous ne l'avons pas vue, lui répondent les paysans.

— C'est pourtant bien ici qu'elle m'avait donné rendez-vous, dit François; elle devait y arriver avant moi.

Les paysans se retirent groupe par groupe pour laisser au musicien le loisir de se reposer, et, resté seul, François, malgré l'inquiétude que lui cause l'absence de Paquerette, s'étend sur le banc de bois, et, vaincu par la fatigue, tombe de la rêverie dans le sommeil.

A peine a-t-il les yeux fermés que son âme s'éveille dans son corps endormi, et que le monde du rêve commence à s'agiter autour de lui avec ses formes idéales.

Une vapeur grise se répand sur le théâtre; les objets réels disparaissent, et trois figures mystérieuses sortent du sol, sorcières, fées ou larves, espèces d'introductrices qui mènent l'âme dans le pays des chimères, huissières à verge du monde fantastique. Elles s'avancent avec des gestes morts et des mouvements immobiles vers le jeune dormeur, dont elles délient la personnalité et qu'elles dédoublent du fantôme intérieur.

L'esprit de François cède à l'évocation, et quoique le corps reste couché sur le banc, une forme pareille à lui s'avance vers les sorcières.

— Que me voulez-vous? dit le François fantastique aux étranges figures.

— Tu attends Paquerette, ta fiancée; elle ne viendra pas, mais si tu veux la voir nous allons te conduire près d'elle; suis-nous.

François obéit; mais à peine a-t-il fait quelques pas que la terre s'entr'ouvre sous ses pas et qu'il disparaît.

Les nuages, qui pendant cette scène ont amoncelé sur le théâtre leurs flocons opaques, se replient, se dissipent et s'envolent : les murailles enfumées de l'auberge, ont disparu, et le regard tout à l'heure borné par de misérables obstacles plonge dans un océan d'or et d'azur, dans un infini lumineux. — Un paysage magique aux eaux de diamant, aux verdures d'émeraude, aux montagnes de saphir, étale ses perspectives bleues comme un Eden de Breughel de Paradis. Des femmes vêtues de robes de gaze blanche, où frissonnent des lueurs d'argent, comme des gouttes de rosée sur des ailes de libellules, sortent des touffes de roseaux et d'iris, ceinture verdoyante, féerique, et se groupent autour de Paquerette, qui représente ici l'idéal, la nymphe des premières amours aussi rayonnante pour le paysan que pour le poëte.

Aussitôt que le jeune homme aperçoit sa fiancée, il tend les bras vers elle et s'élance pour aller la rejoindre, mais tous ses efforts pour approcher de la blanche vision sont impuissants; la charmante apparition se dérobe toujours par quelque moyen magique; tantôt vive comme un oiseau, elle monte avec des ailes de sylphide au sommet des plus grands arbres, tantôt elle prend les brodequins verts de l'ondine pour courir sans les courber sur la pointe des roseaux, et suivre la volute argentée de la vague sur la rive. François tâche de l'atteindre, et toujours il arrive trop tard : quand Paquerette est à droite, François est à gauche; c'est un chassé-croisé plein de fuites et de détours charmants; enfin, pour suprême effort, il gravit un rocher dont la pointe s'allonge démesurément; il va saisir la fugitive, mais le pied lui manque, il perd l'équilibre et tombe au milieu du lac.
— Cette chute dans le rêve a son contre-coup dans la réalité, le dormeur se réveille.

— J'ai rêvé, dit-il en se frottant les yeux et en se dressant de son banc.

Les paysans rentrent, pensant que le vielleur doit être assez reposé.

— Maintenant que vous avez dormi, vous allez nous faire danser, disent les jeunes filles impatientes, en lui présentant sa vielle.

Comme François se dispose à les satisfaire, on entend au loin un son de trompette.

A ce son bien connu, François effrayé dresse l'oreille et rejette son instrument sur son dos.

— Cette trompette annonce des soldats, il faut que je parte.

— Pourquoi les craignez-vous? disent les paysans.

— Je ne les crains pas, mais je suis obligé de continuer ma route, répond François.

— Nous ne vous laisserons pas partir ainsi, s'écrient les

jeunes filles en entourant François ; il faut d'abord que nous dansions.

Pendant ces débats, le maréchal des logis Bridoux et les cavaliers qu'il commande entrent dans l'auberge.

Le malheureux et ridicule Job Durfort, venu si maladroitement à la caserne, au moment de l'évasion de son remplaçant, fait partie de l'escouade ; il a l'air tout empêtré et tout gauche dans son harnais militaire, et il emmêle à chaque pas ses grandes jambes avec son sabre ; sa mine pâle, abattue, fatiguée, montre qu'il n'est pas né pour être un fils de Mars, et montre de douloureux souvenirs de la maison paternelle.

— Nous cherchons un soldat du régiment, qui a pris la fuite, dit Bridoux en s'adressant à l'aubergiste, à qui il donne le signalement du déserteur. — L'avez-vous vu ?

— Non, répond l'hôtelier au maréchal des logis.

Pendant cette scène, François s'est assis à l'écart et tâche d'échapper aux regards de ses anciens compagnons d'armes.

Paquerette, parvenue enfin à l'endroit du rendez-vous, entre dans l'auberge assez mal à propos, car, ainsi que le fait judicieusement remarquer Bridoux : « Quand on voit la maîtresse, l'amant ne doit pas être loin. » Attendons ici, l'alouette viendra d'elle-même se prendre au miroir ; puis, apercevant le joueur de vielle dans son coin, il l'amène au milieu de la scène en le toisant curieusement et lui ordonne de charmer les oreilles de l'assistance par les sons mélodieux de sa musique.

François, qui a eu soin de se faire reconnaître de Paquerette par quelque signe pour qu'elle ne soit pas la dupe de la fausse nouvelle qu'il va débiter, dit à Bridoux. — Vous cherchez un soldat qui s'est échappé ?

— Oui, — tu l'as vu ? demande avidement le militaire.

— Je l'ai vu, il est mort, répond François.

— Mort ! s'écrie Bridoux d'un air incrédule.

— Oui, et il m'a donné cette croix d'or en me chargeant de la remettre à sa fiancée, puis il s'est noyé sans qu'il me fût possible de lui porter secours, car je ne sais pas nager.

Cette nouvelle désole Job, qui se voit définitivement constitué soldat par le trépas de son remplaçant; mais elle ne désole pas assez Paquerette, dont la feinte douleur n'a pas cette expression naïve qui persuade.

Bridoux, aussi fort sur le cœur humain que sur la théorie, remarque que la mimique de Paquerette n'est pas aussi désespérée qu'il conviendrait; et un signe d'intelligence, qu'il surprend entre la jeune fille et le vielleur, ne lui laisse plus de doute.

Il se rapproche lentement de François, qu'il examine avec attention, et marchant droit à lui, il fait tomber son chapeau et lui arrache sa fausse barbe. François est découvert.

« Je te tiens, mon gaillard, s'écrie Bridoux; tu m'as assez fait trimer. A moi, soldats! »

Les militaires se rangent autour de leur chef. François, se voyant pris, tire de sa poche une tabatière et en lance le contenu aux yeux de ceux qui veulent l'arrêter. Pendant qu'aveuglés par l'âcre poussière, ils se frottent les paupières, et marchent en se heurtant les uns les autres d'une façon comique, François, suivi de Paquerette, a disparu et gagné la forêt voisine, où les cavaliers ne pourront le suivre.

DERNIER TABLEAU

Une division de l'armée française occupe Ujhaz, en Hongrie, pendant la guerre du Palatinat. C'est dans cette ville que François s'est réfugié; il y a acquis une petite fortune en exerçant, avec succès, sa profession de menuisier. — Paquerette, qu'il a épousée, est bouquetière.

Quelques seigneurs ont formé le projet d'assassiner les officiers français à la faveur d'une fête que leur donnent les notables d'Ujhaz. — Paquerette découvre cette conspiration; elle la révèle au général chargé du commandement supérieur, et obtient pour récompense la grâce de son mari, qu'un conseil de guerre a condamné à la peine de mort.

FIN DE PAQUERETTE.

LA PREMIÈRE REPRÉSENTATION

DE

PAQUERETTE

Est-ce la peine, parce que nous avons écrit sous la dictée des jambes de Cerrito ce feuilleton prématuré, qu'on appelle un livret de ballet, d'aller chercher un critique au coin pour parler compendieusement de la chose? Sans amour-propre excessif, M. de Jouy pouvait dire tout le bien du monde de la musique de Rossini dans *Guillaume Tell*, cela ne le regardait en rien ; nous ne voyons pas ce qui nous empêcherait d'admirer, comme tout le monde, une charmante danseuse. L'objection que nous avons expliquée par quelques lignes, les scènes et les pas où elle déploie sa grâce, ne nous paraît pas valable, et nous l'applaudirons en toute sûreté de conscience, comme le premier étranger venu, quoique notre nom ait été prononcé à ce propos ; ne faut-il pas que tout soit signé maintenant, même le canard le plus inoffensif, même le ballet où on ne dit mot, et qui sera bientôt la seule besogne que pourront faire les poëtes, et les hommes de style ?

Tous les pas de Cerrito et de Saint-Léon — nous le disons sans rougir — ont été accueillis par des bravos enthousiastes. Dans le premier tableau, on la voit sous un charmant costume de paysanne tout de dentelles, de satin et de fleurs, qui a le mérite d'être de la plus adorable fausseté ; au second, elle porte l'habit d'homme avec une aisance et une gentillesse extrêmes ; au troisième, elle apparait dans une vapeur de gaze blanche, où tremblent des frissons argentés ; au quatrième, la leste jaquette hongroise serre sa taille mince ; et la bottine aux talons sonores emprisonne ses petits pieds.
— N'est-ce pas assez ?

Si l'on voulait appliquer à cette chorégraphie les règles de l'esthétique, et si l'on tenait à percer le papillon avec une broche, il serait difficile de prouver que tous les préceptes d'Aristote ne sont pas exactement observés dans *Paquerette*; l'action y court après la danseuse, et en trois bonds Cerrito est loin.

L'on commence dans la Flandre française, et l'on finit en Hongrie. Pourquoi en Hongrie? Il nous semble avoir donné de cela dans le livret deux ou trois raisons qui ne sont pas trop bonnes ; mais quand on a vu ce pas étincelant comme une valse de libellule sous un rayon de soleil, qui peut dire que nous ayons eu tort de suivre Cerrito jusqu'à une ville d'une orthographe difficile et qui n'existe peut-être pas plus que les ports de mer de Bohême dont parle Shakspeare : elle nous aurait demandé Lima ou Tombouctou, que nous lui aurions accordé le site de son pas. Il y a aussi un rêve qui n'est peut-être pas trop logique ; mais il n'est pas plus mal amené que les songes des tragédies couronnées par l'Institut, et, au lieu de le dérouler en hexamètres, il est écrit en tarlatane blanche, en maillots roses, en couronnes de muguets, en jolies têtes qui se penchent, en beaux bras ronds qui se déploient, en roseaux qui s'entr'ouvrent pour laisser voir des sourires charmants à la lueur d'un soleil électrique, répandant sur un lac une traînée de rubis ; — ce qui est un avantage.

La musique est de M. Benoist, un homme de talent, modeste, et dont les services sont bien appréciés à l'Opéra, où il est chef de chant. Elle est nette, vive, rhythmée, comme il faut que le soit la musique de ballet. Les motifs charmants de valses et de quadrilles y abondent, et tout l'hiver dansera sur les airs de *Paquerette*; n'allez pas cependant mépriser trop vite M. Benoist, parce qu'il a de la mélodie ; il y a dans sa partition deux fugues, oui, deux fugues très-bien renversées et parfaitement conduites : un bel os à moelle à ronger pour les difficiles.

La partie purement chorégraphique a été exécutée par M. Saint-Léon avec une habileté et une intelligence rares. Les groupes sont bien dessinés, les attitudes gracieuses, les évolutions du corps de ballet bien réglées ; c'est son chef-d'œuvre. Quant aux pas, il nous suffira de dire que Saint-Léon a été rappelé deux fois dans la soirée, avec Cerrito. Le succès a été complet.

Dire que Cerrito danse d'une manière charmante est une banalité telle, que nous n'en avons pas le courage ; mais il faut insister sur la façon dont elle a joué dans le second acte. Elle était née danseuse, elle devient mime, et mime comique, ce qui est très-difficile à l'Opéra. Les portions gaies du ballet ont été rendues par elle avec un tact extrême.

Berthier est très-bon dans le rôle de Bridoux et Coralli remplit parfaitement la place laissée vide par Élie, ce mime fantastique et bouffon.

(Feuilleton de *la Presse*, 20 janvier 1851.)

GEMMA

BALLET EN DEUX ACTES ET CINQ TABLEAUX

MUSIQUE DE M. LE COMTE GABRIELLI

Représenté pour la première fois, à Paris, à l'Académie impériale de musique, le 31 mai 1854.

PERSONNAGES :

GEMMA.	Mlle FANNY CERRITO.
SANTA-CROCE, magnétiseur.	MM. MÉRANTE.
MASSIMO, peintre.	PETIPA.
LE COMTE DE SAN-SEVERINO, tuteur de Gemma.	LENFANT.
GIACOMO, majordome.	BERTHIER.
BEPPO, le marié.	BAUCHET.
BONIFACCIO, paysan ridicule.	PETIT.
ANGIOLA, sœur du peintre.	Mlles L. MARQUET.
MARIETTA, la mariée.	L. TAGLIONI.
BARBARA, suivante de Gemma.	ALINE.

SEIGNEURS, PAYSANS, ÉLÈVES, DAMES, PAYSANNES.

La scène se passe aux environs de Tarente, dans le royaume de Naples, vers le commencement du dix-septième siècle.

ACTE PREMIER

PREMIER TABLEAU

Le théâtre représente un riche boudoir dans le style du dix-septième siècle. Au fond, des grands trumeaux de glace; portes à droite et à gauche.

La jeune comtesse Gemma, entourée de ses femmes et de ses compagnes, essaye devant la glace la toilette qu'elle se propose de mettre au bal donné pour fêter sa sortie du couvent. Les caméristes lui présentent tour à tour des fleurs et des diamants sans qu'elle arrête son choix, et ces différents groupes se répètent gracieusement dans les miroirs. Gemma a une double raison pour vouloir être belle; Massimo, le célèbre peintre de Naples, fait son portrait, et ce portrait, destiné à être mis sous les yeux du prince de Tarente, a eu un tout autre résultat que celui espéré par le comte de San-Severino, qui rêve pour Gemma, sa pupille, une haute alliance; car la jeune fille, pendant les séances assez nombreuses, s'est éprise du bel artiste. Massimo va venir achever son ouvrage, comme l'indiquent le chevalet et la toile placés dans un coin de la chambre.

Pendant que les femmes se sont éloignées pour aller chercher quelques parures, une porte s'ouvre mystérieusement, et Gemma, en arrangeant sa coiffure, voit du fond de la glace deux yeux ardents et fixes s'attacher sur elle avec une expression étrange; lorsqu'elle se retourne, l'homme qui projetait cette image a déjà disparu.

Cette apparition effraye et trouble Gemma ; elle éprouve un malaise subit, une langueur inexplicable ; le premier fil du réseau qui doit l'enlacer est noué, et bien qu'elle s'imagine avoir été le jouet d'une hallucination, elle est sous le charme.

L'homme qui a pénétré dans le boudoir de Gemma, par le moyen d'une camériste infidèle, est le marquis de Santa-Croce ; un débauché et un dissipateur cherchant à réparer par l'alchimie et les sciences occultes les brèches faites à sa fortune ; il a, dans ses travaux hermétiques, retrouvé le secret du magnétisme connu autrefois des adeptes, et dont Mesmer sera plus tard le grand prêtre ; de cette force inconnue il se sert pour satisfaire ses passions ; il a résolu de dominer Gemma et de la contraindre à l'épouser ; mariage qui lui donnerait plus d'or que ses alambics et ses creusets.

N'entendant pas de bruit et jugeant Gemma seule, le marquis de Santa-Croce rentre, et voyant la jeune fille affaissée sur un fauteuil, il étend les mains vers elle et lui fait des passes magnétiques. Cédant à cette influence irrésistible, Gemma se lève chancelante, endormie, n'ayant plus de libre arbitre et fascinée comme l'oiseau par le serpent. Elle tourne autour de Santa-Croce avec tous les signes de la passion ; elle se penche amoureusement vers lui, l'enlace de ses bras, car telle est la volonté du magnétiseur.

Le majordome Giacomo entre, laissant à peine le temps à Santa-Croce de se cacher derrière un rideau ; il vient annoncer l'arrivée du peintre et semble tout surpris de voir sa maîtresse debout, immobile, dans une pose extatique et ne lui répondant pas : il se retire fort intrigué. Santa-Croce réveille Gemma et s'esquive par la porte secrète.

La jeune fille sort comme d'un rêve et ne se souvient pas de ce qui s'est passé, comme cela arrive dans le sommeil magnétique.

Massimo vient terminer le portrait. — Gemma, en cherchant à se remettre dans la pose, forme un groupe avec ses compagnes. Pendant que l'artiste travaille, oubliant son rôle de modèle, elle quitte sa place et se penche sur l'épaule du peintre, qui brouille au hasard les couleurs sur sa palette, troublé par la beauté de Gemma, dont il devine et partage l'amour.

On annonce le marquis de Santa-Croce; il veut voir de quelle manière Gemma, éveillée, le recevra, et quel progrès a fait son influence. Par un effet de contraste assez commun en magnétisme, la jeune comtesse, à l'état de veille, ressent l'aversion la plus profonde pour celui qu'elle aime endormie, comme si son âme voulait se venger de la violence qu'on exerce sur elle. Lorsque Santa-Croce s'approche d'elle et la salue, elle frissonne et pâlit; lorsqu'il s'incline sur sa main pour la baiser, elle fait un geste d'horreur, et laisse tomber avec mépris la rose qu'il lui offre : ces marques d'aversion ne font pas sortir Santa-Croce de sa froide et hautaine politesse; il contient du regard Massimo irrité et jaloux, et répond courtoisement au comte de San-Severino, tuteur de Gemma, qui l'invite à la fête donnée pour sa pupille, ainsi que Massimo, et Angiola, sœur de l'artiste.

Resté seul un instant, Santa-Croce ramasse la rose dédaignée et la magnétise; il met sa volonté et son désir dans le cœur de la fleur épanouie, et lui donne la puissance d'attirer Gemma qui, en effet, revient bientôt sur la pointe du pied, les bras étendus, et se dirige vers la rose qu'elle respire avec délices et place à son corsage. — Le marquis, caché dans l'ombre, assiste à cette scène et sourit orgueilleusement. — Gemma sera à lui. — La rose agira sur elle, et, à la fin du bal, il enlèvera sa conquête. — Des amis sûrs, à qui il donne ses instructions, l'aideront dans cette entreprise hasardeuse.

DEUXIÈME TABLEAU

Une galerie illuminée à giorno, avec des colonnes et des arcades, laissant entrevoir au bas d'une terrasse des jardins vaguement éclairés par la lune, et des ruines d'édifices.

Les invités affluent dans la salle du bal, les danses se forment et se succèdent; Gemma porte au côté la rose de Santa-Croce, et reste soumise à son influence; aussi l'accueille-t-elle favorablement lorsqu'il se présente à elle. Massimo, jaloux qu'elle ait mis près de son cœur cette fleur d'abord dédaignée, lui en demande le sacrifice; Gemma, cédant à la puissance de l'amour vrai, tend au jeune artiste le talisman corrupteur, et, redevenue maîtresse d'elle-même, danse avec ses amies et avec Massimo. — Santa-Croce a tout vu, et se promet de ressaisir son pouvoir.

Quand Massimo reconduit Gemma à sa place, la danse terminée, le marquis s'approche et invite la jeune fille à son tour. Celle-ci, rendue à son antipathie naturelle, refuse de danser avec Santa-Croce, dont la figure pâle, les yeux impérieux et la bouche dédaigneuse, lui inspirent de l'effroi comme une apparition surnaturelle, et se prétend fatiguée par la lumière, le bruit et la chaleur; elle se lève, et demande à son tuteur, le comte de San-Severino, la permission de se retirer, en le priant de ne pas interrompre la fête pour cela; les danses continuent: Santa-Croce, se tournant vers la porte par où est sortie Gemma, concentre sa volonté et ordonne mentalement à la jeune fille de reparaître dans la salle de bal. En effet, Gemma revient à pas de statue ou de fantôme, se mouvant d'une manière automatique; ses yeux grands ouverts semblent ne pas voir. Elle se dirige vers Santa-Croce, lui prend la main et l'entraîne dans le cercle de la danse; le comte de San-Severino hausse les épaules en souriant de ce caprice de jeune fille, changeant d'avis d'une minute à l'autre ; le peintre sent renaître sa jalousie, et ne sait que penser ; les invités s'écartent avec étonnement, et alors a lieu un pas magnétique entremêlé de valse, et dirigé par Santa-Croce, entièrement maître des mouvements et de la volonté de Gemma, qui le suit comme une ombre docile ; lorsque la danse se ralentit, il pose la main sur le cœur de la jeune fille et la ranime comme par enchantement ; cette danse animée et morte, amoureuse et endormie, a quelque chose de surnaturel et de magique qui frappe l'assemblée de stupeur et l'engourdit comme par un charme ; Santa-Croce dirige les pas de Gemma de manière à se rapprocher du fond de la salle, et l'entraîne peu à peu du côté de la terrasse ; deux ou trois poses enlevées ont fait franchir à Gemma le cercle des spectateurs ; commandée par un geste impérieux, elle s'éloigne de plus en plus. Déjà sur sa robe blanche, éclairée tout à l'heure par les lustres du bal, brille la lueur sulfureuse des éclairs, car pendant cette scène l'orage a envahi le ciel, et ajoute à la terreur superstitieuse qu'inspire le marquis de Santa-Croce, soupçonné de sorcellerie et d'intimité avec le diable ; les affidés du magnétiseur s'avancent et enlèvent Gemma, tandis que Santa-Croce contient l'assemblée d'un regard foudroyant et satanique. Massimo éperdu essaye de franchir le cercle d'épouvante dont s'entoure Santa-Croce ; mais celui-ci lui fait sauter l'épée des mains, descend à reculons l'escalier de la terrasse et disparaît. Giacomo le majordome se précipite sur ses pas.

ACTE SECOND

TROISIÈME TABLEAU

Une salle délabrée dans un vieux château, retraite et laboratoire de Santa-Croce.

Gemma, plongée dans le sommeil somnambulique, est revêtue d'un costume de mariée. On lui pose sur la tête une couronne blanche, et dominée par la volonté de Santa-Croce, qui la présente à ses amis, elle a signé un contrat de mariage ; endormie, elle aime Santa-Croce, séduite par une fascination diabolique qui cesse lorsqu'elle se réveille. La porte s'ouvre avec fracas, et Massimo se précipite vers la jeune comtesse, qu'il trouve prête à se rendre à la chapelle. Ces blancs voiles de mariée le surprennent et l'épouvantent; il croit à une violence, mais Santa-Croce sourit dédaigneusement et le laisse interroger Gemma, qui répond que tout son amour est pour le marquis, et se réfugie contre son cœur comme pour se soustraire aux emportements de Massimo. — Si vous doutez encore, lisez ce contrat, voyez cette signature, dit Santa-Croce, et cessez de poursuivre de votre amour une femme qui le repousse et appartient à un autre. Massimo voit le nom de Gemma apposé au bas de l'acte, et ne peut plus douter de l'assertion du marquis, trop bien confirmée, hélas! par l'attitude impassible et froide de la jeune femme, qui n'a pas même l'air de se souvenir de lui. Ainsi ces yeux si doux mentaient, et les promesses de bonheur qu'il avait cru y lire étaient fausses! — Tout cela n'était qu'une dissimulation pour cacher l'amour qu'avait su inspirer ce Santa-Croce, à qui l'on témoignait publiquement tant d'aversion; ce coup est trop fort pour le cœur et la tête de l'artiste. Sa raison se perd, et il s'élance hors de la salle avec tous les signes de l'égarement.

Le marquis, resté seul avec sa fiancée somnambulique, l'éveille, voulant juger de la mesure de son pouvoir. En se trouvant dans cette chambre inconnue en face de Santa-Croce, Gemma éprouve la plus vive terreur et ne peut concevoir comment elle a été transportée de la salle du bal de son château à ce repaire sinistre. Tout ce qu'elle comprend, c'est qu'elle est au pouvoir de Santa-Croce, et elle tremble comme la colombe devant le milan; un désespoir mêlé d'épouvante la saisit lorsque son ravisseur lui montre le contrat de mariage signé Gemma. C'est donc le démon qui a conduit sa main, car elle ne se rappelle pas les actions qu'elle a faites sous l'influence magnétique, et reste frappée de stupeur à cette preuve accablante de l'amour que Santa-Croce prétend qu'elle a pour lui. — Le magnétiseur, sachant qu'il ne pourra pas garder toujours sa femme plongée dans le sommeil extatique, essaye de la passion humaine et des moyens de séduction ordinaires; il se jette aux pieds de Gemma, lui couvre les mains de baisers et veut l'enlacer dans ses bras : la jeune fille se dérobe à ses étreintes, cherche à se sauver, mais les portes sont fermées soigneusement. Nulle chance de salut. — La lutte recommence, et Gemma arrache de la ceinture de Santa-Croce un poignard dont elle le menace, et que lui arrache Barbara la suivante gagnée par Santa-Croce. Une seule ressource reste à Gemma. Une fenêtre est ouverte; elle y court, et, saisissant la branche d'un arbre voisin, elle se précipite. Au bas de la muraille rôdait Giacomo, le fidèle majordome qui n'avait pu pénétrer dans le château. — Il recueille sa jeune maîtresse, et l'emporte au galop sur la croupe de son cheval.

QUATRIÈME TABLEAU

Intérieur simple et rustique d'une salle transformée en atelier de peintre ; çà et là, des plâtres, des esquisses appendues aux murailles, des chevalets, et, dans un angle, un grand cadre recouvert d'un voile.

Massimo, fou d'amour et de douleur, n'écoute pas Angiola, sa sœur, qui cherche à le consoler. — Ses regards ne peuvent se détacher d'une esquisse qu'il a faite de souvenir et qui représente Gemma ; cette image semble raviver son chagrin, et sa sœur l'emmène doucement. La jeune comtesse, cherchant un abri, arrive guidée par Giacomo. Elle reconnaît Angiola et lui conte son évasion du château de Santa-Croce ; jamais elle n'a cessé d'aimer Massimo, et sa trahison apparente provient sans doute d'un enchantement ou d'un philtre ; elle ne peut se l'expliquer autrement ; la griffe du diable se montre dans tout cela. Quant à la folie de Massimo, elle se fait fort de la guérir. — Pour l'accoutumer à la revoir, elle se place dans le cadre et se substitue à la peinture, dont elle prend l'attitude. Massimo rentre et voit l'image lui sourire doucement, lui tendre ses bras, se détacher de la bordure et venir à lui. Après une suite de poses coquettement amoureuses, Gemma fait comprendre à Massimo qu'elle n'est pas un vain fantôme, et peu à peu la raison revient à Massimo. — On frappe à la porte avec violence ; Gemma, effrayée, remonte dans son cadre sur lequel on tire un voile. Santa-Croce paraît sur le seuil et inspecte la chambre du regard ; il est à la recherche de la jeune comtesse. N'apercevant que des murs et des tableaux, il se retire pour continuer ses poursuites : ce danger évité, Gemma, sous un déguisement de paysanne, accompagnée de Massimo, d'Angiola et de Giacomo, également travestis, tâchera de regagner le château de San-

Severino. Barbara, la suivante, gagnée par Santa-Croce, et qui croyait servir les amours de sa maîtresse, l'a rejointe toute repentante de sa faute, dont elle a obtenu le pardon.

CINQUIÈME TABLEAU

Un site montagneux. Ravin profond où se jette un torrent traversé par un pont. A droite et à gauche, sentier taillé dans le roc. Sur le devant, une locanda.

Un cortége nuptial descend de la montagne sur laquelle s'étagent pittoresquement des groupes de jeunes filles et de jeunes garçons. Beppo et Marietta, le plus joli couple du village, se marient, et la noce se fait à la locanda. Gemma, Massimo, Angiola, Barbara, précédés de Giacomo déguisé en pifferaro, tombent au milieu des danses et sont joyeusement accueillis. — Barbara dit la bonne aventure aux jeunes filles; Giacomo joue de la musette; Massimo et la jeune comtesse exécutent une danse des Abruzzes, et Bonifaccio, grand imbécile du village, est lutiné par les enfants, qui se moquent de lui.

Santa-Croce, suivi de ses acolytes, arrive et reconnaît Gemma sous ses habits de paysanne; il arrête sur elle ses yeux fascinateurs et la contraint de venir se ranger à côté de lui. Massimo cherche à s'y opposer, mais le marquis déploie le contrat de mariage et dit qu'il vient reprendre sa femme comme il en a le droit; déjà il entraîne Gemma vers le sentier de la montagne. Massimo prétend que c'est un imposteur, un sorcier, et ameute les paysans. — Une lutte entre ceux-ci et les affidés du marquis s'engage; Massimo arrache l'épée de l'un d'eux et court par le sentier opposé pour barrer le passage à Santa-Croce, qui dépose Gemma sur un quartier de roche au sommet de la montagne et dégaîne. Les fers s'engagent, se cherchent, s'évitent, et après quelques alternatives, une botte poussée à fond par Massimo touche le marquis. — Le blessé glisse du pont dans le lit du torrent qui le roule et l'engloutit au fond de l'abîme. — Gemma est ramenée sur le devant du théâtre par les paysans, et Massimo la reçoit dans ses bras. — Rien n'empêche plus leur union, à laquelle le comte de San-Severino ne s'opposera pas, car sa pupille a été sauvée par l'artiste. — La toile tombe sur ce groupe.

FIN DE GEMMA.

LA PREMIÈRE REPRÉSENTATION

DE

GEMMA

Nous voici juge et partie dans notre propre cause ; cela nous embarrasserait fort s'il n'était question d'un ballet, c'est-à-dire de la chose la moins littéraire du monde, — puisque c'est une œuvre muette, — et qui, par conséquent, pourrait être d'un Chinois, d'un Patagon ou d'un Papou de la mer Pacifique. Notre travail s'est borné à tracer quelques lignes de craie sur le plancher pour servir de prétexte à la pantomime et aux pas de Fanny Cerrito. Le mérite tout entier en revient à la charmante danseuse qui en a composé et exécuté la chorégraphie avec tant de grâce et de perfection.

Nous ne connaissons de ballet réglé par une femme que la *Volière* de Thérèse Elssler, qui n'eut pas grand succès et qui cependant n'était qu'en un acte ; c'est un rude labeur que de mettre sur pied cinq grands tableaux où il y a souvent plus de cent personnes en scène, dont tous les gestes doivent être dessinés et rhythmés depuis le choryphée placé près de la rampe jusqu'au dernier figurant qui se trémousse obscurément au fond du théâtre. Il faut que le chorégraphe soit à la fois poëte, peintre, musicien et instructeur de recrues pour discipliner et faire manœuvrer ces masses ; ce sont des qualités difficiles à réunir. — Fanny Cerrito a accompli cette tâche difficile de façon à surprendre ceux qui doutaient le moins de son talent.

La donnée est empruntée au *Balsamo* d'Alexandre Dumas. Ce contraste de la femme amoureuse tant qu'elle est sous la domination du magnétisme, farouche et pleine de répulsion, quand elle est éveillée, pour l'homme qui la fascine pendant sa torpeur somnambulique, nous semblait offrir des ressources à la pantomime et à la danse. Les applaudissements prodigués à la Cerrito nous ont fait voir que nous avions deviné juste.

Le libretto d'un ballet est comme une toile sur laquelle le chorégraphe peint un tableau, et nous pouvons parler de *Gemma* aussi librement que Desforges, le marchand de couleurs, parlerait d'un tableau de Couture ou de Muller dont il aurait fourni le châssis. S'il y a des fautes, elles sont de nous, qui n'avons pas suffisamment tendu la toile ou ne l'avons pas choisie d'un grain assez égal : tous les mérites appartiennent au peintre.

Il n'est peut-être pas bien nécessaire de vous raconter comment le marquis de Santa-Croce se sert de son pouvoir magnétique pour enlever Gemma, jeune héritière dont la beauté et la fortune lui conviennent fort, comment il obtient d'elle, pendant qu'elle est endormie, la signature d'un contrat de mariage, et comment Gemma, éprise d'un jeune artiste, parvient à sortir du cercle magique où l'enferme le marquis, et ressaisit son libre arbitre par la mort de ce dernier, tué en duel sur le pont du Torrent, comme dans un mélodrame du temps de Guilbert de Pixérécourt, et nous préférons nous occuper tout de suite des artistes.

Le lever du rideau, où l'on voit Gemma, entourée de ses compagnes et de ses femmes, essayer devant une immense glace ses parures de bal avec mille coquetteries, est d'un effet charmant et d'une difficulté qu'on n'avait pas encore essayé de vaincre ; — dix ou douze personnes, se mouvant, s'inclinant, se relevant, dansant avec un double qui répète leurs gestes renversés, comme le ferait la réflexion d'un miroir, exigent un ordre, une précision et un ensemble presque impossibles à obtenir. — Il a fallu, pour arriver à ce résultat si exact et si gracieux à la fois, l'énergique persévérance de Cerrito, qui s'est choisi dans mademoiselle Mercier, l'ombre la plus fidèlement blonde et la plus identiquement jolie qu'on puisse rêver.

La scène où, sous l'influence du magnétisme, Gemma entoure de caresses voluptueusement mortes, et d'où la volonté est absente, le marquis de Santa-Croce qu'elle hait et qu'elle craint, a été rendue par la charmante danseuse avec une poésie et une puissance mimiques qu'on ne lui connaissait pas encore à ce degré.

Quelles évolutions gracieusement incertaines, quels vols circulaires d'oiseau fasciné par un serpent, lorsqu'elle tourne autour de la rose d'abord dédaignée et jetée à terre, où Santa-Croce a concentré sa volonté comme un parfum vertigineux, comme elle s'approche petit à petit, peureuse et charmée, enivrée, malgré elle, de l'odeur perfide ; comme elle en aspire l'arome troublant, chargé de commandement et de désir ; comme elle presse sur son cœur avec un mouvement fébrile cette fleur empoisonnée et qui brûle ainsi que la robe de Nessus ; et comme, lorsque l'amant jaloux l'a arrachée, cette fleur maudite, cette rose rouge du feu d'enfer, la pauvre enfant, réveillée de son mauvais rêve, revient à son véritable amour et rebute et traite du haut en bas son diabolique séducteur ! Mais Santa-Croce reprend bientôt son empire dans une valse magnétique pleine de séduction et d'entraînement.

C'est un spectacle singulier que cette jeune fille pâle, en robe de bal, aussi défaite, l'œil nacré et fixe, suivant avec une docilité automatique le sombre maître qui la guide dans les nœuds et replis de cette danse dont il est le centre, qui la rapproche et l'éloigne, la ralentit et la précipite, la fait tourbillonner ou la suspend à son gré ; l'éminente artiste a exprimé admirablement, dans cette danse de fantôme, l'absence de vie et de volonté propre ; on dirait une ombre évoquée au milieu d'un bal par un magicien et obéissant à une conjuration impérieuse ; on ne saurait mieux comprendre et rendre l'allure surnaturelle du somnambulisme.

Dans le troisième tableau purement dramatique, et où la danse n'intervient pas, Fanny Cerrito s'est montrée excellente mime ; lorsqu'elle est rappelée à la vie réelle, son effroi de se voir vêtue d'habits de mariée, dans ce château sinistre, sans qu'elle puisse comprendre comment elle y a été amenée, son désespoir en présence de l'inexorable résolution de Santa-Croce sont rendus avec la plus pathétique vérité.

Le pas du tableau quand, échappée des griffes du vautour, Gemma s'est réfugiée chez le peintre, est d'une grâce extrême ; jamais la célèbre danseuse n'a trouvé des poses plus voluptueusement penchées, et d'un dessin plus délicieux. — Dans de certains moments elle rappelle la *Psyché* de Canova inclinée sur l'amour ; ses blanches mousselines font l'illusion du marbre blanc ; et certes le sculpteur n'a pas arrondi dans le Paros ou le Carrare des bras plus souples, plus caressants et mieux tournés.

L'abruzzaize, — nous ne savons si la formation de ce mot est bien correcte, mais peu importe, — étincelle de verve méridionale, et contraste heureusement avec le caractère vaporeux des autres pas dansés par l'artiste, — elle l'enlève avec un feu, un entrain et une rapidité précise admirables, — Aussi les applaudissements, les rappels, les pluies de bouquets et les couronnes ne lui ont pas manqué. Un instant la scène a été tellement encombrée de fleurs que la danse s'est presque trouvée arrêtée.

Mérante, chargé presqu'à l'improviste du rôle de Santa-Croce, abandonné, nous ne savons trop pourquoi, par le célèbre mime venu de Naples exprès pour le jouer, s'en est acquitté de façon à ne pas faire regretter son devancier; il a su lui donner une physionomie sinistre et fatale, en accentuant avec art sa figure délicate et jeune, et plus faite pour exprimer les sentiments tendres que les passions farouches. Ses gestes ont de l'autorité, son regard de la fascination, et ce rôle a montré un mime intelligent dans un jeune homme, qu'on ne connaissait, jusqu'à présent, que comme un danseur gracieux et léger.

Petipa, l'amoureux aimé sans aucun sortilége, a dansé et mimé son rôle avec ce parfait sentiment dramatique dont il nous avait déjà donné des preuves dans *Giselle* et dans la *Péri*. — Être amoureux et déclarer sa flamme en faisant des ronds de jambe est un exercice facilement ridicule; mais Petipa sait être un jeune premier chorégraphique toujours élégant, spirituel et passionné.

Mademoiselle Louise Marquet, dans le petit rôle épisodique de la sœur du peintre, porte à ravir un charmant costume qui rehausse sa beauté de statue, et se mêle avec intelligence à l'action qu'elle traverse.

Berthier, le majordome, donne du relief à une figure à peine indiquée; il sait faire rire, chose difficile et dangereuse à l'Opéra.

Le pas de deux, dansé par Cerrito et Petipa, est fort joli, ainsi que le pas de quatre où figurent M. Friant et mesdemoiselles Robert, Emarot et Legrain. A propos de mademoiselle Legrain, disons que cette jeune danseuse nous paraît destinée au plus brillant avenir; elle a une force, une souplesse et une netteté merveilleuses. On n'est pas plus hardie, plus vigoureuse et plus légère.

Le pas de deux par M. Bouchet et mademoiselle Taglioni a excité un véritable enthousiasme; — outre qu'il est très-bien inventé, dessiné et réglé, il est exécuté à ravir. — Mademoiselle Taglioni est si vive, si preste, si fine, elle tourbillonne avec une rapidité si éblouissante, elle s'enlève si aisément, que c'est plaisir de la suivre dans ses gracieux méandres.

Pour rendre justice à tout le monde, il nous faudrait écrire une litanie plus longue que celle imprimée en tête des comédies à intermèdes de Molière. Nous nous arrêtons donc ici.

Après avoir félicité MM. Rubé et Nolau de leur belle décoration du cinquième tableau dont l'aspect abrupt et sauvage ajoute à la terreur causée par ce rebondissement de rocher en rocher, et cette chute de vingt pieds de haut du marquis, percé d'outre en outre, pour ses crimes, arrivons à notre collaborateur le comte Gabrielli qui peut revendiquer une bonne part du succès.

M. le comte Gabrielli, qui a écrit la musique de *Gemma*, s'est fait en Italie un nom populaire, comme compositeur de ballets; sa nouvelle partition, émaillée de fraîches mélodies toujours dans le sentiment de l'action mimique, respire cette facilité et cette verve entraînante que l'on retrouve dans presque toutes les œuvres des maîtres de l'école italienne; quant à son orchestration, elle est traitée avec un soin, une sobriété et une élégance qui attestent l'importance attachée par M. le comte Gabrielli à cette partie souvent négligée même par les plus célèbres compositeurs d'au delà des monts.

Si l'auteur du ballet de *Gemma* trahit quelquefois sa nationalité par le rhythme, la coupe et les formules de ses pensées mélodiques, il sait aussi éviter les réminiscences et donner un cachet individuel à chacune de ses inspirations, par le coloris et la variété de son orchestre; il possède à fond le secret et les ressources de chaque instrument; il en connaît toutes les variétés de timbre, et il arrive souvent à des effets pleins de charme et d'originalité par des moyens simples et de bon aloi.

Il est impossible de rendre par des détails plus ingénieux et des broderies plus délicates la scène de coquetterie du premier tableau; la pantomime amoureuse entre Gemma et Massimo est exprimée par un chant de violons et de violoncelles d'une tendresse inexprimable; la scène du magnétisme entre la séduisante danseuse et le marquis de Santa-Croce est d'un style tout à fait dramatique, et l'orchestre peint avec une vérité et un sentiment qui méritent les plus grands éloges tous les tressaillements et toutes les émotions qui agitent le cœur de la jeune femme, pendant tout le temps qu'elle reste soumise au pouvoir du magnétiseur. M. le comte Gabrielli, débute avec assez d'éclat sur notre première scène lyrique, pour que nous espérions, de sa part, une seconde infidélité aux théâtres de ses succès où l'ont si souvent acclamé les applaudissements et les bravos de ses compatriotes.

(Feuilleton de *la Presse*, 13 juin 1854.)

YANKO LE BANDIT

BALLET-PANTOMIME EN DEUX ACTES

MUSIQUE DE M. DELDEVEZ

Représenté pour la première fois sur le théâtre de la Porte-Saint-Martin le 22 avril 1858 [1].

PERSONNAGES :

YANKO.	MM. HONORÉ.
CHEF DE PANDOURS.	BRICHARD.
LE SERACHANER.	MARCHAND.
L'HOTELIER.	FERDINAND.
UN MUSICIEN.	QUINCHE.
IDEM.	BESOMBE.
UN VIEILLARD.	LÉCOLE.
VASSILIA.	Mmes GUICHARD.
YAMINI.	BATTAGLINI.
L'HOTELIÈRE.	LOUISE.
LA SERVANTE.	COUSTOU.

DANSEUSES :

Mmes GUICHARD, BATTAGLINI, TÉRÈSA, DABBAS, ASTORG ET SEGAUD.

[1] Ce ballet fut représenté pour la soirée de réouverture du théâtre de la Porte-Saint-Martin, et la pièce imprimée fut distribuée dans la salle le soir de la première représentation.

ACTE PREMIER

LE CABARET SUR LA BRUYÈRE.

Le théâtre représente une salle blanchie à la chaux; grand poêle; porte au fond; dans les angles, tonneaux recouverts de vieux bouts de tapisserie. Deux ou trois tables grossières avec des bancs contre le mur.

SCÈNE PREMIÈRE

Yanko et sa bande se sont réfugiés au cabaret, sur la bruyère. L'hôtelier, mécontent de la présence de ces pratiques dangereuses, voudrait les livrer aux pandours, mais sa femme les favorise. Natcka, la servante, propose de les cacher dans la cave, dont elle soulève la trappe; les bandits et leur chef y descendent.

SCÈNE II

Les pandours qui cherchent Yanko frappent à la porte du cabaret; on leur ouvre après quelque hésitation. Le chef des pandours fait coller sur la muraille une pancarte contenant le signalement d'Yanko, et promettant 2,000 florins de récompense à qui le livrera. L'hôtelier aurait bonne envie de gagner la somme : sa femme et Natcka l'en empêchent.

SCÈNE III

L'escouade se retire. Les bandits sortent de la cave, et, malgré les représentations de l'hôtesse, qui leur reproche leur imprudence, ils se font servir à boire. Un bruit de tambours de basque se fait entendre au dehors.

SCÈNE IV

Une troupe de jeunes tsiganes (bohémiennes) pénètre en dansant dans le cabaret, suivie des musiciens, leur orchestre ordinaire; des paysans et des paysannes serbes, valaques, moldaves entrent avec elles, attirés par la musique, et se rangent le long des murs.

DIVERTISSEMENT.

Les bandits dansent avec les bohémiennes. La pujala (pas national) est exécutée par Yanko et Natcka.

SCÈNE V

Yamini, la reine des tsiganes, et Vassilia arrivent ensemble quelques instants après leurs compagnes. Toutes deux ont des prétentions sur le cœur d'Yanko, dont la hardiesse, la galanterie et la générosité servent de thème aux ballades populaires, et elles font assaut de séduction pour le décider en faveur de l'une d'elles. Entre ces deux belles filles Yanko hésite ; tantôt il regarde Yamini, tantôt Vassilia ; son choix tombe enfin sur la dernière, au grand courroux de la reine des tsiganes. Yamini, outragée dans sa beauté et dans son amour, résout de se venger. Heureusement Vassilia a compris les projets de sa rivale, et, ne pouvant parler devant elle, feint de vouloir tirer les cartes à Yanko ; elle l'avertit ainsi, d'après les figures du jeu étalé en cercle, qu'une femme brune le trahit et qu'une femme blonde veut le sauver. Yamini se sert de son autorité pour écarter Vassilia. Yanko, mis en défiance, a repris ses armes et donné ordre à ses bandits de se tenir sur leur garde ; il leur commande même d'arrêter la reine des tsiganes. Ils vont la saisir, mais la terreur superstitieuse que leur inspirent les gestes cabalistiques d'Yamini leur fait lâcher prise, et la reine marche vers la porte d'un pas majestueux.

SCÈNE VI

Sur le seuil, Yamini rencontre un homme enveloppé d'un long manteau, à qui elle dit à l'oreille une phrase mystérieuse. L'homme entre silencieusement, et il est bientôt suivi de quelques autres également drapés de manteaux.

SCÈNE VII

Les bandits, dans leur joyeuse insouciance, se mettent à valser avec les tsiganes ; les nouveaux venus laissent tomber leurs manteaux et montrent leurs uniformes de pandours ;

Yanko dégaîne ainsi que ses bandits, et une lutte s'engage. Les paysans, les paysannes, les bohémiennes cherchent à paralyser les mouvements des pandours; elles les retiennent et les enlacent de leurs écharpes. Yanko, protégé par Vassilia, parvient à s'échapper à travers le cliquetis des sabres et la fumée des coups de pistolet.

ACTE SECOND

LA PUSTA.

Le théâtre représente la Pusta. On nomme ainsi des plaines coupées de marais et de flaques d'eau qui s'étendent à perte de vue dans les contrées que traversent la Theiss et le bas Danube. Quelques cimes de vieux saules, quelques perches de puits, semblables à des antennes de navire, rompent seules l'uniformité horizontale du paysage. C'est là qu'errent les troupeaux et que campent les tsiganes.

SCÈNE PREMIÈRE

Les tsiganes, près de leurs chariots dételés, se livrent à diverses occupations. Les hommes forgent des clous et des fers de chevaux, les femmes font la cuisine, les enfants apprennent à faire des tours de souplesse, les jeunes filles travaillent leurs pas de danse ou vaquent à leur toilette. Vassilia arrive avec Yanko, dont la présence excite la curiosité des tsiganes, qui, sur la recommandation de leur compagne, lui donnent asile dans le camp, et, comme son costume le décèlerait, on l'affuble des habits d'un musicien.

SCÈNE II

Le chef des pandours et ses hommes cherchent Yanko et fouillent le camp; leurs recherches sont vaines, car celui qu'ils cherchent est devant eux, déguisé. L'officier pandour, fatigué de sa course inutile, s'assoit près d'une table et ordonne à Vassilia de lui servir à boire; la jeune fille lui obéit. Charmé de sa bonne grâce, il la prie de danser, et, comme elle s'excuse sur ce qu'elle n'a pas de musique, il lui désigne Yanko, qui tient à la main le violon du musicien dont il a pris les vêtements. Le bandit est obligé de jouer et Vassilia, en exécutant son pas, verse à boire au pandour, dont elle veut endormir la vigilance.

SCÈNE III

Yamini, prévoyant que sa rivale a caché Yanko chez les tsiganes, arrive et promène partout ses regards soupçonneux. Plus clairvoyante que le chef des pandours, elle reconnaît le bandit sous le vieux chapeau et la cape du musicien bohême. Malgré les supplications de Vassilia, elle réveille le pandour endormi la tête sur la table, et lui désigne Yanko, qui se sauve, mais est bientôt repris ainsi que les hommes de sa troupe, auxquels il avait donné rendez-vous dans le camp bohémien. Vassilia, désespérée, objecte en vain les devoirs de l'hospitalité et le droit d'asile, Yamini répond qu'elle est reine et qu'on doit lui obéir. Les bandits et leur chef sont amenés, les poings liés de cordes. L'officier de pandours triomphe.

SCÈNE IV

Un coup de tam-tam se fait entendre. C'est le dernier jour du pouvoir d'Yamini. — Son année de royauté expire au coucher du soleil. — L'ancien de la tribu, précédant la bannière de l'élection, reprend à la reine des tsiganes la bandelette d'or, insigne du commandement. Le concours est ouvert. Celle qui dansera le mieux sera nommée reine d'Égypte et de Bohême pour un an, selon la coutume ancienne. Yamini se promet de reconquérir la puissance. Vassilia espère l'emporter sur elle et se servir de son autorité pour protéger Yanko.

DIVERTISSEMENT.

Yamini danse, les yeux bandés, la célèbre danse des œufs. Mais les applaudissements qu'elle recueille ne découragent pas sa rivale, qui exécute la danse des épées. Pour s'armer elle-même et ses compagnes, elle demande leurs poignards et leurs sabres aux pandours, qui les prêtent sans défiance, car les bandits sont là dans un coin, attachés par des cordes solides. Le pas achevé, Vassilia et les jeunes filles qui ont dansé avec elle coupent les liens des bandits et leur remettent les armes. Les bandits fondent sur les pandours surpris et les terrassent.

SCÈNE V

Une fanfare annonce l'arrivée du serrachaner (officier supérieur), qui fait sa ronde. Le serrachaner reste stupéfait à la vue des pandours faits prisonniers par les bandits, et, tirant son sabre, il se précipite sur Yanko. D'un geste de main Yanko l'arrête et lui offre de se rendre, à la condition qu'il aura son commandement : il renonce à la vie de bandit et fera désormais de son courage un meilleur emploi. Il n'a été jusqu'ici qu'un brigand, il veut devenir un héros. Le serra-chauer accepte et lui rend son épée. Vassilia, proclamée reine des Bohémiens, se démet de son pouvoir en faveur d'Yamini, à laquelle Yanko pardonne une trahison qui a si bien tourné. Vassilia suivra la nouvelle fortune de son amant, de son époux, et rentrera, comme lui, dans la vie régulière.

DIVERTISSEMENT ET BALLET FINAL.

FIN DE YANKO LE BANDIT.

SACOUNTALÂ

BALLET-PANTOMIME EN DEUX ACTES

TIRÉ DU DRAME INDIEN DE CALIDASA

MUSIQUE DE M. ERNEST REYER

Représenté pour la première fois, à Paris, sur le théâtre impérial de l'Opéra, le 14 juillet 1858.

PERSONNAGES :

DOUCHMANTA, roi de l'Inde.	MM. Petipa.
MADHAVYA, favori du roi.	Mérante.
CANOUA, brahme, père adoptif de Sacountalâ.	Lenfant.
DURWASAS, fakir.	Coralli.
BOURREAU.	Cornet 1.
PÊCHEUR.	Cornet 2.
SARNÁGRAVA.	Estienne.
SARADOUATA.	Millot.
COURTISAN.	Lefèvre.

Courtisans, Écuyers, Jongleurs, etc., etc.

SACOUNTALA.	Mmes Ferraris.
HAMSATI, favorite du roi.	Marquet.
GAUTAMI, gouvernante des jeunes prêtresses.	Aline.
PRIYAMWADA, amie de Sacountalâ.	Schlosser.
ANOUSOUYA, id.	Poussin.
PARABHRITICA, id.	Cellier.
TCHATOURICA, id.	Mauperin.

Bayadères, Prêtresses, Nymphes, Déesses, Génies, Apsaras, etc.

Le pénitent Wiswamitrâ était parvenu, par ses austérités et ses prières, à un tel degré de perfection, que les dieux en devinrent jaloux et chargèrent la nymphe Ménaca de le distraire de ses exercices ascétiques. Le saint ne fut pas insensible à la tentation, et de son péché résulta une petite fille qui fut exposée sur les rives du Malini. Comme l'ardeur du soleil l'incommodait, les oiseaux compatissants voltigeaient au-dessus d'elle et lui faisaient de l'ombre, d'où lui vint le nom de *Sacountalâ* (protégée des oiseaux). Le sage Canoua recueillit l'enfant et l'éleva dans sa retraite, sachant par son don prophétique qu'elle était réservée à de grandes destinées. En effet, de l'union de Sacountalâ avec le roi Douchmanta naquit le conquérant de l'Inde, le héros du *Mahabhârata*, ce poëme gigantesque dont la lecture publique dure six mois.

Les amours de Douchmanta et de Sacountalâ en forment un épisode dont le poëte Calidasâ, contemporain de Virgile, fit un drame en sept actes, considéré comme un des chefs-d'œuvre de la poésie indienne.

C'est à ce drame qu'est empruntée la fable de ce ballet.

ACTE PREMIER

Le théâtre représente une forêt sacrée non loin de l'Himalaya, sur les bords du Milani : elle est formée d'arbres des Banians, d'amras, de malicas, de madhavis, que rejoignent des lianes. A droite, s'élève une petite pagode ; à gauche, l'on aperçoit dans les feuillages les cabanes de roseaux des richis (ermites) ; au fond, des marches de marbre descendent à un étang sacré (Thirtâ).

SCÈNE PREMIÈRE

Canoua, chef des brahmes, assisté de brahmatcharis, est en prière devant le temple. Une flamme brille sur l'autel, la fanfare et le bruit d'une chasse se font entendre, des profanes ont pénétré dans la forêt. Canoua éteint la flamme, et envoie un brahmatchari voir qui est assez hardi pour troubler la retraite et les dévotions des saints ermites.

SCÈNE II

Le roi Douchmanta, à cheval, un arc à la main, suivi de chasseurs, fait son entrée; il a été entraîné à la poursuite d'une antilope, et son intention n'est pas de violer l'enceinte consacrée à Brahma. Il descend de sa monture, relève avec bonté Canoua, qui a fléchi le genou devant lui, et renvoie ses courtisans; lui-même, il veut prier devant l'autel, et dépouille ses ornements royaux par humilité.

SCÈNE III

Douchmanta, resté seul, s'incline et offre des fleurs et des fruits sur l'autel; mais il se relève bientôt avec curiosité. Des sons harmonieux annoncent l'arrivée de personnages plus aimables que les mounis et les richis (ascètes). Pour les voir sans être vu, et ne pas les gêner de sa présence, il cherche une cachette et la trouve dans le temple.

SCÈNE IV

Les jeunes filles qui desservent le temple et soignent les fleurs de la forêt sacrée apparaissent portant des vases qu'elles vont remplir d'eau. Sacountalâ, fille de la nymphe Ménaca et de Wisaoumitra, élevée par les soins de Canoua, le chef des brahmes, entre en dansant et reçoit les salutations affectueuses de ses compagnes.

Elle va, penchant sur les fleurs des madhavis et des sirichâs les urnes que lui présentent ses amies Priyamwada et Anousouya. Tout à coup, du calice d'une malicâ s'élance une abeille qui voltige autour de la jeune fille la prenant pour une autre fleur. Secountalâ, redoutant l'aiguillon de l'abeille, cherche à l'éviter ou à la chasser.

Ses bonds effrayés la conduisent près du temple, d'où sort Douchmanta, qui fait fuir l'abeille et retient sur son cœur Sacountalâ palpitante. De sa retraite, le roi a observé les grâces de la jeune fille, et il sent l'amour s'emparer de son âme.

La présence subite de Douchmanta étonne les jeunes filles, et rend Sacountalâ confuse; elle reste rougissante et les mains croisées sur sa poitrine, mais déjà troublée par la beauté et l'air noble de l'étranger.

Sacountalâ, un peu remise de sa frayeur, interroge Douchmanta. Le roi lui répond qu'il est un jeune brahmatchari (élève brahme), qui vient étudier les Vêdas (livres saints) dans la retraite des pieux solitaires. Comme il a dépouillé les insignes de la royauté, cette réponse n'a rien que de plausible.

Dès cet instant, Douchmanta est admis comme un hôte dans la forêt sacrée. Sur l'ordre de Sacountalâ, Priyamwada, Anousouya et leurs compagnes, après avoir conduit le roi à un banc de mousse, lui présentent des corbeilles de fleurs et de fruits; Sacountalâ va elle-même puiser de l'eau, et l'offre à Douchmanta, dans une écorce de grenade.

Pendant qu'on lui rend tous ces soins, le roi fixe sur la jeune fille des yeux enflammés; il se lève, se rapproche d'elle, et veut lui exprimer sa passion. Sacountalâ l'évite avec une coquetterie pudique, mais il finit par la rejoindre, et danser avec elle un pas de deux, qu'il termine en la pressant sur son cœur, comme ivre d'amour.

SCÈNE V

Un des chasseurs portant l'arc du roi entre sur la scène; il s'incline devant Douchmanta, et lui dit qu'un éléphant furieux ravage la forêt. Les flèches du roi, qui n'ont jamais manqué leur but, peuvent seules en avoir raison. A lui appartient l'honneur d'abattre le monstre. Douchmanta saisit l'arc, et s'éloigne en faisant signe à Sacountalâ et aux jeunes filles qu'il reviendra bientôt.

SCÈNE VI

Le roi parti, Sacountalâ redescend la scène, toute pensive. Elle porte la main à son cœur comme pour en comprimer les battements. L'amour qui l'agite lui fait peur; celui qu'elle prenait pour un simple brahmatchari est un roi puissant. De retour à son palais, sans doute il oubliera bientôt l'humble fille rencontrée dans la forêt des ermites. Accablée par cette idée douloureuse, elle se laisse tomber sur un banc de gazon; ses compagnes l'entourent et tâchent de la rassurer; elles la complimentent sur l'amour qu'elle a inspiré au roi; mais Sacountalâ, oppressée et brûlante, cache sa tête dans ses mains. Pour calmer la fièvre à laquelle elle est en proie, ses amies l'éventent doucement, lui jettent des fleurs fraîches, et, voyant le sommeil descendre sur ses yeux, s'éloignent avec précaution sur la pointe du pied.

SCÈNE VII

Après avoir tué l'éléphant, le roi revient; inquiet de ne pas voir Sacountalâ, il parcourt la scène à grands pas. Il aperçoit à la fin celle qu'il aime, endormie sur les fleurs. Il se rapproche, s'agenouille, l'admire dans une contemplation passionnée, tend les mains vers elle et lui envoie des baisers; à travers son sommeil, Sacountalâ semble avoir conscience du retour de son royal amant : elle soupire, elle tressaille et se lève comme en extase, se rapprochant toujours de Douchmanta qui l'attire; au bout de quelques pas, elle finit par se trouver entre les bras du roi et se réveille avec un mouvement d'effroi et de pudeur. On pourrait les voir. Les jeunes brahmes errent dans la forêt.

Douchmanta, sans l'écouter, lui dit qu'il l'aime éperdument; mais Sacountalâ ne veut pas croire à ses protestations. Un trop grand intervalle les sépare, toute union est impossible entre eux; elle essaye de se dégager des étreintes du roi, lui échappe, et va se réfugier dans le temple. Douchmanta la détache de l'autel, la ramène près du banc de mousse, se jette à ses pieds, l'entoure de ses bras et lui promet de l'épouser. Elle sera reine dans le beau palais d'Hastinapourou, la ville sainte. La jeune fille, comme enivrée, penche sa tête sur l'épaule du roi, qui lui met un baiser au front; en même temps, il lui passe au doigt son anneau qui lui ouvrira les portes du palais et la fera reconnaître pour une fiancée royale.

SCÈNE VIII

Pendant la fin de cette scène, le mouni (ermite) Durwasas, personnage très-orgueilleux de sa science, et connu dans les poëmes de l'Inde pour son extrême irascibilité, traverse la forêt sacrée avec un air de fatigue et d'accablement; il est las, il a faim, il a soif, et demande l'hospitalité. Il s'incline à plusieurs reprises auprès du groupe amoureux, qui ne prend pas garde à lui et reste comme perdu dans son extase. Durwasas, déjà mécontent qu'on ne lui rende pas les hommages voulus, est en outre choqué de voir profaner de la sorte par un amour coupable la retraite des dieux et des sages, et adresse des reproches aux deux amants qui se réveillent comme d'un songe. Sacountalâ se précipite aux pieds de Durwasas et tâche de le fléchir, mais en vain. Le roi joint ses prières à celles de Sacountalâ; mais le courroux du farouche personnage ne s'apaise pas. Se laissant aller à un mouvement de colère, Douchmanta menace l'ermite, qui se redresse de toute sa hauteur et prononce avec des gestes magiques une terrible formule d'imprécation.

Sous le coup de cette malédiction, la tête du roi paraît se troubler, ses yeux deviennent hagards; il repousse Sacountalâ. La puissance de Durwasas bouleverse la nature : le ciel se couvre, des lueurs rouges brillent, les feuillages de la forêt sacrée s'agitent, et, à travers les branches, on voit se dessiner les formes monstrueuses de rakkasâs (mauvais génies) qui grimacent, ricanent et désignent du doigt comme maudits le roi et Sacountalâ.

SCÈNE IX

Douchmanta a perdu la raison et la mémoire. Il ne reconnaît plus celle à qui tout à l'heure il offrait la couronne. C'est ainsi que Durwasas se venge de ceux qui le dédaignent ou qui le bravent.

Les courtisans à la recherche du roi entrent et le trouvent en proie au délire. Il se débat entre leurs mains, et ils l'emmènent en donnant des signes de respect et de douleur. Sacountalâ est tombée évanouie au pied d'un arbre.

SCÈNE X

Durwasas, satisfait de son commencement de vengeance, s'approche de Sacountalâ; profitant de son évanouissement, il retire du doigt de la jeune fille l'anneau que le roi lui a remis et va le jeter au loin dans l'étang sacré; les jeunes filles, les brahmatcharis, les gourous entrent ayant en tête le sage Canoua. Ils aperçoivent Sacountalâ évanouie, la relèvent et la font revenir à elle. Du doigt elle désigne l'ermite, dont la physionomie exprime toujours le courroux, et raconte à Canoua, son père adoptif, qu'elle est aimée du roi, qu'elle l'aime et qu'il lui a juré de l'épouser; mais Durwasas, offensé involontairement, a, par ses maléfices, fait perdre la raison et le souvenir au roi Douchmanta. — Durwasas, qui a écouté ce récit, se rapproche du groupe et dit : — Jamais ta fille ne sera la femme du roi. — Et qui l'empêcherait? répond Canoua. — Moi, réplique Durwasas, les yeux brillants de haine, sans se laisser attendrir par les supplications de Sacountalâ tombée à ses genoux.

Ces menaces répandent la consternation parmi les jeunes filles et les bramatcharis, qui connaissent la rancune et le pouvoir de Durwasas.

Canoua d'un air calme rassure sa fille et dit qu'il va faire ses efforts pour conjurer le sort. Si Durwasas est puissant pour le mal, lui est puissant pour le bien. Il s'approche du temple, récite une formule et jette sur l'autel une poignée de l'herbe cousâ. Le feu brille, et, dans la fumée qui s'élève et se sépare, se dessine un groupe représentant Douchmanta posant une couronne sur la tête de Sacountalâ. Une lueur d'un bleu céleste éclaire ce tableau. Les malédictions du méchant Durwasas seront neutralisées par les prières du pieux Canoua. Ce présage heureux rassure la jeune fille et ses compagnes.

Mais l'irascible ermite, qui a regardé cette scène d'un air méprisant, s'approche de l'autel, invoque Shiva, dieu de la destruction, répand de l'herbe sacrée sur le feu et fait apparaître dans la fumée un tableau où l'on voit Sacountalâ agenouillée sur un bûcher en flamme. Une lueur rouge jette son reflet sinistre sur cette scène.

Un sentiment d'angoisse s'empare de tous les cœurs. Lequel de ces deux présages faut-il croire? Sacountalâ d'abord laisse pendre ses deux bras avec abattement; mais bientôt elle relève la tête. La courageuse jeune fille bravera les malédictions et les présages funestes; elle ira malgré tout retrouver, au palais d'Hastinapourou, l'infortuné Douchmanta, qui peut avoir besoin de son dévouement. — Le sage Canoua l'approuve et la bénit.

Elle va partir, mais ses vêtements sont trop simples pour se présenter à la cour. Comment faire? les brahmes vivent dans la pauvreté, et la sainte solitude n'a pas de bazar où l'on puisse acheter de riches habits.

Canoua répond qu'il ne faut pas s'en inquiéter, et que le Ciel y pourvoira.

On commence la toilette de Sacountalâ, ses compagnes la dépouillent de ses voiles.

Tout à coup la jeune fille s'aperçoit avec terreur qu'elle n'a plus son anneau.

Comment désormais pénétrer dans le palais d'Hastinapourou, et se faire reconnaître comme fiancée du roi?

— Reste avec nous, dit Priyamwada. — Non, je braverai tout, répondit la jeune femme. — N'as-tu pas l'amour du roi! dit Anousouya, il te reconnaîtra à ta beauté; qu'as-tu besoin de l'anneau?

SCÈNE XI

Sacountalâ, on ne l'a pas oublié, est, par sa mère, d'origine céleste. La nymphe Ménaca, dont elle est fille, vient à son secours dans ce moment suprême; les cimes des arbres s'écartent, laissant passer des flots de lumière. Les apsaras descendent du ciel apportant des étoffes en toile de soleil et en gaz de lune; des têtes de nymphes apparaissent à travers les interstices du feuillage. Les arbustes allongent leurs branches fleuries comme de petites mains portant des bijoux, des colliers d'or, des fils de perles.

Sa toilette finie, Sacountalâ se prosterne devant les déesses, les génies et les apsaras, qui remontent au ciel.

Anousouya, Priyamwada et les autres jeunes filles l'entourent et l'admirent en la voyant si belle; certes, le roi Douchmanta ne peut manquer de la bien accueillir, malgré le sort jeté par l'ermite : n'est-elle pas d'ailleurs sous la protection des apsaras?

Il est temps de partir. Sacountalâ fait ses adieux à ses compagnes, à son antilope, à ses plantes chéries, qu'elle embrasse tour à tour comme si c'étaient des êtres doués d'une âme.

Le sage Canoua, avec quelques brahmatcharis et Gautami, la gouvernante des jeunes prêtresses, accompagne Sacountalà, qui, avant de s'éloigner, se retourne plusieurs fois et jette des baisers à ses amies.

Durwasas, qui veut contrarier l'influence salutaire de Canoua, son rival en sainteté, laisse prendre un peu d'avance au cortége, se revêt d'une robe de brahme, et sort à grands pas du même côté. Les jeunes filles, qui regrettent Sacountalà, se groupent dans des poses abattues et mélancoliques.

ACTE SECOND

Le théâtre représente la façade du palais de Douchmanta, dans la ville d'Hastinapourou, du côté des jardins. Architecture singulière et gigantesque, superposition des terrasses, grands escaliers monumentaux descendant par des degrés de marbre du terre-plein sur lequel s'élève le palais. Dans le jardin, masses de fleurs et de végétation exotique, plantes à larges feuilles, fleurs à calices énormes. Au fond, au-dessus de la ligne tracée par le couronnement du palais, apparaît la tour de Megatchanna.

SCÈNE PREMIÈRE

Au lever du rideau, le roi Douchmanta est assis sur un divan en forme de trône ; la reine Hamsati est à côté de lui. Les bayadères sont rangées de chaque côté du trône, plongées dans la tristesse. Ne sachant comment distraire le roi, le favori Madhavya prend sa guitare; aux premiers accords, les femmes se lèvent lentement et exécutent les danses favorites du roi. Mais celui-ci ne prête à ces divertissements qu'une attention machinale, comme celle d'un fou regardant un spectacle dont il ne comprend plus le sens.

SCÈNE II

La danse finie, le roi quitte son divan, et se promène d'un air distrait au milieu de ses femmes. En vain Madhavya, son favori, lui fait remarquer leur beauté. La reine, à son tour, reproche au roi son indifférence et sa froideur; ce dernier ne paraît pas entendre Hamsati. Le favori essaye de calmer la reine, en lui assurant que ce n'est pas l'amour qui a ainsi frappé le roi, mais une profonde mélancolie, et qu'il faut le distraire et non le quereller.

Hamsati se rend à ses conseils, et se montre aussi aimable qu'elle était hautaine et impérieuse tout à l'heure. Elle invite ses femmes à danser.

DIVERTISSEMENT.

SCÈNE III

Après la danse, on vient annoncer au roi que des étrangers demandent à être introduits auprès de lui.

Le roi fait signe qu'on les laisse entrer.

Sacountalâ, accompagnée de Canoua, le vertueux ermite, des brahmatcharis, de Gautami, de Priyamwada, d'Anousouya, de Parabhritica et de Tchatourica, ses amies, s'avance modestement jusqu'au pied du trône.

La reine s'inquiète de l'arrivée de cette jeune femme. Madhavya conduit Sacountalâ devant le roi, qui paraît surpris en la voyant.

Mais Durwasas, qui est entré avec les autres ermites, se place à côté du trône, et, par des gestes conjurateurs, augmente la folie du roi et l'empêche de reconnaître Sacountalâ.

La pauvre jeune femme se prosterne devant le monarque, puis se relève lentement, lui pose les mains sur les genoux et lui offre sa figure en pleine lumière. Le roi s'incline, regarde attentivement, et fait signe que cette femme lui est inconnue.

Marques de joie de la reine Hamsati, qui s'alarmait de la beauté surhumaine de Sacountalâ, et qui craignait en elle une rivale venant faire valoir des droits à l'amour du roi.

Sacountalâ, confuse, se relève et va se réfugier dans les bras de sa gouvernante, qui lui murmure un conseil à l'oreille.

La reine cherche à persuader au roi qu'il faut chasser cette femme.

Sacountalâ, d'après le conseil que vient de lui donner Gautami, essuie ses larmes, et répète la scène du bois sacré. Elle veut lui montrer la bague qu'il lui a donnée; mais la bague est perdue. Désespoir de Sacountalâ.

Au même instant, Durwasas fait un nouveau geste de conjuration, afin de neutraliser l'effet que peut produire cette scène sur la mémoire du roi.

Décidément, Douchmanta ne connaît pas Sacountalâ. Hamsati triomphe et veut renvoyer cette intrigante, cette femme qui vient poursuivre, jusque sur le trône, un prétendu amant.

Sacountalâ lève fièrement la tête, et fait comprendre à Hamsati que c'est elle qui est la reine, mais que, puisque le sort est contre elle, elle va s'éloigner.

Mais, avant de partir, elle veut se jeter encore aux pieds de Douchmanta, qui détourne la tête.

Sacountalâ se retire tout éplorée; le favori Madhavya, qui s'intéresse à elle, lui fait signe de se cacher dans quelque endroit voisin.

SCÈNE IV

La reine, satisfaite, donne à ses femmes le signal de la danse; le roi, pensif et agité, fait bientôt comprendre qu'il désire être seul.

SCÈNE V

Le roi, accablé, s'est endormi sur son divan. A ce moment, Madhavya, jugeant l'occasion favorable, se dirige vers une porte dérobée et ramène Sacountalâ. Il lui montre le roi qui est seul, et sur la raison duquel elle peut tenter un effort suprême; puis il se retire. Sacountalâ essaye de nouveau, par différentes poses, de rappeler à la mémoire du roi des souvenirs qui paraissent lui avoir complétement échappé.

SCÈNE VI

Tout à coup, Durwasas paraît. Il fait un geste de vengeance, et appelle la reine.

Celle-ci, surprenant Sacountalâ seule avec le roi, s'abandonne à toute sa colère. Les autres femmes se joignent à elle comme un chœur irrité. Hamsati injurie et maltraite Sacountalâ, qui résiste et tombe à genoux ; mais la reine la repousse violemment : et Durwasas, qui se trouve devant elle, la fait reculer épouvantée ; « Je t'avais prédit le bûcher, » lui dit-il. Sur un geste de la reine, le bourreau paraît avec ses aides, et elle ordonne qu'on inflige à Sacountalâ les supplices les plus affreux. Ils seront encore trop doux pour cette malheureuse, qui a tenté d'abuser la bonne foi royale. Sacountalâ la supplie d'avoir pitié ; la reine est inflexible. Elle cherche en vain le roi ; elle ne rencontre que l'implacable figure de Durwasas.

Les aides s'emparent d'elle, et le bourreau lui jette un voile noir sur la tête.

Sacountalâ, saisie d'une angoisse mortelle, tombe : on l'entraîne au supplice.

Tout le monde sort.

Hamsati, rayonnante et désormais sans rivale, s'asseoit sur le trône, à côté de Douchmanta, promenant fièrement ses regards autour d'elle. Quant au roi, il est resté pensif, et il cherche à son doigt l'anneau royal, dont il aperçoit l'absence pour la première fois.

SCÈNE VII

Un tumulte se fait entendre. Les officiers barrent le passage à un pêcheur qui essaye de pénétrer jusqu'au roi. On le repousse ; mais le roi, désirant savoir la cause de cette altercation, fait venir le pêcheur au pied de son trône.

Le pauvre homme raconte qu'il a trouvé l'anneau dans le ventre d'un poisson pêché par lui, et qu'il dépeçait pour la vente.

Le roi reconnaît aussitôt son anneau, et récompense richement le pêcheur.

Plus Douchmanta examine l'anneau, plus il sent sa raison s'éclaircir. Il se rappelle maintenant tout ce qui s'est passé dans le bois.

Un rayon soudain a traversé le cerveau du roi; l'obscurité qui l'environnait se dissipe, car le vindicatif ermite s'est retiré, sachant que l'anneau retrouvé suspend son influence sur Douchmanta.

Ainsi, cette femme qu'il a repoussée tout à l'heure, c'était Sacountalâ! Il l'a livrée au bourreau!

Éperdu, il interroge tout le monde; pour toute réponse, on détourne tristement la tête. La reine s'avance, et annonce, avec une satisfaction cruelle, que Sacountalâ a subi sa punition.

Douchmanta, irrité, la secoue avec violence, et fait un geste de menace terrible; les femmes de la reine se précipitent éplorées, et entourent Douchmanta, qui ordonne aux bourreaux qui ont emmené Sacountalâ d'entraîner à son tour la perfide Hamsati.

SCÈNE VIII

En ce moment une musique céleste se fait entendre. L'apsara Misrakési descend du ciel, et au fond du théâtre, on aperçoit Sacountalâ sur son bûcher, dont les flammes se changent en fleurs sous la puissante influence de l'apsara protectrice.

En même temps, des torrents de lumière, où tourbillonnent des génies bienfaisants, inondent le fond du théâtre; des foules d'Apsaras et de filles célestes apparaissent sur les terrasses les plus élevées du palais.

Sacountalâ radieuse se jette dans les bras du roi, qui tombe à ses pieds et implore une grâce déjà accordée.

Hamsati, se dégageant des mains de ses gardiens, s'incline devant Sacountalâ, et vient baiser humblement le bord de son voile. Sacountalâ lui pardonne.

Douchmanta remet au doigt de Sacountalâ l'anneau royal, qu'elle ne perdra pas cette fois, et se prosterne devant l'apsara Misrakési, qui remonte au ciel.

PAS DE DEUX.

DIVERTISSEMENT.

FIN DE SACOUNTALA.

LA PREMIÈRE REPRÉSENTATION

DE

SACOUNTALA

Notre embarras est extrême : le critique dont relève l'Opéra se repose à Vichy des musiques de l'hiver et du printemps ; — il jouit de cette douceur de ne rien entendre et de ne rien voir des choses du théâtre, comme s'il n'était qu'un simple mortel. — Vacances bien gagnées, car c'est un rude labeur que d'essayer le plaisir des autres comme un échanson qui goûte le vin de la coupe, avant de la passer à son maître, et de dire au public : « Buvez, ou ne buvez pas! » S'il eût été ici, vous eussiez gagné à sa présence un de ces feuilletons si judicieux, si sensés, si spirituels, si au courant du moindre détail, qui font attendre impatiemment le retour du dimanche. Mais il n'y est pas, que faire? Passer *Sacountalâ* sous silence? Notre amour-propre n'en souffrirait pas ; l'auteur d'un livret de ballet est presque étranger à son œuvre, dont tout le mérite revient au chorégraphe, au musicien et au décorateur. D'autre part, un ouvrage bon ou mauvais, joué à l'Opéra, excite une curiosité que le journal doit satisfaire. Faut-il aller chercher un critique blond? Hélas! il n'y en a plus. Ils sont devenus gris, chefs d'emploi ou morts à la peine ; il ne nous reste d'autre ressource que de faire nous-même ce compte rendu. Cela semble difficile au premier abord, et rien n'est plus facile en réalité.

L'idée première du ballet ne nous appartient pas. Nous avons emprunté à l'admirable poëme dramatique de Calidasa, un contemporain de Virgile qui florissait à la cour de Wicramaditya, l'Auguste de l'Inde, la fable très-peu compliquée de notre ballet, n'ajoutant que les scènes nécessaires pour rendre visible ce qui était en récit dans la pièce, ne retranchant que les voyages mythologiques du roi à la recherche de la Sacountalà perdue, voyages qui débordaient du cadre ordinaire de deux actes. — Ceci dit, nous pouvons nous asseoir comme le premier spectateur venu dans notre stalle d'orchestre.

Après une introduction en *fa mineur*, pleine de motifs charmants et instrumentée avec une science et une maestria qu'on ne pouvait pas attendre d'un jeune compositeur, qui maniait pour la première fois le puissant orchestre de l'Opéra, la toile se lève et découvre une forêt sacrée de l'Inde dans tout son luxe de végétations bizarres, pour nos yeux, du moins, accoutumés à des frondaisons plus sages.

Les figuiers des Banians, sur troncs monstrueux et curieusement coudés, forment comme les piliers de cette pagode touffue. Des talipots, des mangliers, des lataniers poussent en tous sens leurs jets vigoureux et leurs larges feuilles métalliques. Des plantes étranges, dont les branches s'écartent comme les bras multiples des dieux indous portant des fleurs dans leurs mains, se hérissent confusément au pied des arbres gigantesques. Partout éclatent des calices énormes, aux parfums pénétrants, aux vives couleurs; des lianes où les oiseaux se prennent l'aile comme dans un filet, enchevêtrent leurs mailles et se pendent aux rameaux séculaires. Amras, malicas, madhavis, sirichâs, mille arbustes ou fleurs dont les noms mélodieux comme de la musique, sembleraient barbares à nos oreilles accoutumées aux grincements de la bise septentrionale, étoilent, bordent, festonnent, embaument les premiers plans. Au fond par une percée, miroite l'eau d'un thistà, — étang sacré : — çà et là des cabanes en claies de jonc se devinent à travers la luxuriance des feuillages. Un petit temple, avec son idole à triple tête et à bras sextuples montre que la trimourte de Brahma, de Wishnou et de Shiva a des adorateurs jusque dans cette solitude où l'homme semble n'avoir jamais pénétré.

Ce beau décor a été peint par M. Martin, un habile homme, qui a quinze ans habité l'Inde et s'est approprié les tons de l'ardente palette, dont le soleil là-bas colore les objets. Il ne faut pas s'étonner si sa forêt ne ressemble ni au Bas-Bréau, ni au bois de Vincennes.

Là vivent parmi les fleurs, les parfums, les rayons, les rosées, les chants, dans l'intimité des plantes, des oiseaux et des gazelles, en parfaite communion avec la nature, sous la direction du sage Canoua et de la prudente Gautami, Sacountalà, Anousouya, Priyamwada et le chœur des jeunes prêtresses leurs compagnes.

L'antilope chérie de Sacountalâ s'est hasardée hors de la forêt; vivement poursuivie, elle revient à son gîte, amenant après elle toute une chasse royale dont les clameurs et les piétinements épouvantent les échos paisibles du bois et troublent les dévotions des brahmes retirés dans cet asile pour étudier les Védas.

Le roi Douchmanta n'est point un impie ; il remet dans son carquois la flèche ajustée sur l'arc, renvoie sa suite, dépouille par humilité les insignes royaux, relève le chef des brahmes prosterné à ses pieds, et jette sur l'autel une poignée de l'herbe cousâ, offrande agréable aux Dieux. Les brahmes se retirent, et le roi resté seul, entendant venir les jeunes prêtresses qui accourent des urnes sur l'épaule, se cache derrière un massif de verdure pour ne pas les effrayer. Sacountalâ paraît et verse de l'eau pure de l'étang sacré à ses plantes favorites. Du calice d'une malica sort une abeille qui poursuit Sacountalâ, la prenant pour une fleur et cherche à se poser sur ses lèvres roses : les bonds agiles de la jeune fille l'ont bientôt conduite auprès du roi, qui se montre et chasse l'insecte bourdonnant. Après le premier mouvement de surprise à la vue de cet inconnu, Anousouya et Priyamwada le font asseoir sur un banc de mousse, lui offrent des fleurs et des fruits. — Toute rougissante et toute émue, Sacountalâ va puiser pour lui de l'eau fraîche... Voyez la force de l'habitude ! Ne voilà-t-il pas que nous retombons dans le petit train train de l'analyse, comme s'il s'agissait du ballet d'un autre ! — C'est bien assez d'avoir écrit le livret.

Ici commence un long duo d'amour où pour la première fois peut-être l'enivrante poésie de Calidaça a été traduite dans son vigoureux parfum, ses langueurs pamées et ses roucoulements de tourterelle. M. de Chezy eut été bien étonné de voir madame Ferraris interpréter couramment le sanscrit et le pâli sans faire une faute, et rendre ainsi du bout de ses petits pieds les slokas qui lui ont donné tant de peine; à l'endroit où il fait une note hérissée de variantes, la danseuse commente le passage difficile en fermant à demi les yeux, en inclinant la tête comme une fleur chargée de rosée, en se penchant avec une volupté morte sur l'épaule de son danseur, et tout le monde comprend.

Tantôt seule, tantôt entourée de ses compagnes, Sacountalâ voltige sur les fleurs comme une plume d'oiseau tombée d'un nid de la forêt et promenée par une brise aromatique; puis, brisée d'émotion, le sein palpitant, effrayée de l'amour qui l'envahit, elle s'affaisse sur un banc de mousse pour se réveiller contre le cœur du roi, aux grondements de l'orage, aux lueurs rouges de l'éclair, aux cris des rackasas, sous la malédiction de Durwasas, le terrible ascète indigné de voir un amour coupable profaner la sainte solitude. La raison de Douchmanta se trouble, il s'agite comme un furieux ; les gardes l'emmènent ; Durwasas arrache à Sacountalâ évanouie l'anneau royal, gage de fiançailles, et le jette aux flots dormants de l'étang sacré. Malgré la perte de sa bague et les fantasmagories funèbres dont le méchant Durwasas cherche à l'effrayer, Sacountalâ part pour le palais d'Hastinapourou, habillée de la main des apsaras envoyés par Ménaca sa mère céleste, accompagnée de ses fidèles amies Priyamwada et Anousouya, après avoir adressé aux oiseaux, aux fleurs, aux plantes des adieux où respire la touchante sentimentalité panthéiste de l'Inde.

Tout cet acte (chorégraphiquement) n'a été qu'une suite d'ovations pour madame Ferraris et Petipa.

De la forêt sacrée, nous passons au palais d'Hastinapourou, de l'ombre à la lumière, du silence au tumulte, de la solitude à la foule, de la simplicité ascétique au faste royal, et quel faste! celui d'un roi de la dynastie lunaire, d'un de ces princes chimériques plastronnés de diamants, ruisselants de pierreries, qui brûlaient les yeux comme le soleil, lorsqu'ils passaient sur des tapis de cachemire en palanquin d'or massif au dos d'un éléphant caparaçonné de perles. La décoration, sans vouloir médire des autres, est une des plus belles qu'on ait vues depuis longtemps à l'Opéra. Figurez-vous une de ces prodigieuses architectures de John Martynn escaladant le ciel et se perdant en perspectives infinies. Mais cette fois il n'y a pas de ténèbres bibliques, pas un nuage noir éventré par la foudre. Un jour « blanc, flamboyant et rutilant » déverse des rasades de clartés sur les gigantesques superpositions de terrasses, sur les escaliers monumentaux, sur les étages de colonnades à chapiteaux bizarres, qui descendent de la ligne extrême du ciel jusqu'aux portiques de la cour intérieure.

Ce portique est soutenu par des colonnes trapues et des éléphants de granit, aux défenses cerclées d'or, à la housse de métal, les uns agenouillés gravement et recourbant leur trompe comme Genésa, le dieu de la sagesse, les autres la dressant en clairon comme pour *barrir* une fanfare triomphale. Des escaliers de marbre, conduisant à la première plate-forme, se déroulent en fer à cheval de chaque côté du théâtre. A travers les architectures s'élancent des palmiers, des arbres exotiques, aux immenses fleurs rafraîchissant de teintes vertes et roses l'ardeur étincelante de toutes ces constructions colossales calcinées de soleil.

Au milieu de la cour, le roi Douchmanta, privé de raison, de mémoire, par la malédiction de l'ascète Durwasas, est assis sur son trône dans une attitude inerte, à côté de la reine Hamsati; les femmes de l'anta-pourah, couchées sur les marches du trône avec des poses d'accablement, de langueur et d'ennui, semblent attendre que le maître daigne abaisser son regard vers elles. Madhavya, le favori du roi, fait résonner sa guitare, — nous n'osons pas mettre le nom sanscrit, il n'y a plus d'*a* dans les casses d'imprimerie; — et lentement ces corps endormis se réveillent, étirent leurs membres souples, cambrent leurs tailles minces, et commencent une de ces danses orientales énervées, désossées, où les femmes ondulent comme des serpents et semblent à chaque pas mourir de lassitude et d'amour. A ces danses qui ne font aucun effet sur le roi, en succèdent d'autres plus vives, plus légères, qu'interrompt l'arrivée de Sacountalâ, accompagnée de son gracieux cortége de jeunes prêtresses. Elle vient rappeler au roi les promesses du bois sacré. Hélas! elle a beau lui montrer sans voile son charmant visage, mimer la scène de l'abeille, essayer de ranimer cette mémoire éteinte par un maléfice; elle n'y peut parvenir. On lui a d'ailleurs ravi l'anneau qui confirmerait la vérité de son histoire. La jalouse Hamsati appelle des bourreaux et ordonne qu'on prépare un bûcher pour cette femme qui ose poursuivre, jusque sur le trône, un amant qui ne la connaît pas. A peine a-t-on emmené Sacountalâ, qu'un pêcheur rapporte à Douchmanta, l'anneau royal qu'il a trouvé dans le ventre d'un poisson. A la vue de son anneau, le roi se rappelle tout, la raison lui revient et il demande où est Sacountalâ. L'apsarâ Minakesi a sauvé la jeune fille et changé en fleurs les flammes du bûcher. — Rien ne s'oppose plus à l'union de Douchmanta et de Sacountalâ, qui doit donner le jour au grand conquérant de l'Inde, au héros du *Mahabhârata*, poëme gigantesque comme les montagnes, les fleuves, les forêts et les pagodes de cette terre excessive en tout.

La musique d'Ernest Reyer justifie toute la confiance que nous inspirait depuis longtemps ce jeune compositeur, pour qui nous avons rimé les paroles du *Sélam*. Outre son talent de musicien,

Reyer a un sentiment profond de la mélodie orientale; personne n'en possède mieux que lui les timbres étranges, les rhythmes impérieux, les cadences bizarres, les cantilènes d'une grâce sauvage. Il sait faire danser les almées, tourner les derviches, et rêver l'Arabe au seuil de sa tente. Il a déployé toutes ces qualités dans *Sacountalâ* et fait sans imitation puérile une musique aussi locale, aussi indienne que possible. Petipa, qui n'avait encore composé que des divertissements, est passé maître du premier coup. Il a la grâce, la nouveauté, la fraîcheur, l'instinct plastique du groupe et le maniement facile des masses. Quant à la pantomime, on connaissait déjà son talent.

Que dire de madame Ferraris? elle a dansé ses cinq pas avec une légèreté, un moelleux, une souplesse inimaginables. Plume de colombe pour s'enlever, pointe de flèche pour retomber, elle a gardé à Sacountalâ sa grâce voluptueuse et chaste, sa douce résignation de victime, son caractère moitié fleur, moitié femme. Calidasa, si son âme errait dans la salle, a dû l'applaudir de ses deux mains d'ombre. Jamais beauté plus fière que la reine Hamsati ne revêtit costume plus splendidement et plus courageusement exact. Aucun détail du luxe bizarre de l'Inde ne l'a effrayée; aussi quand elle a exécuté ses poses penchées et renversées, les pieds immobiles, elle ressemblait à ces favorites du sérail cruellement gracieuses, qui demandaient des têtes en dansant.

Coralli, chargé de mimer le rôle du farouche Durwasas, sans avoir des griffes aux mains, des nids d'oiseaux dans les cheveux, ni un serpent pour ceinture, a su se composer une physionomie austère, sinistre et terrible. Il a produit un bon effet. Lenfant, le bon ermite, est aussi doux que Coralli est revêche. Ed. Cornet a très-bien joué la petite scène du pêcheur. Maintenant, si nous passons à la danse, il faudrait un dénombrement plus long que ceux d'Homère. L'armée chorégraphique a bien fait son devoir. Qu'il nous soit permis de détacher du groupe, mademoiselle Conqui, la danseuse étincelante; mademoiselle Quéniau, la danseuse pure et correcte; mesdemoiselles Schlosser, Poussin, Cellier, Mauperin, qui entourent madame Ferraris comme des roses et des violettes, le camélia d'un bouquet; et Mérante, qui a su se faire applaudir par toute la salle comme danseur. Rare triomphe.

(Feuilleton du *Moniteur*, 19 juillet 1858.)

SACOUNTALA

BALLET-PANTOMIME EN DEUX ACTES

(INÉDIT)

ACTE PREMIER

Le théâtre représente une forêt sacrée, formée d'arbres des Banians, de malicas, d'amras, de madhavis, dont les branchages s'entrelacent et que rejoignent des lianes aux fleurs brillantes. A travers les arbres on entrevoit un petit temple de pierre blanche et d'architecture indoue. Çà et là quelques cabanes de roseaux servant de demeure aux *richis* ou ermites. A droite, un thirtà ou étang sacré, auquel on descend par des marches de marbre que l'eau vient baigner en faisant flotter de larges feuilles de nymphæa-nélumbo. A gauche, quelques arbres clair-semés, de façon à laisser le passage libre à un char.

SCÈNE PREMIÈRE

Bruit de tams-tams, de buccins, de trompes et de tambours. Des cavaliers, des chasseurs, des pions en costume pittoresque et bizarre, entrent tumultueusement et se rangent autour du théâtre. — Le roi Douchmanta débouche sur son char par l'entrée de gauche. Son conducteur monté près de lui retient les chevaux. Le roi tient à la main un arc sur lequel une flèche est ajustée ; il semble chercher de l'œil le gibier qu'il poursuit, une antilope qu'on aperçoit, fuyant à travers l'épaisseur de la forêt. Sur un signe du roi, le conducteur fouette les chevaux et va pénétrer dans le bois sacré.

SCÈNE II

A ce moment, les portes du temple s'ouvrent ; le sage Canoua, chef des ermites, en sort d'un air majestueux et solennel. Derrière lui marchent des Mounis, des Richis, des Brahmatcharis suivis de leurs gouroués vêtus de longues robes de lin, le front marqué des signes sacramentels, ceints du cordon bracminique ; le roi frappé de respect, descend de son char et s'incline devant Canoua qui lui demande la grâce de l'antilope et le prie de respecter la retraite des saints ermites.

Le roi accède à la prière de Canoua et regrette d'avoir troublé la paix de cette solitude vénérable. Il engage même les ermites à continuer leurs exercices de piété, auxquels il veut prendre part. En signe d'humilité, il se dépouille de ses ornements royaux et renvoie son char. Les brahmes offrent des fleurs, des fruits, du beurre sur l'autel dressé devant le petit temple. Ils font aussi brûler des paquets de l'herbe aromatique, appelée *cussa* et consacrée aux dieux.

Les cérémonies accomplies, le collége des ermites se retire deux par deux et Douchmanta reste prosterné quelques instants devan l'autel. Pendant cette prière, les courtisans et les chasseurs s'éloignent en silence d'un autre côté.

SCÈNE III

Une musique délicieuse se fait entendre. Des jeunes filles apparaissent, portant sur leur tête des vases remplis d'eau ; elles sont vêtues très-simplement ; une longue pièce d'étoffe blanche tournée autour du corps, faisant écharpe et fixée à la ceinture par un cercle de métal les enveloppe. Les bouts retombant forment jupon. Elles ont des colliers et des bracelets de fleurs. Derrière leurs oreilles pendent, en manière de boucles d'oreilles, des fleurs de sivichâ passées dans un fil qui descend jusqu'à la poitrine. Quelques-unes ont, en outre, un manteau tressé de jonc dont elles se débarrassent en entrant en scène. Au milieu d'elles, entre ses deux amies Anousouya et Priyamwada, s'avance Sacountalâ tenant à la main un arrosoir.

En entendant venir les jeunes filles, Douchmanta s'est relevé lentement et, pour les observer plus à son aise, il s'est caché derrière les arbres. Sacountalâ, dont les jeunes filles remplissent l'arrosoir, s'approche d'un malica (arbre indien) qu'elle arrose; puis elle va à une autre plante. Le roi caché admire les poses gracieuses de Sacountalâ et les soins affectueux qu'elle prodigue aux fleurs sacrées.

— Un peu fatiguée, la jeune fille prie sa compagne de dénouer l'écharpe qui la serre et elle continue son travail, débarrassée de ses voiles et plus séduisante encore.

Les autres femmes redressent la tige des plantes, cueillent des fleurs et sèment des graines pour la nourriture des antilopes et des oiseaux qui habitent le bois sacré, sous la protection des ermites.

A l'aspect d'une tige de Madhâvi toute couverte de fleurs, quoique ce ne soit pas la saison, Priyamwada et Anousouya témoignent une surprise joyeuse, font voir la plante à Sacountalâ et en tirent l'augure de son prochain mariage. Sacountalâ rougit de cette allusion et détourne avec pudeur les plaisanteries de ses compagnes.

Dans sa cachette, le roi Douchmanta semble croire au présage et affirmer que les compagnes de Sacountalâ pourraient bien avoir raison.

Du calice d'une des fleurs de Madhâvi, s'élance une abeille qui poursuit Sacountalâ comme si elle la prenait pour une autre fleur. Elle vole autour d'elle et cherche sa bouche comme pour y puiser du miel. Les compagnes de Sacountala tâchent d'éloigner l'insecte que la jeune fille essaye d'abattre. Douchmanta, qui a observé ce manége, se montre subitement et parvient à chasser l'audacieuse abeille.

Étonnement des jeunes filles à l'aspect de ce beau jeune homme inconnu dont les traits nobles, bien qu'il ait dépouillé les insignes royaux, indiquent une haute origine. Sacountalâ émue croise ses mains sur sa poitrine et reste dans une sorte de stupeur au milieu du théâtre. Priyamvada et Anousouya, moins vivement impressionnées, conduisent Douchmanta à un banc rustique tapissé de septaparna (mousse indienne), en le priant de s'y reposer. On apporte au roi des corbeilles de fleurs et de fruits, une coupe pour boire et l'on va puiser de l'eau à l'étang sacré, afin de lui laver les pieds ainsi que les devoirs de l'hospitalité l'exigent.

Le roi, pendant qu'on lui rend tous ces soins, ne cesse de fixer sur Sacountalà des regards enflammés d'admiration et de désir.

Anousouya et Priyamwada se demandent entre elles qui peut être cet inconnu aux façons douces et majestueuses. Anousouya s'approche du roi et le questionne timidement à ce sujet. Douchmanta répond qu'il est un jeune homme brahmatchari (élève brahme), qui désire se livrer à l'étude de la sagesse et des védas (livres saints) sous la direction des ermites. Douchmanta fait cette réponse parce que les jeunes filles ne l'ont pas vu avec son cortége royal. Le roi à son tour interroge Anousouya sur Sacountalà, qui se rapproche curieusement du groupe. La jeune fille raconte que sa compagne est fille d'un saint personnage nommé Causica et de la nymphe Ménaca. Abandonnée à sa naissance, elle a été recueillie et élevée par le sage Canoua et sa beauté témoigne suffisamment de son origine céleste.

Douchmanta s'avance vers Sacountalà qui fait mine de se retirer, mais Priyamwada dit à sa compagne qu'elle n'a pas terminé sa besogne et qu'il reste bien des fleurs encore à arroser. Sacountalà reprend l'arrosoir et verse lentement de l'eau sur diverses plantes. Le roi s'approche d'elle et semble vouloir la soulager dans ses travaux. Elle s'y oppose avec modestie.

Toutes les fleurs sont arrosées. Les jeunes filles se retirent une à une. Priyamwada et Anousouya qui jugent que l'entrevue s'est assez prolongée, cherchent à entraîner Sacountalà. La jeune fille feint pour rester plus longtemps d'avoir accroché sa robe à un arbuste épineux. Douchmanta la dégage, la serre sur son cœur comme ivre d'amour. Pendant cette scène, des bruits de voix et d'instruments ont résonné derrière le théâtre.

SCÈNE IV

La suite du roi, inquiète de son absence prolongée, le cherche dans la forêt sacrée, effrayant les animaux habitués à la solitude. Les courtisans, les gardes et les chasseurs arrivent sur la scène. Un éléphant furieux ravage la forêt, Douchmanta seul peut l'abattre. Le roi remonte sur son char en faisant signe aux jeunes filles qu'il reviendra.

SCÈNE V

Lorsque le roi est part, Sacountalâ redescend la scène, s'asseoit sur un banc de mousse comme accablée par l'émotion. Elle porte la main à son cœur pour indiquer l'amour qu'elle éprouve. Ses compagnes l'éventent et lui font respirer des parfums. Elles renouvellent aussi les fleurs que la chaleur de son sein a flétries. Sacountalâ paraît de plus en plus languissante. Les brahmanesses lui présentent une harpe; elle improvise une *sloka* (couplet) sur son amour.

SCÈNE VI

Douchmanta qui a tué l'éléphant, revient, prend une harpe des mains de Priyamwada qui accompagne son amie et improvise un couplet en réponse à celui de Sacountalâ et s'asseoit près de sa bien aimée. — Scène d'amour d'une part et de coquetterie pudique de l'autre. Le roi est pressant et Sacountalâ résiste comme une femme qui veut être vaincue, elle feint de s'enfuir, le roi la retient et son bracelet se détache. Le roi le ramasse, le lui remet lentement en feignant de ne pouvoir refaire le nœud; il se jette à ses pieds, l'entoure de ses bras et lui propose de l'épouser. Elle sera reine dans le palais d'Hastinapourou et préférée entre toutes les femmes. Sacountalâ enivrée penche sa tête sur l'épaule de Douchmanta dans une sorte d'extase. Le roi la baise au front, lui passe au doigt son anneau royal qui doit lui ouvrir les portes du palais et témoigner qu'elle est une fiancée royale.

SCÈNE VII

Pendant la fin de la scène précédente, l'ermite Durwasas, personnage très-orgueilleux de sa sainteté, la chevelure en désordre, le teint pâle, et à peine vêtu d'un morceau de sparterie, ceint d'une peau de serpent, s'est incliné à plusieurs reprises devant le groupe amoureux, faisant signe qu'il a soif, qu'il a faim et qu'il réclame l'hospitalité; mais le roi et Sacountalà absorbés dans leur extase, n'ont pas fait attention à lui. Il donne d'abord des signes de mécontentement, puis recommence sa pantomime suppliante. Voyant qu'il n'est pas écouté, il se livre à toute sa colère et prononce des imprécations terribles contre ces impies qui manquent de respect pour les saints ermites. Douchmanta et Sacountalà se réveillent comme d'un songe. La jeune fille se précipite aux pieds de l'ermite Durwasas, qui ne se laisse pas fléchir par ce repentir tardif. Le roi essaye aussi, mais en vain, d'apaiser le courroux du saint personnage à qui Priyamwada et Anousouya offrent des fruits et de l'eau qu'il repousse en faisant des gestes menaçants contre Douchmanta. A la suite de ces malédictions, la tête du roi paraît se troubler. Les feuillages de la forêt sacrée s'agitent; les animaux s'enfuient; le ciel se couvre, des éclairs brillent derrière les branches, à travers lesquelles se dessinent les formes monstrueuses des Rackasâs (mauvais génies) qui grimacent, ricanent et désignent du doigt comme maudits, le roi et la belle brahmanesse. Douchmanta repousse Sacountalà qui l'entoure de ses bras et se retire les yeux hagards, passant sa main sur son front, regardant autour de lui sans rien reconnaître, comme une homme qui a perdu la mémoire et la raison.

SCÈNE VIII

Les courtisans qui sont revenus, lui rendent en vain des témoignages de respect; il les repousse, les maltraite et ne les reconnaît plus. Ce n'est qu'avec peine qu'ils l'emmènent. Il se débat comme un furieux et montre le poing à l'ermite qui sourit.

SCÈNE IX

Durwasas, satisfait de son commencement de vengeance, s'asseoit dans un coin et marmotte des prières. Les jeunes filles et les Brahmatcharis rentrent ayant en tête le sage Canoua. Sacountalà s'est affaissée à demi évanouie au pied d'un arbre. On la relève et on la fait revenir à elle. Elle désigne l'ermite assis sur une pierre d'un air terrible et refrogné. Canoua comprend ce qui s'est passé, rassure Sacountalà tremblante et dit qu'il va faire ses efforts pour conjurer le maléfice. Il récite une formule et jette sur l'autel quelques poignées de l'herbe cussa. Le feu brille, le bois s'illumine d'un feu bleuâtre, et dans la fumée qui s'élève et se sépare, se dessine un transparent qui montre Douchmanta sur son trône, ayant à son côté Sacountalà en costume de reine et tenant sur ses genoux un petit enfant aussi beau que Câma le dieu de l'amour. — Les malédictions de l'ermite sont neutralisées par les prières du pieux Canoua. Ce présage heureux rassure Sacountalà et ses compagnes.

Mais le méchant ermite, qui a regardé cette scène d'un œil méprisant, s'approche à son tour de l'autel, invoque Shiva le dieu de la destruction, répand de l'herbe sacrée sur le feu et fait apparaître dans la fumée un transparent où l'on voit Sacountalà conduite à la mort. Tant que le transparent est visible, un reflet rougeâtre incendie la forêt.

Consternation générale. Lequel de ces deux présages faut-il croire? Sacountalà laisse pendre ses bras avec abattement, mais bientôt elle relève la tête, son œil brille. La courageuse jeune fille bravera les malédictions et les présages funestes. — L'amour ne doit pas craindre la mort, elle ira malgré tout retrouver au palais d'Hastinapourou l'infortuné Douchmanta qui peut avoir besoin de son dévouement. Le sage Canoua l'approuve et la bénit.

Elle va partir, mais ses vêtements sont trop simples pour la présenter à la cour. Comment faire? Les ermites vivent dans la pauvreté et la sainte solitude ne contient pas de bazar où l'on puisse acheter de riches habits.

Canoua dit qu'il ne faut pas s'en inquiéter et que le ciel y pourvoira. On commence la toilette de Sacountalà. Ses compagnes la dépouillent de ses voiles et lui font prendre le bain dans l'étang sacré. L'ermite cependant fait des gestes d'imprécation, et l'anneau royal donné par Douchmanta à Sacountalà s'échappe du doigt de la baigneuse et disparaît sous l'eau de l'étang où on le cherche vainement.

Cri de douleur de Sacountalà qui s'aperçoit aussitôt de cette perte. Comment désormais pénétrer dans le palais d'Hastinapourou et se faire connaître comme fiancée du roi?

« Reste avec nous », dit Priyamwada. « Non, je braverai tout », répond la jeune femme. « N'as-tu pas l'amour du roi, dit Anousouya, il te reconnaîtra à ta beauté; qu'as-tu besoin de l'anneau »?

SCÈNE X

Sacountalâ, on ne l'a pas oublié, est de par sa mère d'origine céleste. La nymphe Ménaca, dont elle est fille, vient à son secours dans ce moment suprême; les cimes des arbres s'écartent, laissant passer des flots de lumière. Les Apsaras descendent du ciel apportant des étoffes en toile de soleil et en gaz de lune; des têtes de nymphes apparaissent à travers les interstices du feuillage. Les arbustes allongent leurs branches fleuries comme des petites mains portant des bijoux, des colliers d'or, des fils de perles. Les troncs d'arbres s'entr'ouvrent, laissant sortir les divinités qui déposent aux pieds de Sacountalâ des cassettes, des écrins, des vêtements précieux.

Des esprits de l'air lui présentent le miroir, nattent ses cheveux, répandent sur elle des essences et lui teignent les pieds en rose avec la teinture de henné.

Sa toilette finie, Sacountalâ se prosterne devant les déesses, les génies et les apsaras qui remontent au ciel, se blottissent sous les plantes, rentrent dans les arbres.

Anousouya, Priyamwada et les autres jeunes filles l'entourent et l'admirent. En la voyant si belle, certes le roi Douchmanta ne peut manquer de la bien accueillir, malgré le sort jeté par l'ermite. N'est-elle pas d'ailleurs sous la protection des Apsaras?

Il est temps de partir. Sacountalâ fait ses adieux à ses compagnes, à son antilope, à ses plantes chéries qu'elle embrasse tour à tour, comme si c'étaient des êtres doués d'une âme.

Le sage Canoua avec quelques Brahmatcharis et Gautami, la gouvernante des jeunes prêtresses, accompagne Sacountalâ qui, avant de s'éloigner, se retourne plusieurs fois et jette des baisers à ses amies.

Durwasas qui veut contrarier l'influence salutaire de Canoua, son rival en sainteté, laisse prendre un peu d'avance au cortége, se revêt d'une robe de brahme et sort à grands pas du même côté. Les jeunes filles, qui regrettent Sacountalâ, se groupent dans des poses abattues et mélancoliques.

FIN DU PREMIER ACTE.

ACTE SECOND

Le théâtre représente la façade du palais de Douchmanta, dans la ville d'Hasti-napourou, du côté des jardins. Architecture singulière et gigantesque avec colonnes ayant pour chapiteaux des têtes d'éléphant ; coupoles, tours à étages, superpositions de terrasses, grands escaliers monumentaux descendant par des degrés de marbre du terre-plein sur lequel s'élève le palais. — Dans le jardin, fontaines très-ouvragées, idoles indoues à formes hybrides et monstrueuses, masses de fleurs et de végétations exotiques, plantes à larges feuilles, fleurs à calices énormes. — Au fond, au-dessus de la ligne tracée par le couronnement du palais, apparaît la tour de Megatchada escaladant le ciel par assises en retraite. — Dans l'extrême lointain bleuissent les cimes de l'Himalaya, glacées de quelques touches d'argent. — Sur le devant, à droite et à gauche et formant coulisse, deux kiosques très-ornés et à balcons saillants.

SCÈNE PREMIÈRE

Au lever du rideau, le roi Douchmanta se promène d'un air égaré, tantôt à pas lents, tantôt à pas pressés. Il semble faire des efforts pour ressaisir sa mémoire et sa raison perdues. Puis il retombe dans un morne abattement. Son bouffon le suit d'un air de commisération.

Des femmes penchées au balcon des kiosques suivent les mouvements du roi avec une sollicitude amoureuse. La reine Hamsati revêtue d'un costume magnifique, ruisselante d'or et de perles, est assise les jambes croisées sur le balcon découpé à jour. Elle joue de la guzla pour attirer l'attention du roi. Au son de l'instrument jouant un air qui doit éveiller des souvenirs, le roi suspend sa marche, lève la tête, cherche à se rappeler où il a entendu cette mélodie, mais malgré ses efforts il ne peut déchirer le voile d'oubli dont l'a enveloppé la malédiction de l'ermite Durwasas. Il a oublié la reine Hamsati autrefois sa favorite.

Hamsati dépitée laisse de côté sa guzla et jette des fleurs symboliques à Douchmanta qui les ramasse, les flaire et ne paraît pas comprendre leur signification. Le bouffon Brahmine Madhavya les reprend à terre, les arrange en bouquet et lui dit qu'il va exciter par cette conduite la colère de la reine Hamsati, douée d'une humeur peu patiente et assez jalouse. La reine, qui est restée au balcon, aperçoit la pantomime de Madhavya et lui lance pour le punir un gros fruit qui l'atteint à la tête. Le bouffon se livre à des contorsions de douleur exagérées et comiques. Las d'errer, Douchmanta s'asseoit sur un divan ou trône et pour le distraire le bouffon Madhavya lui propose de jouer aux échecs. Des serviteurs apportent l'échiquier et les pièces où les cavaliers sont remplacés par des éléphants avec leurs mahouts (conducteurs). Une partie s'engage et le bouffon gagne le roi qui ne sait plus le jeu, tant sa raison est profondément troublée par la malédiction de l'ermite.

SCÈNE II

Hamsati descend suivie de ses femmes. Elle adresse des reproches à Douchmanta qui la néglige et sans doute cache de nouvelles amours sous cette apparence de froideur. Madhavya la rassure et lui dit que le roi n'est occupé d'aucune femme, mais seulement en proie à une profonde mélancolie, il faut le distraire et non le quereller. Hamsati change de batteries. Elle se montre aussi aimable qu'elle était hautaine tout à l'heure. Elle s'assied aux pieds de Douchmanta, lui fait mille caresses et cherche à l'entraîner dans un pas. Mais le roi brouille les figures et garde sa tristesse. Elle le quitte alors, et après l'avoir reconduit au trône, danse elle-même devant lui, tâchant de réveiller son ancien amour par des pas voluptueux. Elle commande et dirige les Bayadères qui forment des pas et des entrelacements bizarres à la manière indoue. Plusieurs femmes se réunissent et s'enchevêtrent de façon à former un paon ouvrant sa queue en roue, un éléphant portant le dieu Câma sur son dos et autres figures de la mythologie indienne. Douchmanta ne prête à ces divertissements qu'une attention machinale, comme celle d'un fou regardant un spectacle dont il ne comprend plus le sens.

SCÈNE III

Deux Brahmatcharis traversent la foule des courtisans, des femmes et des danseuses viennent se prosterner devant le trône du roi et ils lui disent qu'ils précèdent Sacountalâ qui lui voudrait parler. — Ce nom ne paraît éveiller aucun souvenir dans la mémoire de Douchmanta, toujours sous le poids de la malédiction du vindicatif Durwasas qui l'a ensorcelé. — Toutefois il fait signe qu'il permet à Sacountalâ d'entrer.

SCÈNE IV

Sacountalâ, couverte d'un voile à travers lequel scintillent les joyaux du magnifique costume donné par les déesses du ciel et de la forêt, et suivie de Canoua, le vertueux ermite, de Gautami et des Brahmines, s'avance modestement jusqu'au pied du trône de Douchmanta qui paraît surpris qu'une femme mariée ose se présenter à lui. Car Sacountalâ, depuis l'aventure de la forêt, ne porte plus le costume des Vierges.

Avec le cortége de la jeune femme est entré l'ermite Durwasas. Il se place à côté du trône, après avoir entr'ouvert sa robe de brahme qui cache des maillots de pénitent. Le public est ainsi mis dans la confidence du déguisement pris à la fin du premier acte. Du poste qu'il a choisi, Durwasas, par des gestes conjurateurs, augmente la folie du roi et l'empêche de reconnaître Sacountalâ.

La jeune femme se prosterne devant le monarque, puis se relève lentement, lui pose les mains sur les genoux et lui offre sa figure en pleine lumière. — Le roi s'incline, regarde attentivement et fait signe que cette femme lui est inconnue.

Marques de joie de la reine Hamsati qu'alarmait la beauté surhumaine de Sacountalâ et qui craignait en elle une rivale venant faire valoir ses droits à l'amour du roi.

Sacountalâ confuse se relève, se tord les mains dans l'attitude de la plus profonde douleur. Elle penche la tête sur le sein de sa gouvernante Gautami qui lui murmure un conseil à l'oreille.

Alors Sacountalâ essuyant ses larmes mime la scène de l'abeille et la scène d'amour du bois sacré avec les détails de la robe prise au buisson, du bracelet rattaché, se rapprochant du roi à chaque épisode pour voir si le souvenir se réveille en lui. Douchmanta paraît suivre avec intérêt cette pantomime et semble vouloir en deviner le sens inconnu. — Tous les efforts de Sacountalâ sont rendus vains par les sortiléges de l'ermite Durwasas. — Canoua prie le ciel avec ferveur pour atténuer l'effet de la malédiction, mais sa prière n'est pas exaucée; la mauvaise influence l'emporte.

Décidément Douchmanta ne connaît pas Sacountalâ. Hamsati triomphe et veut chasser cette intrigante, cette femme éhontée qui vient poursuivre jusque sur le trône un prétendu amant. Alors la jeune femme rappelle au roi qu'il lui a donné son anneau comme gage de fiançailles et moyen de reconnaissance; — eh bien! représente cette bague gravée à notre nom et peut-être pourrons-nous te croire. Sacountalâ raconte qu'elle a perdu l'anneau et qu'il lui a glissé des doigts comme elle faisait ses ablutions dans la thirta ou étang sacré. Douchmanta lui reproche de débiter des histoires mensongères et d'essayer de prendre un titre qui ne lui appartient pas. Hamsati à laquelle se joignent les autres femmes comme un chœur irrité injurie et maltraite Sacountalâ qui résiste et s'attache désespérément aux genoux du roi. Mais Hamsati l'en arrache avec violence; il n'y a pas de supplice assez cruel pour cette malheureuse qui a tenté d'abuser de la bonne foi royale et d'usurper le titre de reine. Qu'on la fasse déchirer par les tigres, écraser par les éléphants, qu'on la jette aux crocodiles du fleuve ou aux flammes du bûcher. Ce sera toujours trop doux pour elle. — Accourez, esclaves, dit Hamsati, emparez-vous d'elle, entraînez-la et que prompte justice soit faite. Des nègres amènent Sacountalâ les bras liés derrière le dos, comme un coupable de la plus vile espèce. Les hommes paraissent touchés de pitié, la beauté de Sacountalâ les attendrit, mais elle irrite les femmes qui manifestent une joie féroce de la voir marcher à la mort. Canoua agenouillé murmure l'ineffable monosyllabe *om* dont l'effet est si puissant, Gautami pleure et le farouche Durwasas ricane dans sa barbe.

Hamsati rayonnante et désormais sans rivale s'asseoit sur le trône à côté de Douchmanta, promenant fièrement ses regards autour d'elle. Quant au roi, il est resté pensif et il cherche à son doigt son anneau royal dont il aperçoit l'absence pour la première fois. — Il ne l'a plus, il l'a donc donné, car nul voleur n'eût été assez audacieux pour le lui prendre.

SCÈNE V

Un tumulte se fait entendre ; des officiers barrent le passage à un pêcheur qui essaye de pénétrer jusqu'au roi auquel il a une importante communication à faire. Un filet jeté sur l'épaule de ce nouveau personnage indique tout de suite sa profession au spectateur. Il tient ferme un anneau que les serviteurs s'efforcent de lui arracher comme s'il était un voleur. — Il proteste de son honnêteté et prétend qu'il a trouvé l'anneau royal dans le ventre d'un poisson, d'un rohida pêché par lui et qu'il dépeçait pour la vente. — Pendant ce débat, le bouffon Madhavya s'est rapproché et, après s'être enquis du sujet de la querelle, il flaire l'anneau, puis se bouche le nez. L'anneau exhale encore une forte odeur de marée, donc le pêcheur a dit vrai. — Douchmanta, qui veut savoir la cause de cette altercation, fait venir le pêcheur au pied de son trône. Le pêcheur lui tend l'anneau que Douchmanta reconnaît aussitôt. Cette bague est une sorte de talisman pour défendre le roi contre l'influence des mauvais génies. Il venait de la donner à Sacountalâ au moment de la malédiction de l'ermite et se trouvait sans défense. Le roi récompense richement le pêcheur que les serviteurs reconduisent en essayant de lui voler tout ou partie de la somme qu'il vient de recevoir.

SCÈNE VI

Le roi désire être seul et ordonne à la reine Hamsati de rentrer dans son kiosque avec ses femmes. Madhavya le bouffon s'accroupit sur les marches du trône avec une posture de singe voyant que son maître ne le renvoie pas. Il est curieux de voir comment tournera l'aventure. Douchmanta a mis l'anneau à son doigt, il le regarde, en fait chatoyer le chaton, réfléchit, passe ses mains sur son front comme pour le dégager d'une oppression pénible. On dirait que la raison lui revient par lueurs et qu'il semble entrevoir confusément quelque souvenir, mais ses réminiscences sont trop vagues encore, elles ne font qu'apparaître et s'enfuir. Il a besoin de les fixer. — Il frappe des mains à la mode orientale et aussitôt accourt une jeune fille à laquelle il demande des crayons et des couleurs. Quand il a ce qu'il lui faut, il s'approche du mur blanc du kiosque dont la paroi unie offre un champ propre à dessiner et il commence une esquisse qui peu à peu prend la figure de Sacountalâ dans la scène de l'abeille. A chaque coup de crayon la mémoire lui revient de plus en plus lucide et lui fournit de nouveaux détails. Il se rappelle maintenant tout ce qui s'est passé dans le bois sacré et il reste en contemplation amoureuse devant son œuvre. En vain la reine Hamsati, qui l'observe du haut de son balcon, lui envoie-t-elle son portrait peint par un des plus habiles artistes de l'Inde pour contrebalancer l'effet du portrait de Sacountalâ tracé avec la mémoire du cœur plus encore qu'avec celle de l'esprit; un rayon soudain traverse le cerveau de Douchmanta, l'obscurité qui l'environnait se dissipe, car le vindicatif ermite s'est retiré sachant que l'anneau retrouvé suspend son influence sur Douchmanta. Il lui faudra se contenter de la mort de Sacountalâ pour toute vengeance. Le roi, redevenu possesseur de sa raison, écrit au bas de l'esquisse : « Sacountalâ! »

Mais par Brahma, Wichnou et Shiva! ne vient-elle pas d'être livrée au supplice, brûlée par les flammes, mangée par les caïmans; elle est morte! elle est morte! la féroce Hamsati l'a remise elle-même aux bourreaux. Madhavya fait descendre la reine.

Hamsati arrive tremblante et s'agenouillant la tête baissée ; le roi la secoue avec violence et lui reproche sa jalousie, sa cruauté ; il tire son cimeterre et fait mine de la tuer, les femmes de la reine se précipitent éplorées et entourent Douchmanta qui rengaîne son sabre. — Celle qui a fait périr Sacountalâ n'est pas digne de périr par ma main, elle appartient aux tourmenteurs qui sauront trouver des supplices dignes d'elle. Les nègres qui ont entraîné Sacountalâ s'avancent pour saisir Hamsati qui tremble d'épouvante et lève les mains au ciel d'où seulement peut lui tomber sa grâce, car les yeux fixes de Douchmanta expriment une volonté implacable.

SCÈNE VII

En ce moment, une musique céleste se fait entendre, et l'apsara Misracesi descend du ciel entr'ouvert, tenant entre ses bras Sacountalâ qu'elle a retirée des flammes du bûcher dans lequel l'avait fait jeter Hamsati.

Douchmanta n'a pas vu descendre l'Apsara qui lui ramène sa fiancée, et quand il se retourne pour suivre des yeux Hamsati qu'on entraîne au supplice, il se trouve face à face avec Sacountalâ calme, radieuse et souriante; il tombe à ses pieds, lui baigne les mains de larmes et implore avec des effusions d'amour une grâce déjà accordée. Sacountalâ le relève et le presse sur son cœur, en lui disant : « Tu me reconnais donc maintenant. »

Hamsati se dégageant des mains des bourreaux, s'incline devant Sacountalâ et baise humblement le bord de son voile, demandant grâce. Elle était folle de vouloir lutter contre une beauté céleste, fille des Apsaras; désormais elle se contentera du titre de seconde reine et rentrera dans l'obscurité du harem. Sacountalâ lui pardonne et lui fait un geste de bienveillance. Hamsati se retire parmi ses femmes.

Douchmanta remet au doigt de Sacountalâ l'anneau royal qu'elle ne perdra pas cette fois et se prosterne devant l'apsara Misra Keçi qui remonte au ciel.

SCÈNE VIII

Puis il appelle ses courtisans, ses grands dignitaires, ses officiers, ses femmes, ses bayadères, ses jongleurs, qui descendent les escaliers des terrasses à flots précipités et forment un immense final de danse. Comme Sacountalâ est fille d'un mortel et d'une déesse, la fête se continue au ciel. Tout au haut, auprès des frises, on aperçoit Casyapa près de sa femme Adyti sur un trône d'or, de saphirs et d'escarboucles. Plus bas Misra Keçi et Ménaca, mère de Sacountalâ, qui sourit à sa fille. Des bandes de Gandharvas (musiciens célestes) chantent et jouent des instruments; des Apsaras (danseurs célestes) formant d'interminables guirlandes relient le ciel et la terre, montant et descendant, enveloppant les groupes, se mêlant aux danseurs mortels pour célébrer les noces de Douchmanta et de Sacountalâ, de qui doit naître le dominateur de l'Inde. Dans un coin, Gautami et Canoua se réjouissent du sort heureux de leur élève ; des torrents de lumière où tourbillonnent des génies bienfaisants inondent le fond du théâtre. Douchmanta et Sacountalâ montent sur leur trône et la toile tombe.

FIN DU SECOND ACTE.

Manuscrit, daté : janvier 1858.

APPENDICE

APPENDICE

NOTES RELATIVES AU PROLOGUE ÉCRIT POUR L'ANNIVERSAIRE
DE LA NAISSANCE DE CORNEILLE.

Dans le feuilleton de *la Presse* du 11 août 1852, Alexandre Dumas écrivait :

MES MÉMOIRES

LA CENSURE

L'an III de la deuxième République française, le 2 juin au soir, M. Louis Bonaparte étant président, M. Léon Faucher étant ministre, M. Guizard étant directeur des beaux-arts, voici ce qui se passait, dans un salon tendu en étoffe perse, au rez-de-chaussée d'une maison de la rue de Chaillot :

Cinq ou six personnes causaient d'art, chose assez étonnante à une époque où on ne parle plus guère que de solution, de révision, de prorogation.

Il est vrai que, sur ces cinq personnes, il y avait quatre poëtes et un médecin presque poëte, et tout à fait homme d'esprit.

Ces quatre poëtes étaient :

1° Madame Émile de Girardin, la maîtresse de cette maison de la rue de Chaillot où l'on était réuni ; 2° Victor Hugo ; 3° Théophile Gautier ; 4° Arsène Houssaye.

Le médecin était le docteur Cabarus.

Celui que nous avons indiqué sous le n° 4 cumulait ; peut-être était-il un peu moins poëte que les autres, mais il était beaucoup plus directeur, ce qui rétablissait l'équilibre, — directeur du Théâtre-Français, dont il a donné déjà trois fois sa démission, qu'on n'accepte pas, il est vrai.

Peut-être demanderez-vous pourquoi M. Arsène Houssaye est si facile à se démettre.

Rien de plus simple : MM. les sociétaires du Théâtre-Français lui ont la vie si dure, que le poëte est toujours prêt à envoyer promener ses demi-dieux, ses héros, ses rois, ses princes, ses ducs, ses marquis, ses comtes et ses barons de la rue de Richelieu, pour en revenir à ses barons, à ses comtes, à ses marquis, à ses ducs, à ses princes, à ses rois, à ses héros et à ses demi-dieux du dix-septième et du dix-huitième siècle, qu'il connaît et qu'il fait parler, comme s'il était le comte de Saint-Germain, qui était familier avec eux.

Maintenant, pourquoi MM. les sociétaires du Théâtre-Français font-ils la vie si dure à leur directeur?

Parce qu'il fait de l'argent, et que rien n'irrite un sociétaire du Théâtre-Français comme de voir son théâtre *faire de l'argent*.

Cela peut paraître inexplicable aux gens sensés : c'est inexplicable, en effet; mais je ne me charge pas d'expliquer le fait ; je le consigne, voilà tout.

Or, en sa qualité de directeur du Théâtre-Français, M. Arsène Houssaye songeait à une chose à laquelle ne songeait personne.

Cette chose, c'est qu'on était au 2 juin 1851, et que, dans quatre jours, c'est-à-dire le 6 juin, on verrait s'accomplir le deux cent quarante-quatrième anniversaire de la naissance de Corneille.

Il en fit l'observation tout haut, et, se tournant vers Théophile Gautier :

— Pardieu! lui dit-il, mon cher Théo, vous devriez bien me faire, pour ce jour-là, une soixantaine de vers sur le père de la tragédie; cela vaudrait mieux que ce que l'on nous donne ordinairement en pareille circonstance, et le public ne s'en plaindrait pas.

Théophile Gautier fit semblant de ne pas entendre.

Arsène Houssaye renouvela sa demande.

— Ma foi! non, dit Gautier.

— Pourquoi cela ?

— Parce que je ne sais rien de plus ennuyeux à faire qu'un éloge officiel, fût-ce celui du plus grand poëte du monde. D'ailleurs, plus le poëte est grand, plus l'éloge est difficile.

— Vous avez tort, Théophile, dit Hugo, et, si j'étais en position de faire en ce moment-ci ce qu'Arsène vous demande, je le ferais.

— Vous vous amuseriez à passer en revue les vingt ou trente pièces de Corneille ? Vous auriez le courage de parler de *Mélite*, de *Clitandre*, de la *Galerie du Palais*, de *Pertharite*, d'*Œdipe*, d'*Attila* et d'*Agésilas* ?

— Non, je ne parlerais de rien de tout cela.

— Alors, vous ne feriez pas l'éloge de Corneille ; quand on fait l'éloge d'un poëte, il faut surtout louer ce qu'il a fait de mauvais : ce qu'on ne loue pas, on le critique.

— Non, dit Hugo, je ne prendrais pas la chose ainsi ; je ne ferais pas un éloge vulgaire. Je montrerais le vieux Corneille, errant à pied dans les rues de Paris, avec son manteau râpé sur les épaules, oublié de Louis XIV, moins généreux pour lui que son persécuteur Richelieu, et faisant raccommoder à une pauvre échoppe son soulier troué, tandis que Louis XIV trône à Versailles, se promène avec madame de Montespan, mademoiselle de la Vallière et madame Henriette dans les galeries de Le Brun ou dans les jardins de Le Nôtre ; puis je consolerais l'ombre du poëte en montrant la postérité remettant chacun à sa place, et, au fur et à mesure que les jours s'ajoutent aux jours, les mois aux mois et les années aux années, grandissant le poëte et diminuant le roi...

— Eh bien, que cherchez-vous donc, Théophile ? demanda madame de Girardin à Gautier, qui se levait vivement.

— Je cherche mon chapeau, dit Gautier.

— Girardin dort dessus, dit tranquillement Cabarus.

— Oh ! ne le réveillez pas, dit madame de Girardin, il ferait un rticle !

— Je ne puis pourtant pas m'en aller sans chapeau, dit Gautier.

— Vous vous en allez donc ? demanda Arsène Houssaye.

— Sans doute, je vais faire vos vers ; vous les aurez demain.

On tira le chapeau de Théophile de dessous les épaules de Girardin. Il était un peu passé à l'état de gibus ; mais qu'importait à Théophile l'état de son chapeau ?

Il rentra chez lui et se mit à l'œuvre.

Le lendemain, comme il avait promis, Arsène Houssaye avait ses vers.

Seulement poëte et directeur avaient compté sans la censure.

Voici les vers de Théophile Gautier sur le grand Corneille, — vers arrêtés par la censure dramatique, comme je l'ai dit, l'an III de la deuxième république, M. Louis Bonaparte étant président, M. Léon Faucher étant ministre, M. Guizard étant directeur des Beaux-Arts :

. . . .

Après avoir cité les vers de Théophile Gautier Alexandre Dumas racontait ses propres démêlés avec la censure, et terminait son feuilleton [1] en prenant à partie, successivement, M. Guizard, M. Léon Faucher et le président de la République.

La citation faite par M. Alexandre Dumas était erronée ; Théophile Gautier publia, dans *la Presse* du 14 avril 1852, les lignes suivantes :

SUITE DE L'HISTOIRE DE SOIXANTE VERS

Petite note aux Mémoires d'Alexandre Dumas.

Dans son feuilleton de *la Presse* du 11 avril, avec cette indulgence qui caractérise les esprits supérieurs, M. Alexandre Dumas a bien voulu parler, en termes excessivement flatteurs, dont je tâcherai de me rendre digne un jour, de quelques vers faits par moi sur l'anniversaire de Pierre Corneille. Cette fois, je n'ai fait que versifier les paroles de mon illustre maître, Victor Hugo, à peu près comme Jules Romain eût exécuté une composition de Raphaël, ou Sébastien del Piombo colorié un dessin de Michel-Ange ; si ce n'est pas déjà pour moi une trop haute ambition que de m'assimiler à de pareils disciples, la prose du grand poëte n'a pas trop perdu à passer dans mes rimes, je dois le croire, puisque Alexandre Dumas le

---

[1] Ce feuilleton a été réimprimé dans les *Mémoires d'Alexandre Dumas* (3ᵉ série, chap. LXXXVII. p. 279). — Calmann Lévy, éditeur. Paris, 1 vol. in-12, 1 fr. 25.

dit, et c'est un succès dont je suis fier ; mais la citation faite de mémoire par l'illustre écrivain ne donne que le commencement du morceau : les vers qui ont froissé particulièrement la susceptibilité de la censure ne s'y trouvent pas. Serait-ce abuser de la patience du public que de transcrire ici la pièce tout entière ? — Je le fais avec d'autant moins de remords, que je n'usurpe la place d'aucun vaudeville, le grand drame catholique étant le seul qui se soit joué pendant cette sainte semaine.

(*Ici Théophile Gautier imprima pour la première fois le Prologue de Corneille.*)

Maintenant je profiterai de l'occasion pour justifier M. Émile de Girardin de l'aplatissement de mon chapeau ; comme les ouvrages de M. Alexandre Dumas sont traduits en sept ou huit langues, il serait fâcheux que la mémoire de l'éminent publiciste restât chargée devant la postérité de la transformation de mon feutre en gibus. M. Émile de Girardin, qui a le sommeil très-opportun et très-judicieux, est toujours très-éveillé quand c'est Lamartine ou Victor Hugo qui parlent. Il se tenait debout ce soir-là contre la cheminée, l'œil fort ouvert et l'attention excitée. Je quittai le salon à mon grand regret, m'arrachant aux charmes d'une étincelante causerie, et ce fut un excellent cigare de la Havane, un *pura* authentique et légitime, offert par M. d'Antas, attaché à la légation portugaise et poëte aussi dans la langue de Camoëns, qui me décida à sortir pour commencer les vers qu'on me demandait. Je descendis les Champs-Élysées à pas lents, et à la place de la Concorde j'étais à la fin de mon cigare et au tiers de ma pièce, — à ce vers :

Pied nu, le grand Corneille attendait son soulier.

Le lendemain, forcé d'aller servir de témoin à un mariage qui se célébrait à Passy, je ne pus empêcher, pendant la messe, que je tâchais d'écouter avec tout le recueillement possible, les rimes de venir bourdonner à mes oreilles comme des mouches importunes, et, malgré moi, j'en demande bien pardon à Dieu, je fis vingt autres vers, qui forment, avec les vingt-deux composés en descendant l'avenue des Champs-Élysées, tout ce qu'Alexandre Dumas cite dans *la Presse*. Le reste a été fait aux Tuileries, en revenant de

Passy, et m'a pris le temps de fumer un autre cigare. L'éloge de Corneille a donc duré deux cigares et une messe. C'était assez pour un compliment de fête qui devait servir une fois et se débiter en cinq minutes.

J'entrai, pour écrire, chez une personne de mes amis, place de la Madeleine, et j'envoyai à mon cher camarade Arsène Houssaye les vers demandés à quatre heures précises, terme fixé. — Le reste a été raconté par Dumas avec cette manière qui n'appartient qu'à lui. — A la place de mon discours sur Corneille, on récita un dithyrambe de Beauvallet, considérablement réduit par la censure pour les mêmes motifs. Au goût de M. Guizard, qui a pour Louis XIV les yeux de Dangeau, Beauvallet n'admirait pas assez ce monarque. Je retirai tranquillement ma pièce de vers, et je me tus, ne voulant pas me poser en victime pour si peu de chose; et j'avais tout à fait oublié cette mesquine tracasserie lorsque le feuilleton de *la Presse* est venu m'en faire souvenir. — Je n'en veux donc nullement à la censure, puisque sa rigueur m'a valu d'être loué publiquement par Alexandre Dumas.

THÉOPHILE GAUTIER.

TABLE

Avertissement.	i
Une Larme du diable.	1
La Fausse Conversion ou Bon Sang ne peut mentir	53
L'Amour souffle où il veut.	83
Le Tricorne enchanté.	119
Pierrot Posthume.	167
Prologue de *Falstaff*.	205
Prologue d'ouverture de l'Odéon.	207
Pierre Corneille, pour l'Anniversaire de sa naissance.	215
La Femme de Diomède.	219
Prologue de *Henriette Maréchal*.	225
Prologue de *Struensée*.	229
Le Sélam.	233
Giselle ou les Wilis.	245
Lettre à Henri Heine (première représentation de Giselle).	267
La Péri.	279
A Gérard de Nerval (première représentation de la Péri).	293
Lettre à Perrot (canevas de la Péri).	302
Paquerette.	305
La première représentation de Paquerette.	331

Gemma.	335
La première représentation de Gemma.	346
Yanko le Bandit.	351
Sacountalà.	359
La première représentation de Sacountalà.	376
Sacountalà (version inédite).	385
APPENDICE.	401

Angers, imp. BURDIN et Cⁱᵉ, rue Garnier, 4.

www.ingramcontent.com/pod-product-compliance
Lightning Source LLC
Chambersburg PA
CBHW070923230426
43666CB00011B/2286